사의당지(四宜堂志), 우리 집을 말한다

사의당지,
우리 집을 말한다

四宜堂志

18세기 사대부가의 주거 문화

홍경모 지음, 이종묵 옮김

휴머니스트

　우리 세대는 대부분이 가난한 농민의 아들로 태어나 산업화
와 함께 도시로 이주한 경험을 공유하고 있다. 태어나 유년을
보낸 시골집이 그리 크지는 않았겠지만, 그래도 그 바깥에는 늘
마음으로 소유할 수 있는 산과 물이 있었기에 사람들은 여전히
유년 시절의 자연을 꿈에서 만난다.

　나는 유년 시절 다닥다닥 붙은 도시의 주택에 살았기 때문에
집보다는 한참을 걸어 나가야 이를 수 있는 야산에서 늘 놀곤
하였다. 집에 대한 애착이 있을 수 없었다. 그러다 봄날 라일락
꽃 향기가 물씬 풍기는 작은 뜰이 있는 집으로 이사했을 때의
그 기쁨은 40년이 지난 지금도 생생하다. 당연히 그 집은 내 유
년 시절의 기억에서 가장 또렷한 공간 중 하나이다. 예전에 '집
[宅]'은 '고른다[擇]'는 뜻으로 풀이하였다. 살 만한 곳을 점쳐 고
른다는 뜻에서 복거(卜居)라는 말도 자주 쓰였다. 그러나 현대
를 살아가는 서민은 집과 관련하여 선택의 여지가 별로 없다.
이태백이 천지는 만물이 잠시 머물다 가는 여관이라고 하였지

만, 가난한 도시민에게 집은 어쩔 수 없는 선택에 의하여 불편함을 참고 1, 2년 묵어가는 여인숙인 셈이다.

그럼에도 사람들은 유년 시절의 자연으로 돌아가는 꿈을 꾸면서 스스로 위안을 한다. 풀 한 포기 심을 곳 없는 아파트에 살면서 언젠가는 정원이 있는 집으로 이사하여 내가 좋아하는 감나무도 심고, 진달래도 심는 꿈을 꾼다. 장독대 몇을 묻어 연못을 만들 꿈도 꾸어본다. 당장이라도 그렇게 하지 못할 것은 없지만, 이러저러한 핑계를 대어 꿈으로 남겨두는 것이 우리 인생이다.

꿈으로 미루어둔 일을 옛글에서 찾아 읽을 때가 가장 기쁘다. 자연을 벗하여 음풍농월한 조선시대 선비들의 글이 그래서 재미가 있다. 나와 같은 사람을 위하여 대도시이건 시골이건 제 마음에 드는 집을 짓고 살아간 옛 선비에 대한 자료를 모아 몇 년 전 4책으로 《조선의 문화공간》을 낸 적이 있다. 나의 남겨둔 꿈과 관련한 일인지라 남들이 크게 알아주지는 않아도 서운하지 않다.

《사의당지》라는 책을 그 즈음 만났다. 홍양호가 살던 충무로 진고개 집에 대한 자료를 모으다 그 손자 홍경모의 문집에서 이 책이 묶여 있는 것을 보았다. 《사의당지》는 홍경모 자신에 이르기까지 6대가 대를 이어 살아온 사의당이라는 주거공간에 대한 종합 보고서이다. 홍경모는 마음껏 자신의 집을 자랑하였다. 이 자랑을 들어보면 집에 대한 좁은 생각이 바뀌게 된다. 대부분의 도시민에게 집은 먹고 자는 공간일 뿐이다.

사의당의 자랑은 차원이 다르다. 반듯한 건물과 탁 트인 조망, 이곳저곳에 심어둔 꽃나무 등도 자랑거리이지만, 집이 자신이 좋아하는 삶을 위한 공간이라는 점이 가장 눈길을 끌었다. 그래서 《사의당지》에는 건물의 구조, 조망과 조경뿐만 아니라 사의당에서 즐겼던 고서화와 골동품에 대한 자랑이 더욱 중요한 부분을 차지한다.

나의 미루어둔 꿈을 옛 선비의 글에서 읽고 즐기다 보면 앞서 꾼 꿈도 이루지 못하였는데, 그 글에서 꿈 하나가 더 자라난다. 《사의당지》는 정원이 있는 집에서 꽃나무를 심을 꿈과 더불어 서가 가득 고서를 꽂아두고 마음 내키는 대로 하나씩 뽑아 읽는 꿈을 꾸게 하였다.

남들도 혹 《사의당지》를 읽고 또 다른 꿈을 꿀까 하여 번역을 해보았다. 관악산 기슭의 서울대학교 인문대학은 이런 책 번역 에도 지원을 해주었다. 딱딱한 내용이라 손은 많이 가지만 크게 남지 않을 일에 선뜻 나서준 휴머니스트가 고맙다. 《조선의 문화공간》에서부터 《사의당지》에 이르기까지 주거공간에 대한 나의 책을 이곳에서 내고 있다. 주거공간과 휴머니스트의 인연 이 이어지기를 바란다.

2009년 7월 장맛비 내리는 아침

이종묵이 쓰다

차례

서설

조선 후기 경화세족의 집 사의당

1. 새로운 주거방식의 등장

조선의 선비라고 하면 남산골 딸깍발이를 떠올린다. 금방이라도 무너질 듯한 작은 집에 땟국이 흐르는 기운 옷을 입은 가난한 서생을 선비라 여겼다. 선비가 남들보다 크게 부유하지는 않지만, 그렇다고 어찌 그러하겠는가? 조선의 선비는 그리 초라하게 살지 않았다. 대부분 조선 선비의 집은 화려하거나 크지는 않았지만 아취가 있었다.

조선의 선비들은 자신이 살던 집을 사랑하여 아름다운 문학작품으로 집을 장식하였다. 상량(上梁)을 할 때 변려문(騈儷文)이라는 화려한 문체로 상량문을 지어 하늘과 땅, 사람에게 알렸다. 집이 완성되면 스스로 삶의 방향을 제시하는 멋진 집의 이름을 지어 걸고, 또 자신이 사랑하는 집에 대한 기문을 스스로 지어 붙이거나 남에게 부탁하여 붙였다. 선비들은 이러한 방식으로 자신의 집을 우아하게 꾸몄다.

그러나 선비의 집이 아취가 있다고 하더라도 사실 거주 공간으로서의 집 자체는 예나 지금이나 가장 큰 재산이다. 그리 많지 않은 녹봉을 모으고, 토지의 개간과 경작을 통하여 재산을 불려 멋진 집을 지어 후손에게 물려주고 싶어하는 것 역시 선비의 마음이다. 선비가 넓은 땅을 구입하여 집을 지어 자손들에게 물려주는 풍속은 일찍부터 있었을 것이다.

귀거래(歸去來)의 시대라고 할 수 있는 조선 전기에는 귀거래의 공간이 도성에서 멀리 떨어진 고향이었다. 《논어》에 나오는 "쓰이면 나아가고, 그렇지 않으면 물러난다(用之則行, 舍之則藏)"는 말은 조선 선비의 기본적인 출처관이었다. 그러나 성리학이 내재화되면서 벼슬길에 나아가지 않고 물러나기만 한 처사들이 아름다운 선비의 전형이 되면서, 관직에 오른 사람들은 진심이든 그렇지 않든 귀거래의 노래를 부르며 고향으로 돌아가고자 하였다. 이때 고향은 도성에서 가까운 곳도 있었지만 충청도나 전라도, 경상도 등 먼 곳일 때가 많았다.

17세기 무렵 귀거래의 양상은 이전 시기와 달라진다. 귀거래의 노랫소리가 줄지는 않았지만 귀거래의 공간이 도성 근교로 변화하였다. 인조반정 이후 세력을 잃고 영호남으로 내려간 사람들은 더이상 도성으로 돌아오기 어려웠다. 사람들은 이러한 현실을 알고 있었으므로 권세를 잃더라도 '하방(遐方)'으로 내려가지 않으려고 노력하였다. 사람들은 앞다투어 도성에서 가까운 곳에 후손들이 길이 살 수 있는 전장(田莊)을 만들었다. 장동(莊洞) 김씨(金氏) 김상

헌(金尙憲)은 경상도 안동에서 양주(楊州)의 석실(石室)로 옮겨와 그곳에 새로운 선영을 만들어 후손이 정착할 수 있게 하였다. 또 관동(館洞) 이씨(李氏) 이단상(李端相)은 후손을 위하여 경기도 가평(嘉平)의 선영도 멀다 하여 양주 왕숙천 가의 영지동(靈芝洞)에 정착하여 새로운 고향을 만들었다. 신완(申琓) 또한 아차산 밑에 선영이 있었지만, 그곳보다 더욱 가까운 동대문에서 10리 떨어진 곳에 신성하(申聖夏)와 신정하(申靖夏) 등 그의 자식들이 살 집을 지어주었다.❶ 그리하여 18세기 이후 문인들은 더 이상 귀거래의 노래를 부르지 않게 되었다. 대신 그들은 도성에서 가까운 전원주택에서의 한가한 삶을 꿈꾸는 노래를 불렀다.

이때 조선 중기까지 귀거래의 노래로 삶의 전범이 되었던 도연명(陶淵明)의 자리를 당나라의 문인 이덕유(李德裕)가 대신 차지하였다. 이덕유는 평천장(平泉莊)을 지어 후손에게 물려주면서 "나의 평천장을 팔아먹는 자는 내 자손이 아니다. 돌 하나, 나무 한 그루도 남에게 주는 자는 좋은 자손이 아니다"❷라고 하였다. 이를 본보기로 삼으면서 이른바 풍월주인(風月主人)이라는 관념적 소유에서 대지와 건물의 실질적 소유로 의식이 전환되기에 이르렀다.

특히 18세기에서 19세기 무렵 도성 근교에 제2의 고향을 만든 경화세족들은 도성 안에도 거대한 주택을 장만하였다. 서유구(徐有榘)는 근세의 벼슬아치들이 성 밖 10리 너머의 땅은 황폐한 변방이나 더러운 시골구석이라서 하루도 살 수 없는 곳으로 여겨 벼슬에서 물러난 뒤에도 자손을 위하여 번화한 도성에서 한 발짝도 벗어나려 하지 않는다고 비판하였다. 대대로 도성에 거주한 경화세족들은 저마다 화려한 저택을 지었다. 홍양호(洪良浩)의 사의당(四宜堂), 신위(申緯)의 벽로방(碧蘆舫), 심상규(沈象奎)의 가성각(嘉聲閣), 김조순(金祖淳)의 옥호정(玉壺亭) 등이 당시 도성에서 가장 이름난 저택이었다.❸

2. 집과 땅에 대한 저술《사의당지》

18세기는 가히 정보의 집적과 정리의 시대라고 할 만하다. 당시 사회와 문화 전반의 정보를 수집하고, 이를 체계적으로 편찬하는 일이 크게 유행했음은 잘 알고 있는 사실이다. 유적지에 대한 자료를 정리하여 '지(志)'를 편찬하는 일도 조선 후기에 활발해졌다. 1771년 이세택(李世澤)은 청량산(淸凉山)과 관련한 이황(李滉)의 고사를 모은 《청량지(淸凉志)》를 편찬하였고, 이를 증보하여 이만여(李晚輿)는 20세기 초 《오산지(吾山志)》를 엮었다. 송시열(宋時烈)의 후손인 송주상(宋周相)은 화양동(華陽洞)의 고사를 모아 《화양지(華陽志)》를 편찬하였다. 또 19세기 김영록(金永祿)은 비슷한 대명의리(大明義理)라는 이념적 공간인 가평의 조종암(朝宗巖)에 대한 자료를 모아 《조종암지(朝宗巖志)》를 편찬하기도 하였다.❹

이와 함께 자신의 집안과 관련한 선영과 주거공간에 대한 자료를 모아 편찬하는 일이 17세기 무렵부터 생겨났다. 이식(李植)의 《계산지(啓山志)》가 그 중 하나이다. 1613년에 편찬된 《계산지》는 이식이 선조의 묘소를 지평의 백아곡(白鴉谷)으로 옮기면서 그와 관련한 기록을 모은 책이다. 이식은 이 책에서 선산을 조성하게 된 경위와 묘지의 풍수, 후손에 대한 당부 이외에도 이식이 직접 살았던 선산 부근의 택풍당(澤風堂)과 원찰(願刹)인 수운암(岫雲庵), 그리고 동계(東溪) 등 주변의 자연 풍광에 이르기까지 자세히 기록해놓았다. 세거지에 대한 '지'가 이로써 본격적으로 등장하게 된 것이다. ❺

　이러한 문화사적 흐름을 이어 홍경모(洪敬謨, 1774~1851)는 자신의 집안과 관련된 땅에 대한 '지'를 편찬하기도 하였다. 그리고 경주에 대한 인문지리지인 《남한지(南漢志)》와 강동(江東) 지역의 역사와 문화를 시로 쓴 지리지인 《오주시지(吳洲詩志)》를 편찬한 바 있다. 또한 그는 자신에 이르기까지 6대가 살던 진고개의 사의당에 대한 기록을 모아 《사의당지(四宜堂志)》를 편찬하기도 하였다. 《사의당지》는 홍경모의 문집인 《관암전서(冠巖全書)》에 실려 있는 여러 저술 중 하나이다. 홍경모는 조선의 음악을 정리한 《국조악가(國朝樂歌)》, 조선의 역대 고사를 정리한 《대동장고(大東掌攷)》, 기로소(耆老所)의 역사를 정리한 《기사지(耆社志)》 등 중요한 국고문헌(國故文獻)을 저술한 대학자이다. 이들 저술은 《사의당지》와 함께 문집에 실려 있기는 하지만 거의 독립적인 성격을 띤다. 문집으로는 《관암전서》 외에 《심류독서당신편관암시유집(深柳讀書堂新編冠巖始有集)》, 《관암유사(冠巖遊史)》, 《관암존고(冠巖存藁)》, 《관암산방신편운석외사(冠巖山房新編耘石外史)》, 《관암산방신편운석외사속편(冠巖山房新編耘石外史續編)》, 《추사(秋史)》 등이 있다. 이들 저술

《사의당지》가 포함된 홍양호의 《관암전서》. 규장각에 소장되어 있다.

은 모두 필사본으로 대부분 규장각에 소장되어 있다.[6]

홍경모의《사의당지》는 기왕의 유적지를 다룬 '지'가 중국의 양항숙(楊恒叔)이 무이산(巫夷山)과 관련한 주자(朱子)의 고사를 모아 편찬한《무이지(武夷志)》를 전범으로 한 것과는 크게 다르다.《무이지》를 모범으로 한《화양지》나《청량지》등은 주변의 자연 풍광과 건물 등에 대한 시문을 잡다하게 모은 것임에 비하여,《사의당지》는 건물 자체의 구조와 주변의 조경, 그리고 건물 안에 두었던 기물에 대해서 자세히 기술하고 있다. 그래서《사의당지》는 그 편제가 〈원서(原敍)〉, 〈당우(堂宇)〉, 〈형승(形勝)〉, 〈조망(眺望)〉, 〈화석(花石)〉, 〈서화(書畵)〉, 〈기완(器玩)〉 등으로 구성되어 있다.

〈원서〉는 사의당 전체를 개괄한 서문이다. 〈당우〉는 사의당, 징회각(澄懷閣), 수약당(守約堂) 등의 건물에 대한 연혁과 구조를 설명하고, 그에 대한 상량문을 실었다.《무이지》의 전례를 따른 책이 건물의 기(記)나 시가 중심인 것에 비하여《사의당지》는 건물의 상량에 직접 쓰인 상량문만 싣고 있어 문학적인 윤색을 가하지 않았다. 〈형승〉은 주변 경관의 아름다움을 자랑한 것이 아니라 택지를 어떻게 선정하여야 하는가의 문제와 연결된 '상택(相宅)'을 다루었다. 〈조망〉을 설명한 대목은 문학적인 꾸밈이 있기는 하지만 사의당에서 실제 조망할 수 있는 여러 명소를 적은 것이 중요 내용이다. 〈화석〉은 사의당의 안과 밖에 있는 나무와 괴석을 기록한 것으로, 나무의 경우 땅에 그냥 심은 것인지, 분재한 것인지를 나누어 몇 그루가 어디에 있고 또 당시에 몇 그루가 남아 있었는지를 기록하였다. 〈서화〉와 〈기완〉은 건물의 내부에 보관하고 있던 탑본(搨本)과 서화첩(書畵帖), 기물(器物) 등을 적은 것으로, 그 유래와 특징에 대한 홍양호 등의 글을 함께 실었다. ❼

　조선시대 문인들은 전장을 문학으로 꾸며 자랑하였으나 그들의 전장이 어떠하였는지를 구체적으로 보여주는 글을 많이 남기지는 않았다. 건물의 구조와 조경, 실내 인테리어 등에 대해서 언급하지 않고, 배경으로 자신의 집을 그린 다음 그 안에서 신선이나 은자처럼 살아가는 운치만을 드러냈을 뿐이다. 이에 비하여《사의당지》는 19세기 주거공간의 건축과 조경, 인테리어를 종합적으로 기록한 보고서로서의 성격을 띠고 있는 것이 가장 큰 특징이라고 할 수 있다. 지금부터《사의당지》를 통하여 진고개에 있었던 사의당의 구체적인 모습을 살펴보자.

3. 사의당의 연혁과 제도

　사의당은 진고개에 있던 남양 홍씨 집안의 저택이다. 지금의 서울 충무로 2가 중국대사관 뒤에 있는 언덕길을 진고개[泥峴]라고 하였는데, 바로 그곳에 위치해 있었다. 사의당은 원래 명례궁(明禮宮)[1]

1_ 명례궁은 충무로 진고개에 있었다. 나중에 명례궁을 지금 덕수궁 자리로 옮겼는데 곧 경운궁(慶運宮)이라고도 하며, 월산대군의 사저였다. 예전에 경운궁은 서부 황화방에 있었고, 명례궁은 남부 훈도동에 있었다. 인목대비가 유폐된 서궁은 경운궁, 곧 덕수궁이다.

자리에 있던 집이다. 얼마 후 자세한 내막은 알지 못하지만 무반으로 훈련원정(訓鍊院正) 등의 관직을 역임한 이책(李策)이라는 사람이 이 집을 소유하게 되었다.❺

그 후 인조반정이 일어난 해인 1623년 9월 26일 정명공주(貞明公主)²가 홍주원(洪柱元)과 혼례를 올렸다. 정명공주는 인목대비의 친딸로 광해군 때 인목대비와 함께 10년 동안 서궁에 유폐되어 있으면서 혼인하지 못하다가 반정 후 비로소 혼인을 하게 된 것이다. 인조는 정명공주에 대한 애정이 각별하여 조정 신료들의 반대에도 무릅쓰고 집을 짓는 데 필요한 많은 비용을 보태주었다. 인경궁(仁慶宮)의 재목과 기와를 받아 200칸의 집을 새로 짓고, 또 이를 보수하느라 매우 많은 경비가 소요되어 당시 실록에는 이와 관련한 기록이 자주 보인다. 이 집은 안국방(安國坊)에 있었는데, 후원 깊숙한 곳에 '일가정(一架亭)'이라 이름지은 정자를 짓고 김상용(金尙容)이 전서(篆書)로 쓴 편액과 어유봉(魚有鳳)으로부터 받은 기문을 걸어두었다고 한다.❻

인조는 정명공주가 살던 저택 외에 이책 소유의 집도 구입하여 하사하였다. 정명공주는 이를 넷째 아들 홍만회(洪萬恢)에게 물려주었다. 1671년 홍만회는 집을 새로 짓고 그 이름을 사의당이라 하였다. '사의'라는 이름은 조선 선비들이 좋아하던 단어이다. 인왕산 아래 청풍계(靑楓溪) 김상용의 집에 있던 사의정(四宜亭)은 사계

2_ 선조의 막딸로 인목대비 소생이다. 광해군 때 인목대비와 함께 서궁에 유폐되었다.

절, 즉 꽃과 폭포와 단풍과 눈[雪]을 즐기기에 알맞다는 뜻을 취한 바 있고, 낙산 아래 인평대군(麟坪大君)의 집에 있던 사의정은 충(忠)·효(孝)·우(友)·신(信)의 네 가지 덕목을 취한 것이다. 또 정약용(丁若鏞)이 강진에 유배되었을 때 머물던 사의재(四宜齋)는 맑은 생각[澹思], 장엄한 용모[莊貌], 과묵한 말[訒言], 신중한 움직임[重動]의 뜻을 빌린 것이다.[⑩] 홍만회는 꽃과 돌, 거문고, 바둑을 즐겼는데, 이 네 가지를 즐기기에 마땅한 집이라는 뜻으로 사의당이라는 명칭을 취한 듯하다. 그는 사의당을 완성하였지만 모친인 정명공주를 백형과 함께 직접 모시기 위하여 옮겨 살지 않다가 1687년 모친상을 마친 후 입주하였다.

그 후 사의당은 홍중성(洪重聖), 홍진보(洪鎭輔), 홍양호, 홍낙원(洪樂源), 홍경모에게 차례로 상속되었고, 1708년 한 차례 중수된 바 있다. 그 사이 위기도 있었다. 홍중성과 홍진보가 1735년과 36년 나란히 세상을 떠났는데, 그때 홍양호의 나이는 겨우 13세였다. 갑작스럽게 고아가 된 홍양호는 사의당을 유지할 수 있는 경제력을 갖추지 못하여 부득이 임시로 사의당을 팔 수밖에 없었다. 1743년 가족과 함께 호서의 고향으로 내려가 살다가 4년 뒤 도성으로 다시 올라와 사의당을 재구입한 후 1773년 징회각을 보수하였다.

사의당은 홍만회에서부터 홍경모에 이르기까지 6대 150여 년의 세월 동안 도성의 이름난 저택으로 명성을 떨치게 되었다. 홍경모는 1671년으로부터 146년이 지난 후《사의당지》를 편찬, 보완하여 7년 후인 1824년에 완성하였다. 이제《사의당지》를 통하여 사의당을 복원해보자.

먼저 본채인 정당(正堂)은 100칸짜리 건물이었다. 거주보다는 업무를 보기 위한 공간인 정침(正寢) 하나, 좌우에 딸린 익실(翼室) 하나와 뒤쪽과 바깥쪽에 하당(下堂)이 하나씩 있었다. 처음에는 온돌방과 마루의 비율이 1대 2로 되어 있었는데, 19세기 무렵 2대 1로 온돌방이 더 많아졌다. 조선시대 온돌은 일부 부유한 집에서만 사용되다가 19세기 무렵부터 보편화되면서 마루가 줄어들고 온돌방이 넓어졌는데, 사의당의 정당도 이러한 풍상이 반영되었다.

정당의 서쪽에는 1칸의 온돌방인 수약당(守約堂)이 있었다. 바깥쪽에는 송준길(宋浚吉)이 쓴 편액을 걸고, 안쪽에는 조상우(趙相愚)가 쓴 편액을 걸었다. 수약당은 동쪽과 서쪽에 창을 내었고 북쪽에는 3칸의 대청마루를 두었으며, 바깥에 분합(分閤)[3]을 달았다. 남쪽에는 꽃을 심은 계단을 두었다. 원래 사대부의 종가에는 제일 안쪽에 사당이 있지만, 이 집은 종가가 아니었기 때문에 따로 두지 않다가 나중에 종가의 구실을 하게 됨에 따라 수약당의 대청마루를 사당으로 사용하였다. 대궐의 풍속에 따라 그 옆에 주방을 두었지만 나중에 거처하는 방으로 수리하였다. 수약당은 18세기 시회(詩會)의 공간으로 이름이 높았다. 홍만회의 아들 홍중성이 이곳에서 조유수(趙裕壽), 이병연(李秉淵), 김창흡(金昌翕), 조문명(趙文命), 윤순(尹淳), 홍세태(洪世泰) 등과 시사(詩社)를 결성하여 날을 정하여 술

3_ 대청 앞쪽 전체에 다는 긴 창살문.

을 장만한 후 수창하여 당시 사람들의 부러움을 샀다.⑪

아래채인 하당은 북쪽과 서쪽에 하나씩 있었다. 북쪽 방은 온돌
방 2칸, 대청마루 1칸으로 되어 있는데, 남쪽에는 분합을 달았다.
온돌방에는 다락을 두어 그 아래는 행랑(行廊)으로 쓰고, 북쪽으로
판문(板門)을 내어 징회각 남쪽 계단으로 갈 수 있게 하였다. 서쪽
방은 2칸의 온돌방, 1칸의 대청마루로 이루어져 있으며, 서쪽에 분
합을 달고 좌우편에 3칸의 익랑(翼廊)을 연결하였다. 온돌방 남쪽
에 1칸의 다락을 두고 그 아래는 주방을 두었다. 다락 남쪽 끝에 각
문(角門)⁴을 두어 정당으로 갈 수 있게 되어 있었다. 익랑 밖으로는
담을 둘러쳤으며, 서쪽으로 문을 내어 사의당의 뜰과 연결되게 하
되 판자로 만든 담으로 막아두었다. 북쪽에도 각문을 설치하여 징
회각 남쪽 계단과 통하게 하였다.

뒤채인 후당(後堂)은 정당의 동쪽에 자리하고 있었고, 2칸의 온
돌방에 2칸의 마루를 붙였다. 서쪽에는 다락과 그 아래 행랑을 두
고 남쪽에 2칸의 곳간을 만들었다. 그 끝에 문이 있어 정당의 뜰로
나갈 수 있게 되어 있는데 나중에 행랑을 붙여 막았다. 남쪽으로 문
을 달아 정당의 주방과 통하게 하였다. 온돌방에는 따로 주방 1칸
을 만들고, 그 뒤쪽에 작은 담을 쌓아 정원 동쪽 담과 연결시켰다.
온돌방 북쪽에는 2칸의 익랑을 설치하였다. 동쪽에는 중문(重門)이
있어 곳간으로 연결되었다. 북쪽 작은 문의 곳간 끝에는 측간을 두

4_대문간을 따로 만들지 않고 양쪽에 기둥만 하나씩 세워 문짝을 단 가장 간단한 문을
말한다.

었다.

정당과 함께 사의당 역시 중심이 되는 건물이었다. 5개의 들보가 있는 11칸의 북향 건물로 온돌방이 3칸, 대청마루가 4칸으로 되어 있으며, 동남북 3면에 분합을 달고 남쪽 창에 툇마루 2칸을 붙였다. 서쪽에 1칸 반의 다락이 있고, 그 아래 주방을 두었다. 주방 서쪽은 담장으로 둘러쳤고 동남쪽은 계단으로 둘렀으며, 그 밖은 널빤지로 담장을 쌓고 동쪽에 중문을 세웠다. 그 아래 5층의 돌계단이 있었다. 서남쪽에는 꽃을 심은 계단을 만들었고, 동쪽에는 소나무로 만든 계단을 두었다. '사의당'이라 쓴 편액은 송시열의 글씨였다. 방 안에는 홍양호가 쓴 편액 청소각(淸疎閣)이 걸려 있었다. 익랑과 문, 곳간, 마구간, 측간 등도 붙어 있었다. 사의당 앞쪽에는 화원을 두었는데 산기슭에 위치해 있어 매우 높았으므로 사방이 탁 트여 조망이 뛰어났다.

징회각은 사의당 동쪽에 자리하고 있었는데 대들보가 다섯이고 6칸이었다. 온돌방은 2칸이며 동쪽에는 작은 다락이 있어 서루(書樓)의 기능을 하였다. 다락 남쪽 벽 뒤에 곡장(曲墻)을 둘러막았다. 담장 서쪽 계단에는 소나무 두 그루가 있어 사의당 동쪽 계단에 있는 소나무와 시렁처럼 연결되어 문이 되는 구조였다. 밖에 건 편액 징회각은 김수흥(金壽興)이 예서(隸書)로 쓴 것이다. 영조 계사년 (1773)에 중수하였는데, 홍낙원이 직접 상량문을 지어 들보 위에 썼다.

건물의 중문 밖에 일자 형태의 행랑 14칸을 세웠다. 2칸은 절구와 방아를 찧는 공간으로 사용하고, 나머지는 하인들이 사용하는 공간과 출입문, 손님이 휴식을 취하는 마루로 구성하였다. 북쪽에 각문 하나를 두어 주자동(鑄字洞)과 통하게 하였다. 문밖의 대지가 안쪽보다 2배 정도 넓었는데, 모두 노복들이 살던 곳이었지만 나중에 가세가 기울자 민가로 바뀌었다.

4. 꽃과 나무로 꾸민 사의당

홍만회가 처음 사의당을 지을 때부터 정원 위의 계단에 나무와 괴석(怪石)을 많이 두었다. 그러나 그 후 100여 년이 지나면서 점차 쇠퇴하여 홍경모 대에는 열의 한둘도 남지 않게 되었다. 홍경모는 이덕유가 평천장을 지어 나무 하나, 돌 하나라도 남에게 주지 말라고 한 것을 지키지 못하여 안타까워하면서 대신《사의당지》에 기록으로 남겨 후손에게 알리고자 하였다.

이러한 생각으로 홍경모가 기록한 사의당의 조경은 다음과 같다. 사의당에는 남쪽과 서쪽에 각기 정원이 있었다. 남쪽 정원에는 큰 소나무 두 그루, 푸른 회나무 두 그루가 있었고, 서쪽 정원에는 측백나무 한 그루가 있었다. 노송(老松)이 다섯 그루 있었는데, 징회각 서쪽에는 문병(門屛)처럼 양쪽에 두 그루가 서 있었다. 그 밖에 수약당, 중문 밖 서쪽, 집 안 뒤뜰 서쪽에도 각기 한 그루가 서 있었다. 이외에도 여러 계단이나 문 옆에는 원반노송(圓盤老松), 종려나무, 매화나무, 배롱나무, 모란, 큰솔나리(山丹花), 자목련, 백목련,

출장화(出墻花), 금등화(金藤花), 불정화(佛頂花), 흰진달래, 정향(丁香), 금죽(錦竹) 등 다양한 조경수가 심어져 있었다. 사의당에는 상당한 수량의 분재도 있었다. 반송(盤松), 작은 소나무, 매화, 벽오동, 사계화(四桂花), 거상화(拒霜花), 전춘라(剪春羅), 금전화(錦剪花), 추해당(秋海棠), 석양화(夕陽花), 영산홍, 왜철쭉 등은 화분에 심어 이곳저곳에 놓아두었다.

사의당의 종려나무는 특별한 의미가 있다. 1682년 숙종이 사의당에 종려나무가 있다는 말을 듣고 신하에게 명하여 이를 구하자, 홍만회는 신기한 초목으로 임금의 이목을 어지럽게 하였다면서 나무를 뽑아버렸다. 숙종은 이 말을 듣고 대궐 후원에 있던 종려나무를 뽑아 민가로 돌려보냈다. 이 일은 후에 사대부 사이에 미담으로 널리 퍼지기도 하였다.

이와 함께 조선 후기 정원에는 괴석 또한 꼭 필요한 것이었다. 사의당에는 중국에서 구입한 태호석(太湖石)뿐만 아니라 아름다운 괴석이 여럿 있었다. 사의당 남쪽 섬돌 앞에는 5개의 괴석이 있었다. 이 괴석들은 깎아서 봉우리를 만든 것으로 높이가 약 4~5척 정도 되었고, 쇠망으로 둘러 떨어져나가는 것을 막았다. 모두 석대에 안치하였는데 석대 또한 쪼아서 만들었다. 이 석대는 네 모서리 혹은 여섯 모서리로 되어 있었으며, 네 모서리에는 화초를 새겨놓았다. 그 밖에 중간 크기의 괴석 하나, 석대에 딸려 있는 작은 괴석 하나, 석주와 옥대에 상 머리가 딸린 작은 괴석이 둘 있었다. 돌로 만든 거북 하나가 사의당 남쪽 뜰에 있었는데, 조각한 것이 기이하고 교묘하여 비늘이 살아 움직이는 듯하였고 등에는 해시계 일영(日影)과 24방위가 새겨져 있었다.

5. 사의당에 있던 서화

사의당에는 홍양호가 장만한 많은 서화가 있었다. 홍양호는 서예에 관심이 많아 중국 고대의 탑본을 많이 수집하였다. 홍양호가 수집한 탑본은 매우 다양하였다. 특히 중국 고대의 비문을 탑본한 것을 다양한 경로로 수집하여 소장하였다. 주나라 선왕(宣王)의 사냥을 송축한 〈석고문(石鼓文)〉, 곽향찰(郭香察)의 글씨로 알려져 있는 후한(後漢) 시기의 〈서악화산비(西嶽華山碑)〉, 왕희지(王羲之)의 〈난정수계서(蘭亭修禊序)〉와 〈악의론(樂毅論)〉, 도홍경(陶弘景)의 〈예학명(瘞鶴銘)〉 등 당대 수집가들의 눈을 휘둥그레지게 하는 것들이 많았다. 당대(唐代)의 것으로는 저수량(褚遂良), 이정(李靖), 이옹(李邕), 안진경(顏眞卿), 한유(韓愈), 여동빈(呂洞賓) 등 명가의 글씨를 새긴 비석의 탑본을 두루 구비하였다. 그뿐만 아니라 소식(蘇軾), 미불(米芾), 장구성(張九成), 조맹부(趙孟頫) 등 송나라와 원나라의 명필 필적을 탑본한 것을 소장하고 있었으며, 축희철(祝希哲), 문팽(文彭) 등 명대의 서첩까지 모았다.

17세기 무렵부터 허목(許穆)의 학문으로 대표되는 상고주의적인 기풍이 조선에서 크게 일어나기 시작하여 18세기 무렵에는 조선 문인들 사이에서는 고대의 금석문에 대한 관심이 폭발적으로 증폭

되었다. 특히 홍양호의 사돈이었던 윤동석(尹東晳)은 한나라 대 이전의 금석문을 널리 수집하여 당대 최고의 금석문 수집가가 되었다. 윤동석의 《오운낙사(五耘樂事)》에는 그가 수집한 주나라와 한나라 때의 탑본을 임서하고 간략한 설명을 덧붙인 글이 수록되어 있다. 홍양호가 수집한 〈석고문〉 역시 윤동석이 수집한 탑본 목록에 보인다.⑫

당대 윤동석과 함께 고대 금석문의 최고 전문가는 홍양호였다. 홍양호는 금석문의 애호가로서 적극적으로 중국 고대의 금석문을 수집하였고, 그가 수집한 금석문의 대부분은 당시 조선에서 보기 어려운 것들이었다. 홍양호는 자신이 수집한 금석문에 일일이 제발(題跋)을 붙였다. 손자 홍경모는 이를 《사의당지》에서 전재하는 한편, 이를 다시 정리하여 《역대법첩(歷代法帖)》을 엮기도 하였다. 그 앞뒤에 붙인 〈역대법첩인(歷代法帖引)〉에 따르면 집안에 소장된 20개의 금석첩을 묶어 구양수(歐陽脩)의 《집고록(集古錄)》을 잇겠다고 하였다. 홍경모는 금석문 하나하나에 제후(題後)를 달아 그 내용과 유래에 대하여 자세히 적었다.

홍양호는 중국의 옛 탑본뿐만 아니라 조선의 고비(古碑)에도 많은 관심을 가졌다. 외직으로 벼슬을 나가면 인근에 있던 고대의 실전된 비석을 찾기 위하여 많은 노력을 기울였다. 당대에 잊혀졌던 상당수의 비석이 그의 노력에 의하여 발굴되었다. 홍양호는 이들 고비를 탑본하여 사의당에 보관하고 여기에 하나하나 제발을 붙여 금석학과 서예에 대한 높은 수준의 담론을 보여주었다. 〈신라평제

탑비(新羅平濟塔碑)〉, 〈태종왕릉비(太宗王陵碑)〉, 〈문무왕릉비(文武
王陵碑)〉, 〈진흥왕순수비(眞興王巡狩碑)〉, 〈김각간묘비(金角干墓
碑)〉, 〈무장사비(鍪藏寺碑)〉, 〈백월서운사비(白月棲雲寺碑)〉, 〈신행
선사비(神行禪師碑)〉, 〈사림사비(沙林寺碑)〉, 〈흥법사비(興法寺碑)〉,
〈정토사비(淨土寺碑)〉, 〈보현사비(普賢寺碑)〉, 〈단속사비(斷俗寺
碑)〉, 〈인각사비(麟角寺碑)〉, 〈강태사탑(姜太師塔)〉 등이 그에 의하
여 세상에 알려지게 된 것이다. 이 시기까지 문인들은 〈진흥왕순수
비〉 등 몇 작품을 제외하고는 크게 관심을 갖지 않았으며, 또 조선
고비의 탑본을 통하여 서체를 연구하는 사람이 많지 않았던 사정
을 생각하면 홍양호가 서예사에서 차지하는 중요한 위치를 짐작할
수 있다.

홍경모는 홍양호로부터 물려받은 우리나라 고비의 탑본과 함께
〈여산폭포시진적(盧山瀑布詩眞蹟)〉과 〈광평사석당(廣平寺石幢)〉 등
몇 종을 더하여 《동국묵적(東國墨蹟)》으로 묶었다. 〈동국묵적인(東
國墨蹟引)〉에 따르면 홍양호는 신라시대의 탑본 12개와 고려시대
의 탑본 9개에 조선의 것 일부를 구하여 소장하였는데, 홍경모가
이를 모아 《동국묵적》으로 묶었다고 한다. 그리고 하나하나에 제
후를 달아 내용과 유래에 대하여 자세하게 따로 적었다.[13]

홍양호가 금석문에 큰 관심을 가졌던 것은 윤순, 이광사(李匡師)
등과 함께 당대 최고의 서예가 반열에 올라서려는 포부에서 비롯
된 것이며, 그가 서예에 더욱 관심을 가졌던 것은 집안의 내력이기
도 하다. 그의 증조부 홍만회는 글씨에 관심이 많아 《대동필종(大東

筆宗》을 편찬한 바 있다. 이 필첩은 홍만회가 1669년 김생(金生), 이암(李嵓), 안평대군(安平大君), 성수침(成守琛), 황기로(黃耆老), 양사언(楊士彦), 송인(宋寅), 김구(金絿), 이황, 백광훈(白光勳), 한호(韓濩), 김현성(金玄成) 등 11인의 진적을 모은 것이다.⑭ 그런데 《사의당지》에는 신익성(申翊聖), 오준(吳竣), 윤순과 함께 이광사의 것까지 수록되어 있는 것으로 보아 홍양호가 선대로부터 물려받은 이 필첩을 다시 증보한 것이라고 할 수 있다.⑮ 오늘날 이 서첩의 소재처를 알 수 없어 참으로 안타까울 뿐이다.

홍양호는 우리나라 역대 명필의 글씨를 두루 수집하였다. 그가 수집한 것 중에 공민왕이 쓴 〈강릉임영관액자(江陵臨瀛館額字)〉, 안평대군의 진본인 〈비해당첩(匪懈堂帖)〉, 양사언의 〈금강산만폭동석상대자(金剛山萬瀑洞石上大字)〉, 한호의 〈쌍벽첩(雙璧帖)〉, 허목의 〈동해퇴조비(東海退潮碑)〉, 윤순의 〈백하서옥축(白下書玉軸)〉, 이광사의 〈천모첩(天姥帖)〉 등 주목할 만한 것이 많다. 또 인목대비가 이금(泥金)으로 모단(毛緞)에 당시(唐詩) 칠절(七絶)을 쓰고, 숙종의 어제시(御製詩)를 붙인 〈인목왕후어필(仁穆王后御筆)〉, 정명공주가 쓴 〈화정이대자(華政二大字)〉, 〈범질계자시첩(范質戒子詩帖)〉 등 왕실의 필첩류(筆帖類)도 상당수 소장하였다. 특히 정명공주는 정조가 그녀의 글씨 〈화정〉을 보고 크게 칭찬하였을 정도로 글씨에 뛰어났다.⑯ 이들 왕실 자료는 현재 그 소장처를 알 수 없지만, 《사의당지》가 있어 그 존재가 알려질 수 있었다.

글씨에 많은 관심이 있어 필첩을 수집하여 후손에게 남긴 홍양호는 스스로 글씨에 일가를 이루었기에 그의 글씨도 사의당에 소장되어 후손에게 오랫동안 전해졌다. 〈순화각첩(淳化閣帖)〉을 임모한 것 이외에 벼슬살이와 연행 등 삶의 중요한 국면에 직접 쓴 필첩이 《사의당지》에 수록되어 있다. 홍경모는 이들 선조의 필첩을 모아 《선세수묵(先世手墨)》이라 이름짓고 발미(跋尾)를 붙여 그 사연을 자세히 밝혔다. 《선세수묵》에는 《사의당지》에 들어 있지 않은 홍이상(洪履祥) 등 선조의 필첩과 정명공주가 쓴 〈선원보략(璿源譜略)〉, 홍만회가 쓴 〈동몽선습(童蒙先習)〉 등도 수록되어 있었다. 또 홍양호가 홍경모를 위해 필법에 대하여 쓴 《필원진결(筆苑眞訣)》도 소장되어 있었다. 안타깝게도 이것 역시 전해지지 않고 있다.

사의당에는 중국과 조선의 뛰어난 그림도 여러 점 소장되어 있었다. 비슷한 시기 신위나 이조묵(李祖默) 등이 소장한 그림에 비하면 그 수가 매우 빈약하지만, 하나하나의 가치는 매우 높다. 이공린(李公麟)이 그린 〈제이직공도(諸夷職貢圖)〉와 장로(張路)가 그린 〈하량읍별도(河梁泣別圖)〉 등의 그림을 소장하였다고 하니 믿기 어려울 정도이다. 당시 도성에 거주하는 명가에 내건 그림의 수준을 짐작할 수 있다. 또한 이정(李霆)이 광해군의 명으로 병풍에 그려 내사한 〈석양정화죽(石陽正畵竹)〉, 백릉(白綾)에 수를 놓은 족자 그림인 〈춘유방초도(春遊芳草圖)〉, 이공린 그림의 인본인 〈난정수계도(蘭亭脩禊圖)〉 등도 보인다. 홍경모는 이들 그림과 관련이 있는 미불, 강세황(姜世晃) 등의 시문도 함께 실어 감상에 편의를 도모하였다.

6. 사의당에서 소장한 기물

사의당에는 진귀한 기물도 많이 소장되어 있었다. 이 집안의 기물은 부마 홍주원의 부인 정명공주에게서 비롯한 것이 많았다.⑰ 현학금(玄鶴琴)에는 대모(玳瑁)로 장황하여 앞뒷면에 금으로 포도를 그렸으며, 양옆에는 "아름다운 거문고, 백아의 마음. 종자기가 비로소 지음이 되었으니, 한 번 타고 다시 한 번 시를 읊네. 시원한 허공의 소리가 먼 산에서 일어나고 강물 위의 고운 달빛 강물은 깊구나(綠綺琴 伯牙心 鍾子始知音 一鼓復一吟 泠泠虛籟起遙岑 江月娟娟江水深)"라고 금으로 쓴 시가 적혀 있었고, 뒷면에는 '남록거사현학금(南麓居士玄鶴琴)'이라고 새겨져 있었다. 이와 함께 서양에서 만든 자명종을 구하여 비치하기도 하였다. 이 자명종은 일월의 고도를 측정함과 동시에 저울추와 침이 달려 있어 정확한 시간을 알려주고, 천문관측을 겸할 수 있게 되어 있었다. 속에 바퀴를 만들어 추를 달아 왔다 갔다 할 수 있게 하고는 침을 실로 매달아 시계의 기능을 하게 하였다. 인시와 신시에는 일곱 번, 오시에는 아홉 번 울게 장치가 되어 있었다고 하니 그 정묘함이 참으로 놀랍다. 서각(犀角)은 물소의 뿔로 약재로도 쓰이지만 완상용으로 이 시기 문인의 서안 위에 놓여 있었다. 황색으로 위가 뾰족하고 아래가 풍성한데, 최석정(崔錫鼎)의 명(銘)을 조상우가 금으로 글씨를 쓴 것이다. 또 큰 괴석은 뜰이나 계단 옆에 두었지만 작고 특이한 재질의 것은 실내용이었다. 사의당에는 작은 실내용 괴석이 둘 있었는데, 석웅황

(石雄黃)과 청강석(靑剛石)으로 된 것이었다.

문방구로는 자단(紫檀)으로 만든 화류연갑(樺榴硯匣)이 있었는데, 3층 구조로 되어 있고, 그 받침은 종려나무로 만든 최고급 제품이었다. 화류필통(樺榴筆筒)도 자단으로 만들었는데 원형으로 높이는 5촌, 너비는 3촌 정도였다. 옥서안(玉書案)은 성도(成都)에서 나는 백옥으로 겉면을 싸고 화목(樺木)으로 네 모서리를 치장한 다음, 고목(古木)의 뿌리로 받쳐놓은 것인데, 뿌리 안에 물건을 담을 수 있게 되어 있었다. 옥향로(玉香爐)는 한나라의 태자궁(太子宮)에서 사용하던 박산향로(博山香爐)를 본뜬 것인데, 옥으로 양 귀와 세 다리를 만들고, 몸체 부분의 사면에 발톱이 아홉 있는 용을 새기고 사이사이에 우레와 도철(饕餮)을 새겼다. 위에 박산(博山)을 깎아 덮개로 사용하였다. 네 모서리에는 '유주용정(有周龍鼎)'이라는 글씨를, 몸체 부분에는 예서로 한유의 〈석정연구(石鼎聯句)〉를 새겼다. 다리 하나에는 "당(唐) 원화(元和) 7년 후 981년 임자(壬子, 1792) 맹하(孟夏) 조선 조윤형(曹允亨)이 쓰다"라는 뜻으로 한자 22자를 새기고, 다른 두 다리에는 "이계(홍양호)가 꿈에 원교(圓嶠, 이광사)를 만나 글씨를 논하고 석정 연구에 대하여 이야기를 나누었는데 솥의 배에다 이를 새겨 문방(文房)의 기완(奇玩)으로 삼는다. 성도의 백옥으로 주나라의 용정(龍鼎)을 본뜨고 그 시를 새겨 고인의 말씀을 실천한다. 이계의 손자 조영(祖榮, 홍경모의 초명)이 삼가 쓴다"라는 뜻의 글자 52자를 새겼다고 한다.

특이한 술잔으로는 군자배(君子杯)와 마류배(瑪瑠杯)가 있었다.

군자배는 도자기로 만든 것인데 높이는 3촌, 길이는 2촌이었다. 또한 신선이 산다는 박산을 안에 놓았는데 여러 화초의 모습을 새겨넣었으며, 박산 안에는 가운데 바닥까지 구멍을 뚫어 술이 반쯤 차면 새지 않고, 가득 차면 아래로 새어나오게 되어 있어서 술잔에 술을 가득 차지 않게 하였다. 가득 찬 것을 경계하는 마음을 담은 것이라고 할 수 있다. 마류배는 자황색(雌黃色)의 조그마한 술잔으로 양 손잡이에 원숭이의 형상이 새겨져 있다. 또 정명공주 때부터 전래된 것으로 투호(投壺)가 있었다. 일본에서 가져온 동으로 만들었는데, 몸통 전체에 꽃을 새기고 배에는 불상을 새겼다. 또 백우선(白羽扇)은 학의 깃털을 나무자루에 꽂은 다음 철사로 묶은 부채인데, 중국인이 만든 것으로 자루에 새겨진 조각이 매우 기이하였다.

사의당에 소장된 기물 중에는 홍양호가 1794년 중국 사신으로 청나라에 갔을 때 기윤(紀昀)으로부터 선물받은 것도 상당수에 이른다. 몇 종류의 벼루와 연적이 이에 속한다. 선덕연(宣德硯)은 명나라 선종(宣宗)이 사용하던 벼루인데, 금나라 침입 이후 민간에 떠돌다가 기윤에게 전해졌고, 이것이 다시 조선으로 건너오게 된 것이다. 선종의 연호를 딴 선덕연은 정수리에 묵지(墨池)를 파고 입 부분에 구름 속의 달과 누운 소의 형상을 새겼으며, 사면에는 인물과 산수를 새기고 몸체 부분에 작은 젖꼭지 둘이 아래로 매달린 형상을 새겼다. 외갑(外匣)은 강진향(降眞香)을 사용하고, 위에 옥 한 조각을 새겼다. '신유송년(臣劉松年)' 네 글자를 관지(款識)로 새기고, 중간에 '어부지인(御府之印)' 네 글자를 새겼다. 그 아래에는 1794년 기윤이 "이 벼루의 관지와 인기(印記)는 모두 여구(黎邱)의 기술인데, 선덕의 옛 돌은 없어졌지만 이 때문에 진짜를 숨기지는 않는다"라고 쓴 소지를 새겼다. 홍양호는 따로 〈선덕연가(宣德硯歌)〉와 〈선덕연기(宣德硯記)〉를 지어 이를 빛냈다.⑩

기윤으로부터 받은 단연(端硯)도 푸르면서 붉은 색깔을 띠는 명품이었다. 그 등에 "새 벼루가 아름다우니 어찌 오래된 가짜와 같겠는가? 진짜 송나라와 원나라의 시는 모의한 악부시보다 낫다"라고 한 기윤의 명이 새겨져 있었다. 역시 기윤으로부터 선물받은 수중승(水中丞)은 백자로 구운 연적으로 2촌밖에 되지 않지만 작은 두 마리 청룡이 그려져 있었다. 밑에 '대청강희년제(大淸康熙年製)'라는 글자가 새겨져 있어 강희제의 어요(御窯)에서 만든 것임을 알 수 있다. 묵상(墨床)은 백옥으로 겉면을 만들고 자단으로 대를 만들었는데 길이가 1촌, 너비가 3촌이며, 이무기와 표범을 새겨놓았다. 연산(硏山)은 푸르스름하며 반점이 있는 것으로 5개의 작은 봉우리를 깎고 그 사이에 단사를 칠해놓은 높이 3촌, 길이 5~6촌 정도의 작은 연적이다. 화류상(樺榴床) 위에 올려놓았으며, 홍양호의 명이 새겨져 있었다.

그 밖에 옥여의(玉如意)와 마노소배(瑪瑙搔背) 등도 기윤으로부터 받은 것이다. 옥여의는 강진향으로 막대를 만든 채이다. 이것의 길이는 2척이며 머리와 허리, 꼬리에 옥을 붙이고 이무기와 표범을 새겼으며, 황색의 유소를 늘어뜨렸다. 홍양호가 〈옥여의가(玉如意

歌》)를 지어 이를 자랑한 바 있다. 마노소배는 오목(烏木)으로 몸통을 만들고 백마노(白瑪瑙)로 손가락 모양의 조갑(爪甲)을 깎아 만든 것으로, 다섯 손가락에 봉선화로 물을 들였다. 몸통 끝도 마노로 만들었는데, 제작이 매우 기묘하여 등을 긁기에 아주 좋았다고 한다. 여기에도 기윤의 시가 새겨져 있었다.

다구(茶具)는 선비의 필수품인 동시에 완상의 용도로 쓰이는 기물로, 이 역시 홍양호가 기윤으로부터 받은 것이다. 다주(茶注)는 갈운첨(葛雲瞻)이 흙을 이용하여 새의 형상으로 제작한 것으로 황색이 났다. 1홉의 물을 담는데 뚜껑으로 덮게 되어 있는 명품이었으므로, 《다경(茶經)》에서 이른 숙우(熟盂)라 자랑하기도 하였다. 여기에도 기윤의 시가 새겨져 있었다. 호로완(葫蘆盌)과 호로호(葫蘆壺)는 강희제 때 복제품으로 만든 것이다. 호로완은 우레 문양을 새긴 황색의 사발이다. 호로호는 네 귀퉁이에 하늘에서 복을 내린다는 뜻의 '자천신복(自天申福)'이라는 네 글자를 새기고 뚜껑으로 덮게 되어 있는데, 뚜껑에는 작은 넝쿨이 새겨져 있었다. 모두 화류상 위의 대에 올려놓았는데, 대 또한 자작나무로 아로새긴 절품이다. 홍양호은 여기에 자신이 지은 명(銘)을 새겨두었다. 위두(威斗)는 청록색의 동으로 만든 7~8촌 길이의 차 그릇이다. 인두처럼 생겼지만 실제로는 술이나 차를 담는 주전자로 사용하던 것이다. 홍양호는 이것에도 명을 새겼다.

고대의 유물을 구비하는 것도 선비의 방에 아취를 더하는 한 가지 방법이다. 고대의 유물은 모두 홍양호가 경흥부사로 있을 때 구

〈사인초상〉 김홍도, 평양조선미술박물관. 꽃을 꽂은 골동품과 벽에 건 자명종이 보인다.

한 것들이다. 숙신(肅愼)의 석노(石砮)와 석부(石斧)는 1777년 경흥
부사로 있을 때 청해(靑海) 사람이 숙신의 옛 성에서 구한 것을 얻
은 것이다. 송전(宋錢)도 넷 있었는데 황송통보(皇宋通寶), 경덕원보
(景德元寶), 원풍통보(元豊通寶), 원우통보(元祐通寶)로, 특히 예서의
자획이 뛰어났기에 홍양호가 구한 것이다. 홍양호의 〈송전기(宋錢
記)〉에 따르면 이 역시 경흥부사로 있을 때 오국성(五國城) 인근 황
제총(皇帝塚) 옆의 시신(侍臣) 무덤에서 출토된 것이라고 한다. 안환
(雁丸)도 같은 시기에 구한 것이다. 이것은 두만강에서 사냥꾼이 기
러기를 잡았을 때 몸 안에 있던 탄환으로, 게 눈 크기로 검고 매끈
매끈하였다고 한다. 《사의당지》에는 기록하지 않았지만 신라의 유

물인 옥적(玉笛)도 함께 소장하였다. 옥적은 홍양호가 경주부윤으로 있을 때 옥으로 신라의 유물인 옥적과 같은 모양으로 만든 피리이다. 길이는 2척 4촌이고, 위에 구멍이 둘 있고 가운뎃손가락으로 막게 되어 있는 구멍 6개가 있으며, 아래에 작은 구멍 4개가 있다. 소리가 매우 맑았지만 웬만한 악공도 소리를 내기 어려웠다고 한다.[19]

홍경모는 이러한 집안의 소중한 기물을 《사의당지》에 수록하는 한편, 따로 〈가장기완명(家藏器玩銘)〉에 서문과 함께 하나하나 명을 지어 자신의 집안에 전해진 기물을 후대에 전하고자 하였다. 기물은 사라져도 기록은 남는 법이다. 지금은 그 기물들이 소실되었지만 기록이 있어 사의당에서 누린 운치를 짐작할 수 있다.

7. 19세기 경화세족의 주거 문화와 사의당

《사의당지》에서 확인할 수 있는 주거 문화는 19세기 이름난 집안의 일반적인 모습이기도 하다. 19세기 조선에서 가장 뛰어난 저택으로 여러 기록에 등장하는 심상규의 송항(松巷) 북쪽에 있던 가성각도 그 중 하나이다.

> 문숙공(文肅公) 두실(斗室) 심상규는 경성 송항 북쪽에 저택을 지었다. 바깥채에서 굽이굽이 이어져 두실이 된다. 이곳을 지나면 난간과 서까래가 얽히고설켜 정당이 되는데 편액을 가성각이라 하

였다. 담계(覃溪) 옹방강(翁方綱)이 80세에 쓴 것이다. 가성각 동쪽에는 기둥이 높다랗게 꺾어져 북쪽으로 서 있는데, 안이 빈 허루(虛樓)와 이중 구조의 복합(複閣)이다. 또 그 서북쪽은 붉은 담장이 뻗어 있는데 벽돌을 쌓아 달문(둥그스름한 문)을 만들고 사이사이에 구들을 놓은 방[炕屋]을 두었는데 높은 방과 낮은 방이 있다. 또 그 뒤에는 일당(一堂), 이당(二堂), 삼당(三堂)을 나란히 두었다. 또 그 뒤에는 속당(續堂)이 있다. 책 4만 권을 쌓아두었는데, 경사자집(經史子集)을 나누어 소장하고 있다. 가운데는 영당(影堂)이다. 그 선대인 함재공(涵齋公, 沈念祖)의 영정을 봉안하고 있다. 붉은 휘장으로 막고 바깥에 향안(香案)을 두었다. 가성각 앞에는 작은 집 몇 칸을 만들어 기화이초(奇花異草)를 두루 심었다. 뜰에는 종려나무를 심었는데 그 크기가 문설주에 나란하다. 또 상아로 만든 상과 통유리로 된 벽[滿壁鏡]이 있는데 모두 우리나라에는 없는 것들이다. 그 나머지 기물이나 완상품은 위치가 가지런하여 법도가 있다. 방에는 문양이 들어가 있는 창과 아름답게 새긴 난간이 있는데 모두 정묘하고도 신기하다. 발과 휘장, 궤안, 깔개는 정갈하고도 고즈넉하며 호젓하여 밖에서 보면 마치 신선의 집과 같다. 담벼락이나 측간이 더럽거나 갈라진 데가 있으면 몸이 지저분한 듯이 여겼다.

공은 성품이 단아하고 엄중하여 음악과 여색을 좋아하지 않고 소란한 소리를 듣는 것을 싫어하였기에 집 안팎이 엄숙하였다. 곁에 있는 자들은 말을 함부로 내지 못할 뿐만 아니라 웃고 떠들 수도 없어서 모두 숨을 죽이고 발을 끌고 다녀야 하였다. 평상시에는 안으로는 서양의 자명종을 휘장 안에 비치해두고, 밖으로는 계단 위에 해시계[日晷]를 비치하고는 아침밥과 점심밥을 모두 정해진 시간에 먹었다. 지팡이를 짚고 출입하면서 규정을 어기지 않았다. 비록 중국 고관대작의 호사와 같지는 못하겠지만, 우리나라에서는 비교할 만한 것이 거의 없다.[20]

가성각에 있던 문설주와 나란할 정도로 종려나무, 집안에 둔 자명종, 계단의 해시계 등 이 모든 것이 사의당과 흡사하다. 특히 자명종은 황윤석(黃胤錫)의 《이재난고(頤齋亂藁)》에 나경훈(羅景壎)과 염영서(廉永瑞) 등 민간 기술자가 400~500냥을 들여 제작하였다고 하니, 웬만한 집 한 채 값에 해당하는 고가임에도 18세기 무렵부터 부호한 집안에서 골동서화와 함께 자명종이 새로운 기물로 환영받았음을 알 수 있다. 사의당에 있는 완상용 기물 중 상당수는 왕실에서 나온 것이고, 또 중국에서 가져온 것도 상당수 있었다. 이렇듯 18세기 이래 골동 수집이 유행하면서 중국에서 구입한 골동품이 선비의 멋을 더하는 완상용으로 서재를 채웠으므로, 가성각에도 사의당 못지않은 기이한 것들로 채워져 있었을 것이다.

특히 18세기 이후 고비에 대한 관심이 급증하면서 중국과 조선의 고비 탑본을 널리 수집하고, 이것에 대한 저술이 활발해졌다. 허목, 이우(李俁), 이익(李瀷), 윤동석, 유척기(兪拓基), 한치윤(韓致奫), 이덕무(李德懋), 유득공(柳得恭), 남공철(南公轍), 신위, 김정희(金正

〈옥호정도〉, 1815~1831년, 개인 소장.
옥호정은 순조의 장인인 김조순의 별서로, 집의 구조를 보여주는 그림이다.

흠), 박사호(朴思浩), 서유구, 성해응(成海應), 이규경(李圭景), 이유원
(李裕元) 등과 같은 이름난 지식인들 대부분이 고비에 대한 탁견을
저술로 남기고 있다. 이러한 흐름에서 홍양호, 홍경모 등이 사의당
을 탑본으로 채운 것은 그리 특별한 것이 아니었다.

사의당의 조경 역시 19세기 경화세족의 집과 비교해볼 때 매우 일반적인 것이었다. 19세기 한양에서 이름난 또 다른 집으로는 1812년 삼청동(三淸洞)에 세워진 김조순의 옥호정이 있었다. 옥호정은 지금 터만 남아 있지만, 비슷한 시기에 그려진 것으로 추정되는 〈옥호정도(玉壺亭圖)〉에 건물 배치 및 조경이 자세히 나타나 있다.⑳ 특히 후원에 있는 첩운정(疊雲亭)과 죽정(竹亭) 등의 정자 이곳저곳에는 장대석(長臺石)으로 계단을 쌓고 꽃과 나무를 많이 심었다. 물론 이보다 더 많은 꽃이 사의당에 있었다. 또 옥호정의 집 안팎 계단 주위에는 운치 있는 소나무와 홰나무가 문병(門屛)처럼 둘러서 있었는데, 사의당 건물 곳곳에도 노송을 심어 문병 역할을 하게 하였다. 옥호정에는 사랑 마당 왼편 개울가에 분재용 작은 소나무와 석류 등을 화분에 심어놓았는데, 사의당에도 반송과 벽오동, 영산홍 이외에 지금은 무슨 꽃인지 알 수 없는 여러 꽃들을 분재해 놓았다. 이외에도 사의당에는 태호석 등 여러 괴석들이 이곳저곳에 배치되어 있었다. 18세기 이래 꽃나무에 대한 선비들의 관심이 높아지면서 사의당 등 이름난 집에는 수많은 꽃들로 넘쳐나게 되었다.㉒

　비록 규모는 다르지만 19세기 이름난 집에서도 사의당에서 볼 수 있는 조경이 갖추어져 있었고, 실내에는 갖가지 서화와 기물들이 구비되어 있었다. 오늘날 명동에 위치한 장흥방(長興坊) 신위의 벽로방에는 황공망(黃公望)의 〈부춘산도(富春山圖)〉, 옹방강으로부터 받은 〈천제오운진적첩(天際烏雲眞跡帖)〉 등의 서화, 고려 안향(安

珦)의 집안에서 나온 고려자기, 상대(商代)의 을보정(乙父鼎)을 위시
하여 전국시대 초(楚)나라의 동전 의비천(蟻鼻泉), 한나라 때의 칼
장식 옥체(玉璏) 등 다양한 기물 등을 소장하고 있었다. 뜰에는 자
신이 처음 조선에 들여왔다고 자부한 수선화 외에도 여러 꽃나무
가 있었으며, 국화만 하더라도 30종이 넘었다고 한다.[23] 이유원의
가오곡(嘉梧谷)에 있던 별서 벽려원(薜荔園)의 사시향관(四時香館)에
도 을보정, 하도연(河圖硯), 미앙와당연(未央瓦當硯), 대명로(大明爐)
등의 골동이 많았으며, 뜰에는 수백 종의 꽃을 심고 중국에서 수입
한 태호석을 세워두었다.[24]

   서유구의《임원경제지(林園經濟志)》는 이러한 문화적인 분위기
에 힘입어 이상적인 전원주택의 설계를 위한 참고서로 기능하기
위하여 나온 책이다. 이 책은 집터를 정하여 집을 짓고 그 안에서
운치 있는 은자로서의 삶을 살아가기 위하여 어떠한 조경과 인테
리어를 하여야 하는지에 대해서 적고 있다. 19세기 주거공간과 관
련한 문화사는 상상의 정원으로도 연결된다. 특히 홍길주(洪吉周)
의《숙수념(孰遂念)》은 제목이 시사하는 바와 같이 자신이 꿈꾸는
주거공간에 대한 설계도를 제시하고, 그 가상공간에서 어떻게 살고
싶은가에 대한 꿈을 적은 책이다.[25]

   이처럼 19세기 이름난 문인들은 도성과 그 인근에 거대한 저택
을 짓고 책과 서화, 골동을 진열하여 멋을 즐겼다. 또 아름다운 꽃
과 나무를 국내외에서 널리 구하여 운치를 더하였다. 이 시기 문인
들의 '문자향'과 '서권기'의 아취가 바로 이렇게 하여 이루어진 것

경남 진주시 수곡면 사곡리의 진양 하씨 송정종택

이다. 조선 후기 대표적인 경화세족의 한 사람이었던 홍양호 집안
에서 세거하던 사의당의 보고서 《사의당지》에서 이러한 문화사를
두루 살펴볼 수 있다.

원서 제일 原敍第一

나의 5대조 할아버지 판결사부군[1]은 영안위(永安尉) 문의공(文懿公)[2]의 제4남으로, 재산을 나누어 받아 목멱산 아래 집터를 잡았다. 현종 신해년(1671)에 집을 짓기 시작하여 몇 개월 만에 완공되었는데, 남부 훈도동(薰陶洞) 이현(泥峴, 진고개)이 바로 그곳이다. 온돌 방과 시원한 마루, 다락과 문, 행랑 등의 제도가 질서정연하게 갖추어졌다. 뒤로 높은 언덕을 등지고 있는데 소나무가 빽빽이 들어서 있고, 문이 큰 길에 임해 있으며 키가 큰 버드나무가 줄지어 서 있는 것이 남산 아래 제일 가는 저택이었다.

부군은 모친인 정명공주께서 집에 계신 까닭에 비록 집이 완성되었지만 따로 산 적이 없었다. 공주께서 하교하여 "어찌 식구와 모여 살 것을 생각하지 않고 늘 나를 모시려 하는가?" 하니, "집안을 꾸릴 날은 길고 어버이를 모실 날은 짧습니다. 어찌 차마 잠시라도 따로 살 수 있겠습니까?"라고 하며 중형인 배천공(白川公)과 함께 한 방을 지킨 것이 40여 년이었다.

정묘년(1687)에 이르러 상을 마치고 비로소 들어가 거처하며, 바깥일을 끊고 한가로이 꽃, 돌, 거문고, 바둑을 즐기며 지냈다. 나의 고조부이신 운와(芸窩)[3] 어르신께서는 고상하고 청빈하여 마음가짐

---

1 홍만회(洪萬恢, 1643~1709)를 가리킨다. 음보로 장악원직장이 되었고, 안악군수, 풍덕부사를 역임하였으며, 1709년 장례원판결사에 임명되었다.

2 홍주원(洪柱元, 1606~1672)을 가리킨다. 자는 건중(建中), 무하당(無何堂), 홍이상(洪履祥)이 그의 조부이다. 홍영(洪霙)과 이정귀(李廷龜)의 딸 사이에서 태어났고, 외조부 김류(金瑬)로부터 수학하였다. 1623년 선조의 딸 정명공주와 혼인하여 영안위(永安尉)에 봉해졌다. 문의(文懿)는 그의 시호이다.

이 담박하고 시원하였다. 궤안에 기대어 문사를 일삼아 더욱 시에 뛰어났다. 후계(后溪) 조유수(趙裕壽), 사천(槎川) 이병연(李秉淵), 삼연(三淵) 김창흡(金昌翕), 학암(鶴巖) 조문명(趙文命), 백하(白下) 윤순(尹淳), 창랑(滄浪) 홍세태(洪世泰) 등과 시사(詩社)를 결성하여 날을 잡아 주연을 갖추어 수약당에서 수창하였다. 세상 사람들이 풍류와 문채를 흠모하여 중국 향산(香山)의 성대한 동락(東洛)의 일[4]에 비유하곤 하였다.

영종 을묘년(1735)과 병진년(1736) 고조부와 증조부께서 나란히 세상을 떠나셨다. 이때 나의 조부 문헌공은 겨우 13세였는데 거듭 곤궁해져 아침저녁을 잇기 어려웠다. 위로 모친을 모시고 아래로 두 아우를 양육하며 어려움 속에서도 성인으로 성장하여 선대의 가업을 이을 수 있었다. 그러나 상사를 겪고 난 이후 집안이 더욱 쇠락하여 부득이 임시로 남에게 집을 팔았다. 계해년(1743) 솔가하여 호서의 고향으로 내려갔다. 고인이 밭을 갈면서 책을 읽었던 일을 본받고, 성인이 이른 조상의 유업을 잘 계승하여야 한다는 가르침[❶]을 잊지 않아 이른 아침부터 밤늦은 시간까지 학업에 정진하여 마침내 큰 선비가 될 수 있었다.

정묘년(1747) 작은 성취를 이룬 후[5] 모친을 모시고 서울로 돌아와

3_ 홍중성(洪重聖, 1668~1735)을 가리킨다. 자는 군칙(君則), 호는 운와(芸窩). 김창흡(金昌翕)으로부터 학문을 배웠다.
4_ 백거이(白居易)가 동락(東洛, 洛陽)의 이도리(履道里)에 살 때 그 집에 못이 있어 빈객을 모아 배를 띄우고 유낭(油囊)에 고기구이를 매달아놓고 노닌 적이 있다.
5_ 진사시에 합격한 것을 이른다.

<홍양호 초상>,
미국 뉴욕 소더비즈한국관

옛집을 다시 구입하여 들어가게 되었다. 6년 후 임신년(1752) 문과
에 급제하여 출사해 임금을 모시게 되었다. 이때부터 명성을 얻고
집안이 영화롭게 되었다. 문형(文衡)을 잡고 전병(銓柄)을 쥐어[6] 내
외의 관직을 두루 역임하였으며, 문장과 공업으로 당대의 종장(宗
匠)이 되었다. 일찍이 사의당에 거처하면서 사치하고 화려한 풍속
을 싫어하여 멀리하고 늘 산림의 운치를 지녀 한묵의 장에서 노닐
었지만 법도를 벗어나지 않았다. 도서를 좌우에 배열하고 맑은 마
음으로 앉아 늦은 저녁까지 독서를 멈추지 않았다. 이때 이름나고

6_문형은 대제학을 가리키고, 전병은 이조판서를 가리킨다.

뜻이 높은 선비들과 거문고를 울리고 시를 지으면서 원림에서 소요하였다. 훤한 낯빛과 하얗게 센 머리카락이 주렴을 드리운 누각에 비치었다. 지위가 참찬(參贊)에 이르고 연세가 기로소에 들 때가 되었지만, 평소 소박하여 구멍 난 창호지를 자주 덧대었다. 앉는 자리는 화려함이 없고 궤안에는 오직 상아첨(象牙籤)을 꽂은 책과 향로뿐이었다. 사람들이 그 문으로 들어와도 재상의 집인지 알지 못하였다. 향년 79세로 돌아가셨다.

그 후 이 집은 나에게 전해졌다. 나는 불초하고 불효한데다 일찍 부친을 잃은 고통을 겪고서 경황없이 대대로 전해온 가업을 이어받게 되었다. 나의 고단하고 외로운 신세에 한숨이 나온다. 오직 짊어진 일을 감당하지 못할까 두려우니 어찌 겁이 나지 않겠는가? 아, 이 집은 대대로 전해온 것이 이미 6대가 되었고, 햇수로는 153년이 되었다. 고금의 세월을 헤아려보니 슬픔과 기쁨이 교차한다. 양산(梁山)의 비바람[7]을 여러 번 겪었지만 평천(平泉)의 물색[8]은 바뀐 것이 없다. 이 집에 거처하고 이 마루에 올라온 사람이라면 느꺼워 감격하지 않을 수 있겠는가?

세상에서 저택을 경영하는 사람들을 보면 크고 화려한 것만 좋아서 겹겹의 누각이 몇 리까지 이어지지만, 공사가 막 끝나고도 들

7_ 증자(曾子)가 양산의 밭을 가는데 비바람이 몰아치자 부모가 그리워 〈양산가(梁山歌)〉를 불렀다.

8_ 당나라의 이덕유(李德裕)가 평천십리장(平泉十里莊)을 경영하고 풀 한 포기, 나무 한 그루라도 남에게 팔면 내 자손이 아니라고 하였다.

경기도 이천시에 위치한 조선 후기 세도가 김좌근의 고택. 18세기에 지어진 것으로 애초 99칸 기와집이었는데, 현재는 안채와 별채 등 42칸만이 남아 있다.

어갈 수 없는 사람도 있고, 한 세대를 지나면 빼앗기는 형편에 처한 사람도 있어 대대로 보유하여 전할 수 없으니 우리 집안처럼 이런 경우는 없다. 이는 개후(蓋侯)가 이른바 "여관과 같아서 지나는 사람이 많다"[9]라고 한 것과 같다. 우리 집은 날아오르는 화려한 처마도 없고, 뜰은 좁아 겨우 말을 돌릴 정도이다. 나지막한 서까래와

9_ 한나라의 개관요(蓋寬饒)가 허백(許伯)의 집 낙성식에 가서 새집을 쳐다보며, "부귀는 무상하여 문득 사람을 바꾸는 것이니, 비유컨대 여관과 같아서 사람을 많이 겪을 것이다"라고 하였다.

영성한 창문이 겨우 비바람을 가릴 정도이다. 그래도 내가 이곳에서 거처하고 이곳에서 노래하고 통곡한 지 100여 년이 되었다. 높다란 들보 때문에 생기는 근심을 겨우 면하고 편안하게 집에서 살수 있는 행복을 전할 수 있으니, 이 어찌 우리 선조가 근실하고 근면한 덕이 후세에 넉넉히 드리운 까닭이 아니겠는가?

예전 제(齊)나라의 경공(景公)이 안자(晏子)의 집을 고치게 하자 안자가 사양하면서 말하였다. "신(臣)보다 앞서 선대가 이 집에 거처하였지만, 신은 이를 이어가기에 부족하니 신에게는 사치스럽습니다."❷ 진실로 이 말로 나의 만대 자손에게 말하노니, 보호하고 지킬 것을 잊지 않아 잃어버리지 않기를.

당우제이 堂宇第二

집은 한성의 남부방(南部坊)에 있는데 훈도동이라 하고, 이현이라고도 한다. 곧 목멱산 기슭으로 명례궁(明禮宮)의 옛터이다. 건물과 대지를 합하여 530칸이다. 인조❶ 때 이책(李策)[1]에게 구입하여 정명공주에게 내린 것인데, 공주가 판결사 어르신(홍만회)에게 주어 집을 고쳐 지어 살게 하였다. 이에 신해년(1671) 3월 건물을 지었다. 왼편과 오른편의 건물과 담장 모두를 새로 지었다. 안에 정침(正寢)을 만든 것이 하나요, 익실(翼室)을 만든 것이 하나요, 하당(下堂)을 만든 것이 둘이며, 뒤쪽에 당(堂)을 만든 것이 하나요, 바깥에 당을 만든 것이 하나요, 다락을 만든 것이 하나이다. 문과 행랑, 주방, 곳간 등의 제도와 계단과 뜰, 텃밭도 구비하지 않음이 없다. 대략 100칸 남짓 된다. 대지의 3분의 2는 문밖에 있는데, 노비의 거처로 삼았으나 지금은 여염집이 되었다.

집의 제도가 대개 이와 같은데 나무와 바위가 크고 아름다우며 건물이 견실하다. 산의 북쪽에 자리하였지만 높고 밝고 상쾌하여 빼어나다. 터는 높다랗지만 거대하거나 화려한 볼거리는 없다. 겨우 무릎 하나 들여놓기에 쉽고 편안하니 온전하고 아름다워 진실로 군자의 거처로 합당하다.

당은 모두 가운데 온돌을 놓아 겨울에 알맞게 하고, 마루를 넓게 하여 여름에 알맞게 하였다. 트인 마루가 온돌방보다 배가 되는 것은 옛 제도인데, 이제 모두 이와 반대로 하였으니 지금에 맞게 한

1_선조와 광해군 때의 무관으로, 훈련도정(訓鍊院正)의 벼슬을 지냈다.

것이다. 사우를 세우지 않았는데 맏이가 아니기 때문이며 지금은 수약당의 마루에서 제사를 받들고 있다. 따로 주방을 두었는데 궁실의 법도를 따른 것이지만 지금은 없앴고, 거처하는 사람의 후당(後堂)으로 사용하고 있다.

징회각은 옛것을 바꾸어 새롭게 수리하였다. 아래 두 당은 마루를 줄이고 온돌을 놓아 요즘에 맞게 하였다. 기둥과 들보, 서까래 중에 휘거나 꺾어진 것, 기와와 벽돌 중에 구멍이 나거나 이가 빠진 것은 때때로 보수하였지만 예전보다 사치한 것은 없다. 곧 선조의 뜻을 따른 것이다.

이로써 정말 내 몸을 가릴 수 있고 후손에게 물려줄 수 있으니, 옛사람이 "내가 죽은 후 자손들은 재주가 있으면 쉽게 지키고 재주가 없더라도 타인의 소유가 되지 않도록 하라"라고 한 것처럼,❷ 나 또한 이 집에 대한 마음이 그러하다.

1. 정당(正堂)

정당은 정좌(丁坐) 계향(癸向)²이다. 정당의 제도는 7개의 기둥과 20칸 반이다. 온돌이 3칸, 통방(洞房, 안방)이 반 칸, 마루가 6칸이다. 앞뒤로 분합(分閤)을 설치하였다. 북쪽으로 물려 마루로 만든 것이 4칸이다. 평평한 난간을 갖추었는데, 1칸은 나중에 온돌을 놓은 통방으로 만들었다. 남쪽을 물려 마루로 만든 것이 또한 4칸인

2_건물의 위치가 정북에서 동쪽으로 1시 방향으로 되어 있다는 뜻이다.

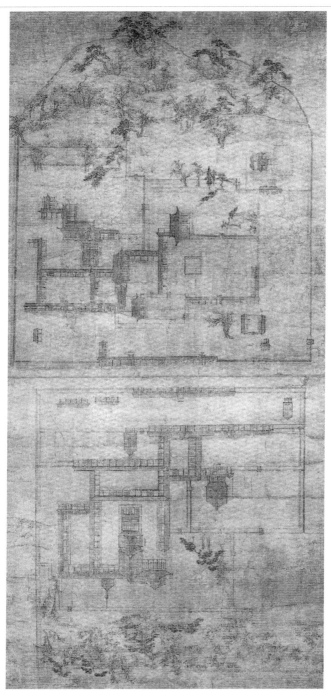

〈인평대군방전도〉, 17세기, 서울대학교 규장각. 사의당의 규모도 이러하였을 것이다.

데 앞에 층층의 계단을 두었다. 계단 서쪽에 작은 각문이 있어 수약
당의 계단과 이어진다. 이곳을 경유하여 사의당 앞뜰로 나가게 된
다. 온돌 동쪽에 다락을 만든 것이 2칸 반이다. 다락 아래가 주방인
데, 주방 남쪽에 문이 있어 뒤뜰과 통한다. 다락 북쪽은 높은 다락
과 연결되는데, 5칸 이외에 평평한 난간과 사다리를 만들어 오르내
리게 하였다. 다락 아래 행랑은 2칸이고, 곳간도 2칸이다.

〈상량문〉

어찌하면 천만 칸의 큰 집을 구할 수 있을까? 오래 큰 집이 없어
두보(杜甫)가 탄식한 마음[3]이 절실하였더니, 30년 고생스러움을 기
다리지 않아 한유(韓愈)가 30년 만에 집을 장만하였다는 시처럼[4]
집을 가지게 되었다네. 마음속으로만 집을 짓다가 눈앞에 우뚝 집
이 솟아나게 되었네. 주인은 가업으로 시서를 전하여 화려함을 익
히지 아니한다네.[5] 자제들 사이에서 이름이 높아 사람들은 동량으
로 쓸 아름다운 재목으로 생각하고, 왕손의 고귀한 신분이라 세상
에서 풍산(豊山)의 후손이라 칭송한다네. 〈대아(大雅)〉에서는 형제
의 우애를 노래하니[6] 기쁨이 할미새의 정보다 깊고,[7] 높은 마루에
서 훤당(萱堂)을 받드니[8] 즐거움이 장수하는 거북과 학의 수명처럼
풍성하다네. 기와는 정곡(鄭谷)의 연무(煙霧)[9]처럼 이어지고 뜰은
사가(謝家)의 지란(芝蘭)처럼 나란하다네.[10] 장공예(張公藝)처럼 함
께 산 가족은 100명을 넘어섰고,[11] 왕효공(王孝公)의 아취(雅趣)처럼
따로 한 구역을 경영한다네.[12]

이에 부모님의 명을 받아 집을 짓고 담을 둘렀네. 성 남쪽의 사패지를 쳐다보니 오히려 예전의 은총이 남아 있는데, 거리 북쪽의 툭트인 길거리에 이어져 있으니 매우 가까워서 더욱 기쁘다네. 큰 것, 가는 것, 긴 것, 짧은 것이 각기 알맞게 되어 있고, 은거하고 수양하고 쉬고 노닒에 내 거처를 얻게 되었네. 저 몇 자 길이 서까래는 마음대로 늘일 수 있지만 그렇게 하지 않고, 초가에 짧은 서까래는 몸을 가린다 하더라도 너무 넘치는 법이라. 이 때문에 사치지도 않고 검소하지도 않아 실로 합당하고, 거처하여 편안함이 줄지 않는다네. 예전 어르신의 풍류는 감히 지붕 위의 까마귀조차 좋아하던 일에 비할 만하니,⑬ 예전 재상의 대청마루는 겨우 뜰에서 말을 돌릴 정도에 불과하다네. 장차 들보를 수리하려 함에 어찌 찬송의 글이 없겠는가?⑭

들보를 동쪽에 놓아라. 새벽에 일어나면 맑게 갠 창가에 해가 이미 붉구나. 오직 장서가 업후(鄴侯)⑮처럼 천만 개 시축만 있어, 말았다 펼쳤다 새로운 공부에 그저 보탬이 될 뿐이라네. 들보를 남쪽에 놓아라. 푸른 산빛⑯이 주렴에 뚝뚝 듣는다네. 문밖에 오솔길도 낸 적이 없는데,⑰ 밤이 온 창가의 소나무와 달빛에 흥이 막 무르익네. 들보를 서쪽에 놓아라. 안현(鞍峴)³의 봉우리 위에 저녁 햇살이 나지막이 비추네. 멀리 미앙궁(未央宮)⁴과 같은 궁궐이 있는 곳이

---

3 _ 모악산(母嶽山). 한양 도성 서쪽에 있는데, 기봉(岐峯)이라고도 한다.
4 _ 한나라 때의 궁전 이름. 미앙은 끝이 없다는 뜻이다. 후대에는 궁궐의 뜻으로 쓰인다.

보이는데, 울음 우는 까마귀는 다투어 상림원(上林園)[5]의 집으로 나아가네. 들보를 북쪽에 놓아라. 용이 날아오르는 듯한 지세가 삼각산에 서려 있네.[6] 접시꽃처럼 절로 마음은 해를 향하는데, 우러러 별을 보니 북두성과 북극성을 둘러 있다네.[7] 들보를 위쪽에 놓아라. 구름 그림자와 하늘빛에 아름다운 기운이 많은데, 고운 담장 구불구불 뻗어 있으니, 대궐문을 기쁜 마음으로 쳐다본다네.[8] 들보를 아래쪽에 놓아라. 조용한 가운데 거문고와 서책이 지극히 깔끔한데, 지붕이 새지만 어찌 부끄러운 마음 있으랴? 티끌 하나 신명(神明)의 집[⑱]에 이르지 않는다네.

엎드려 바라건대, 상량을 한 뒤에는 문에는 네 필의 말이 끄는 수레가 들어오고,[⑲] 마을에서는 고귀한 분의 패옥 소리가 찰랑거리게 하소서. 안채에는 학발(鶴髮)에 태문(鮐文)[⑳] 옷을 입으시고 오랜 세월 노쇠하지 않기를. 상 가득 홍포에 상아홀을 들고 영원히 창성하기를.

신해년 3월 13일 완산 이지백(李知白)[9]이 짓고, 이익(李翊)[10]이 쓰다.

5_ 진나라 대궐 안에 있던 정원으로, 한나라 때 중수하였다. 후대에 주로 궁중의 정원을 가리키는 말로 쓰인다.

6_ 용비(龍飛)는 임금이 일어나는 것을 상징하는 말이다. 풍수에서는 봉황새가 춤추고 용이 날아오르는 듯한 지세를 높게 친다.

7_ 북두성과 북극성은 모두 임금을 상징하는 별이다.

8_ 앞 구에 세 글자가 빠졌고, 이 구에도 세 글자가 빠져 있다.

9_ 영의정을 지낸 이홍주(李弘胄)의 아들로, 포천 현감을 지낸 조선 중기의 문인이다.

10_ 이익(1629~1690)은 조선 중기의 문인으로, 본관은 우봉(牛峰), 자는 계우(季羽), 호는 농재(農齋)이다. 벼슬이 이조판서에 이르렀고 글씨에 뛰어났다.

2. 수약당(守約堂)

정당 서쪽은 수약당으로, 온돌방 1칸이 있다. 동쪽 창은 정당의 남쪽 툇마루와 통해 있고, 서쪽 창문 너머에는 작은 마루 1칸이 있어 북으로 3칸의 대청마루와 연결되어 있는데 분합을 둘러쳐놓았다. 동쪽으로 다시 정당의 대청마루와 연결되는데 휘장으로 막아두었다. 아래쪽은 반쯤 대청마루의 북쪽 툇마루와 통해 있고, 서쪽으로 작은 마루와 인접해 있다. 남쪽에는 꽃을 심은 계단이 있다. 북서쪽은 사의당의 남쪽 뜰이다. 밖에는 수약당이라는 편액을 걸었는데 동춘당(同春堂) 송준길(宋浚吉)이 쓴 것이고, 안쪽은 묵와(默窩)라는 편액을 걸었는데 동강(東岡) 조상우(趙相愚)[11]의 글씨이다. 대청마루는 지금 사우로 제사를 받든다.

3. 북하당(北下堂)

정당의 북쪽은 북하당이다. 온돌 2칸, 마루 1칸이 있는데 남쪽에 분합을 붙였다. 서쪽으로 서하당(西下堂)의 마루와 붙어 있다. 북쪽에 판자로 만든 문이 있어 징회각 남쪽 계단과 통해 있다. 온돌 동쪽에 다락 1칸이 있어 정당의 2층 다락 서쪽과 붙어 있다. 다락 아래는 행랑이고, 행랑 북쪽에 문이 있어 밖으로 통하게 되어 있다. 대청마루에서 꺾어져 남쪽으로는 서하당이 있는데 온돌 2칸, 마루

11_ 조상우(1640~1718)는 조선 후기의 문인으로, 본관은 풍양, 자는 자직(子直), 호는 동강(東岡)이다. 이경석(李景奭)과 송준길(宋浚吉)의 문인으로 벼슬은 판서를 지냈다. 글씨를 잘 써서 장렬왕후(莊烈王后)의 옥책문을 썼다.

《사인삼경도첩》 중 〈사인휘호〉 강희언, 18세기.
대청마루가 시원하다. 19세기 이전에는 마루가 방의 두 배였다.

1칸이 있으며, 서쪽에 분합을 달고 익랑(翼廊) 3칸을 붙인 다음 담
장으로 둘렀다. 북쪽에 각문이 있어 징회각 남쪽 계단과 통한다. 온
돌방 남쪽에 다락 1칸이 있고, 다락 아래는 주방이다. 다락 남쪽 끝
에 각문이 있어 정당과 접해 있다. 계단 서쪽 문은 사의당의 뜰과
통하게 되어 있는데, 판자 담으로 막았다.

4. 후당(後堂)

정당의 동쪽에 있는 2층 다락의 뒤쪽은 후당이다. 이곳은 2칸의
온돌방이 있고, 서남쪽으로 꺾여서 대청마루 2칸이 있다. 서쪽으로
2층 다락 아래의 곳간 및 행랑채와 접해 있고 남쪽으로 곳간과 연
결되어 있다. 곳간은 2칸으로 그 끝에 문이 있어 정당의 뜰과 통하
는데 행랑을 붙여 막았다. 정당의 주방은 주방 남쪽의 작은 문과 빙
둘러 접해 있다. 온돌방 동쪽에 주방 1칸이 있고, 주방 뒤쪽에 작은
담을 쌓아 원(園) 동쪽 담과 연결되게 하였다. 온돌방 북쪽 벽 뒤는
2칸의 익랑과 접해 있다. 동쪽으로 꺾여 중문이 있고 중문은 2칸의
곳간으로 연결되는데, 북하당의 행랑으로 막아두었다. 북쪽 작은
문과 곳간 끝에 1칸의 측간이 있고 곧바로 징회각 서루의 뒤쪽과
접한다.

5. 사의당(四宜堂)

사의당은 계좌(癸坐) 정향(丁向)에 있다. 숙종 무자년(1708) 중수
하였다. 사의당의 제도는 5개의 들보와 11칸으로 되어 있다. 온돌

방이 3칸, 대청마루가 4칸인데 동남북 3면에 분합을 달았다. 사의당 남쪽 창에 툇마루 2칸을 붙였다. 사의당 서쪽에 1칸 반의 다락이 있고, 다락 아래는 주방이다. 주방 서쪽은 담장으로 둘러쳐 있고, 동남쪽은 계단으로 둘렀다. 동쪽 계단 끝과 대청마루 모서리에는 널빤지로 담장을 쌓고, 담장 동쪽에 중문을 세웠다. 그 아래 5층의 돌계단이 있다. 문 옆에 세운 작은 담장이 징회각 서쪽 각문과 접해 있다. 서남쪽에 꽃을 심은 계단이 있고, 동쪽에는 소나무를 심은 계단이 있다. 편액을 사의당이라고 하였는데, 우암(尤庵) 송시열(宋時烈)의 글씨이다. 안에는 청소각(淸疎閣)이라는 편액이 걸려 있는데, 문헌공(홍양호)이 직접 쓴 것이다.

부(附) 익랑(翼廊)

사의당 북쪽은 익랑으로 막았는데 6칸이다. 동쪽 1칸은 출입하는 문이고, 문 바깥에 여러 층의 계단을 쌓았다. 다음 1칸은 곳간이고 다음 3칸은 마구간이며, 다음 1칸은 측간이다.

6. 징회각(澄懷閣)

징회각은 사의당 동쪽에 있다. 징회각의 제도는 대들보가 다섯이고 6칸이다. 2칸의 온돌방은 동쪽에 서루(書樓)인 작은 다락을 붙였다. 다락 남쪽 벽 뒤에는 곡장(曲墻)을 둘러막았다. 온돌방 동쪽 창 너머로 측간과 문이 연결되어 있다. 온돌방에서 서남쪽으로 꺾어지면 2칸의 대청마루가 있고, 그 끝에 1칸의 온돌방이 있다. 다시 남쪽으로 더 꺾어지면 작은 각문이 있는데, 사의당 문과 접해 있다.

동쪽의 작은 담장과 서쪽 계단에는 소나무 두 그루가 서 있어 사의
당 동쪽 계단에 있는 소나무와 함께 시렁을 얹어 문으로 만들었다.
밖에 징회각이라는 현판을 걸었는데, 곡운(谷雲) 김수흥(金壽興)이
예서(隷書)로 쓴 것이다. 영조 계사년(1773)에 중수하였으며, 선부
군(홍낙원)이 직접 상량문을 지어 들보 위에 썼다.

〈상량문〉

빼어난 경치를 찾는 사람들은 대개 은거의 취향이 있고, 이름을
온전히 하고 도를 즐기는 선비는 혹 시장에 숨는다고 일컬어진다
네. 이 때문에 남산(南山)에 집을 지어 처사 도연명(陶淵明)처럼 은
거하려 하고,㉑ 동도(東都)에 집을 지어 배영공(裵令公)처럼 물러나
살고자 하노라.㉒ 대나무 심은 화단과 물고기 잡던 못은 왕유(王維)
가 살던 망천(輞川)처럼 맑은 흥취가 적지 않았고,㉓ 바둑판과 비둘
기 새긴 지팡이는 사마광(司馬光)의 독락원(獨樂園)처럼 그윽한 정
이 심히 깊다네.㉔ 비록 취사선택한 것이 다르지만 모두 한적하여
스스로 흡족한 것이라네.

진고개에 지은 집은 실로 성시 속에 있는 산림이라네. 괴석과 푸
른 소나무가 난간 아래 빼어나고, 이름난 꽃과 긴 대나무가 뜰에 둘
러 서 있다네. 만 개의 우물이 바둑판처럼 늘어서 있는 것은 모두
종을 쳐서 밥을 먹는 명가의 집이요,㉕ 삼각산이 세 발 솥처럼 서 있
으니 의연한 문필봉(文筆峯)㉖의 모습이라네. 담장은 수약당과 이어
지고 기와는 사의당에 접해 있다네. 실로 중앙의 그윽한 곳에 위치

해 있으니 백악(白嶽)을 앞에서 마주하고 뒤로 자각봉(紫閣峯)[12]에 임해 있다네.

이에 높고 밝은 땅을 얻었지만 60년 성상이 쉬 바뀌었기에, 서너 칸 서까래가 휘려 하여 바람 맞고 비를 맞아 새와 쥐조차 걱정하는 것을 피하기 어렵고,[27] 기울어진 기둥과 무너진 섬돌에 위태한 담장의 시름이 있게 되었다네.[28] 진실로 온전하게 할 계획이 있으니, 어찌 시대가 어렵다는 말의 혐의[29]에 구애될 것 있으랴? 이에 부친의 명[30]을 받들어 옛 땅을 열고서, 점을 쳐서 좋은 날을 가려 새롭게 집을 짓게 되었네. 석재와 목재를 모으니 이루 다 쓸 수 없을 정도요, 측량기구[13]를 갖추니 방위가 절로 맞게 되었네. 톱과 도끼를 들고서 두공과 지도리의 제도를 갖추고, 자와 먹줄을 써서 직선과 곡선을 얻게 되었네. 위로 들보와 아래로 추녀는 둥그스름한 대장(大壯)의 괘를 취하였네.[31] 대나무가 잘 자라고 소나무가 무성하여 검소한 사간(斯干)의 뜻에 맞게 되었네.[32] 고금의 같고 다른 형편을 참작하고, 전후에 더하고 빼서 편안하게 하였네. 100곳에 담을 쌓으니 그 소리가 요란하고, 한 구역을 둘러쳤으니 그 바람이 통쾌하다네. 지세에 따라 집을 일으키니 마음의 경륜이 어찌 수고롭겠는가? 며칠 되지 않아 완공이 되었네. 우뚝 안전에 솟아나 새 날개처럼 날아오를 듯하고,[33] 문득 건물이 새로운 모습으로 바뀌어져 유업을 계

12_ 남산의 봉우리 이름.
13_ 원문의 규얼(圭臬)은 토규(土圭)와 수얼(水臬)로 모두 일영(日影)을 이용하여 토지를 측량하는 기구이다.

승하게 되었으니,[34] 이제 기쁘게도 전심으로 공부를 할 수 있는 곳이 생겼다네.[35] 앞뜰을 넓혀 약간 트이게 하였으니 실로 머물거나 오르내리기에 알맞고, 예전 제도에 비하여 덧보탠 것이 없으니 사치하지도 않고 검소하지도 않음이 딱 맞게 되었네. 동쪽 창에 해가 기니 오늘 아침 해를 향하여 창을 열 수 있게 되었고, 북쪽 누각에 바람이 불어오니 5월인데도 시원한 가을인 줄 알겠네. 마침내 손님과 벗님들이 우아하게 모여 함께 오를 수 있게 되고, 제비와 참새는 축하의 울음을 울며 날아오게 되었네. 긴 들보를 마련하여 공손하게 아름다운 찬송을 하노라.

어영차. 들보를 동쪽에 놓아라. 오색구름 많은 곳에 기운이 무성하네. 난간에 기대어 서울의 가로를 내려다보니, 천문만호(千門萬戶)가 차례로 통해 있네. 어영차. 들보를 서쪽에 놓아라. 쪽진 여인의 머리 같은 봉우리가 빼곡하게 주렴 아래 들어오네. 이에 머물러 살아가니 겨우 무릎을 펼 수 있겠는데, 누각은 징회각이요, 동네는 진고개라네. 어영차. 들보를 남쪽에 놓아라. 성 가득한 버드나무가 푸르게 무성하네. 교태를 부리는 꾀꼬리는 짙은 그늘 아래에서 울음을 우는데, 난간 너머 봄바람이 두서너 번 건너오네. 어영차. 들보를 북쪽에 놓아라. 삼각산 삐죽삐죽 천 길 높게 솟아 있네. 밤마다 높은 누각 향해 머리를 돌리니, 희뿌연 은하수가 북극성을 감싸고 도네. 어영차. 들보를 위쪽에 놓아라. 50년 융성한 선비의 노래 청아(菁莪)[36]는 태평의 기상이라. 거문고는 무릎에 있고 술은 잔에 가득한데, 조용한 가운데 정신을 기쁘게 하여 편안히 살아가네. 어

〈삼공불환도〉 김홍도, 18세기, 호암미술관.
삼공불환이란 벼슬하지 않고 초야에 묻혀 사는 것을 영의정, 좌의정, 우의정 3공의 벼슬과도
바꾸지 않겠다는 뜻으로, 산수와 어우러진 가옥의 모습을 담고 있다.

영차. 들보를 아래쪽에 놓아라. 작은 뜰은 됫박처럼 작아 겨우 말을
돌릴 정도라네. 맑은 바람 밝은 달은 무진장이라, 아름다운 경치는
봄과 여름에 더욱 맞아라.

　엎드려 바라건대, 상량식을 한 후에 신령께서 묵묵히 돌보시어
비바람이 영원히 사라지게 하소서. 수명은 훤당에 더하시어, 산과

바다와 같아 무너지지도 마르지도 않기를. 기쁨은 형제의 우애를
노래한 당체(棠棣)처럼 깊으리니,[37] 훈(壎)과 지(篪) 조화로운 악기
를 연주하듯 화락하기를.[38] 충효를 대대로 전하여 안씨(顏氏)와 여
씨(呂氏)[39]의 행실처럼 모범에 맞기를. 시서(詩書)가 천장까지 가득
하여 양웅(揚雄)과 사마상여(司馬相如)의 문장을 배우기를. 스스로

즐거서 영원히 어김이 없기를.

주상 49년(1773) 계사년 7월 초팔일 주인 홍모[14]가 짓고 함께 쓰다.

7. 행랑(行廊)

중문 밖에 행랑이 있는데, 일자(一字)로 가로로 되어 있으며 16칸
이다. 동쪽 2칸은 절구나 방아를 찧는 곳이고, 북쪽에 각문 하나를
두어 주자동(鑄字洞)[15]과 통하게 되어 있다. 3칸부터 12칸까지는 비
복들이 머물고 쉬는 곳이며, 다음 1칸은 안팎의 사람들이 출입하는
문이고 다음 1칸은 객이 휴식하는 마루이다.

14_ 홍양호의 아들 홍낙원(洪樂遠)으로, 자신의 이름을 밝히지 않은 것이다.
15_ 서울 남산 아래에 있던 동네 이름으로, 진고개와 동쪽으로 붙어 있었다.

형승제삼 形勝第三

집[宅]은 가리는 것[擇]이다. 길한 땅을 가려서 집을 짓는다는 말이다. 《시경》에서도 "이 언덕을 살폈네(于胥斯原)"❶라고 하고, 또 "그 음양(陰陽)을 살핀다"❷라고 하였다. 이는 공류(公劉)¹가 거처를 정한 일을 말한 것인데, 이미 이 언덕을 살피고 또 음양을 살핀다고 하였으니 토지의 마땅함과 산천의 빼어남 등 그 길한 것을 함께 가린 것이다. 대개 땅을 살피는 법은 이미 주나라 초기부터 있었는데, 고을을 만들고 도읍을 세우는 일뿐만 아니라 거주하는 집 또한 마찬가지였다. 땅을 살펴 길한 곳을 가리는 것이 어찌 음양의 향배에 그치겠는가. 반드시 터를 먼저 결정한 다음 형세가 빼어난지를 따져 길지로 적합한지 정한 후에 살 곳을 정하여야 한다.

서울 한가운데에도 산천이 설키고 음양이 조화를 이루며 울창한 숲의 아름다운 기운이 서려 있어 훤하게 안계가 트인 성곽 밖과 비교해보아도 도리어 빼어남이 있어 이에 사통팔달(四通八達)의 장소에 집을 정한 것이다. 집과 대문이 천 개 만 개로 빼곡하고 지붕의 기와가 비늘처럼 가지런한데 밥 짓는 연기가 나란히 피어오르는 등 성시의 번화한 곳은 있을 수 있겠지만 산과 강의 옷깃과 허리띠처럼 아름답게 둘러 있는 곳❸을 함께 겸하고 있는 장소를 찾기는 어렵다. 그러니 도성 안에 거처하는 자가 집집마다 빼어난 곳을 어찌 차지할 수 있겠는가? 그럼에도 동쪽으로 낙산(駱山), 남쪽으로 목멱(木覓), 북쪽으로 백악(白嶽)이 용처럼 날아오르고 봉황새처럼

1_ 주나라의 임금. 후직(后稷)의 증손이다. 빈(豳) 땅으로 이주하여 어진 임금이 되었다.

〈목멱산〉 정선, 1741년. 목멱산은 지금의 남산을 말한다.

춤을 추는 지세가 서울로 모여드니, 산은 높고 골짜기는 그윽하며 흙은 굳고 물은 맑아 빼어난 아름다움이 자고로 최고라 일컬어졌다. 이 때문에 앞선 사람들과 이름난 석학들이 반드시 그 아래에 집을 정하였던 것이다. 《예기(禮記)》에 "높고 훤한 누대에서 살 만하다" **❹**라고 한 것이 이를 말함이다.

우리 집은 목멱산 기슭에 있는데 지세가 성글면서도 높기 때문에 바람이 맑다. 주위의 아름다운 풍광이 모두 이곳으로 몰려드니, 아마 하늘이 만들어놓고 땅이 숨기고 있다가 사람에게 넘겨준 것이리라.❺ 정말 도성 남쪽의 빼어난 땅이라서 또한 족히 길한 곳을 가려서 집을 정한 것이라 하겠다.

목멱산은 봉수대(烽燧臺) 북쪽 기슭에서 곧바로 떨어져 그 맥(脈)과 함께 꺾어져 남남동에서 한줄기를 이루고 일어났다 숨었다 하면서❻ 뻗어가다 정남에서 약간 동쪽 방향에서 꺾어져 변화하고, 몇 보 떨어진 정남에서 약간 동쪽 방향으로 가서 머리를 솟구쳤다가❼ 정남 방향으로 가서 머리를 수그린다.❽ 정남에서 약간 서쪽 방향으로 자리한 산기슭 하나가 높다랗고 평평하여 책상과 같은데 바짝 붙은 좌우에는 맑은 모래가 양쪽을 감싸고 있어,❾ 용이 하늘로 날아오르는 형상이 되는데 앞에는 운무(雲霧)가 낀 안산(案山)이 있다. 목멱산이 있어 천마(天馬)가 누선(樓船)을 타고 바다로 들어가는 격❿으로 조산(祖山)이 되고, 도봉산은 선관(仙官)이 일어나 춤추는 형상⓫으로 안산이 된다. 약간 서쪽으로 기울어진 남북 방향의 장하귀인(帳下貴人)⓬은 인왕산이고, 정동 방향에서 □□□□에 해당하는 것은⓭ 장원봉(壯元峯)이다. 궁궐터가 북북동 방향에서 진전필(進前筆)이 되고, 이현은 북북서 방향에서 옥대(玉帶)가 된다.⓮ 관성(管星)은 양쪽에서 자리를 차지하고 우각(牛角)은 혈(穴) 앞에서 감싸안는다.⓯ 청룡(靑龍)은 잠두봉(蠶頭峯) 정남방에서 서쪽으로 약간 기울어진 방향에서부터 그 반대 방향으로 뻗어 있고, 백호(白虎)는 봉수대의 정남에서 약간 동쪽 방향에서부터 북북동 방향에 이른다. 하수(蝦鬚)와 해안(蟹眼)[16]의 형상이므로 법에 맞고 격에 맞다. 대개 산세는 서린 용과 같고 안산은 옥대와 같아 웅장하게 서로 연결되어 있으며, 용의 콧구멍에 혈이 맺혀 있어[17] 조용하기가 처녀와 같다.[18] 동쪽으로는 불암산, 서쪽으로는 안현, 북쪽으로는 삼각산과 수락산(水落山)의 여러 봉우리가 높이 서서 춤을 추고 우뚝하게 허공을 다 에워쌀 듯하다.

집이 완성되고 부속 건물이 높게 들어서니, 대관(大官)이 궤안에 걸터앉고 대장(隊仗)이 늘어선 듯하다. 이곳저곳 두루두루 그윽하며 기상이 매우 기이하다. 기슭 아래 땅을 넓혀 집을 짓고 기슭을 따라 담을 쌓았으며 돌을 쌓아 계단으로 만들어 화원으로 삼았다. 산기운이 모여들고 땅의 정기가 쌓이는 것을 모두 차지할 수 있게 되었다. 이에 더 좋을 수 없는 길지와 명당이라 하겠다. 물은 북쪽을 휘감아서 북쪽과 서쪽 방향으로 갈라져 간파(艮破)의 형국을 이룬다.[19]

조망제사
眺望第四

산천의 조망이 빼어난 것은 반드시 교외나 들판 너머 궁벽하고 먼 땅에 있을 필요가 없다. 왕이 도읍을 정한 곳이나 만백성이 모이는 곳은 정말 빼어난 산천이 없던 적은 있지 않았다. 그러나 조정에서 이름을 다투는 자나 시장에서 이익을 다투는 자는 비록 형산(衡山)과 여산(廬山), 동정호(洞庭湖)와 상강(湘江)을 한 치 앞에서 내려다보고 올려다볼 수 있을 만큼 가까워서 반드시 다 차지할 수 있다 하더라도 그곳으로 갈 겨를이 없다. 일을 벌리기 좋아하고 멋을 즐기는 사람은 변방의 관문과 나루를 넘어서 전장을 구하려고 악착같이 언덕과 골짜기 사이에서 유람하면서 스스로 고고하다고 여긴다. 사령운(謝靈運)이 나무를 베고 길을 내자 백성들이 놀라워하였고, 허사(許氾)가 집터를 찾아 물어 은거하려 하자 호걸들이 피하였다.❶ 그러므로 차라리 고고하게 아무 일도 하지 않는 편이 더 낫다.❷

또 성시 안에는 연기가 땅에 가득 깔리고 물구덩이가 길거리에 널렸으니 편히 쉬거나 올라가볼 만한 곳이 드물다. 사람들이 등짐을 지고 머리에 짐을 이고 말을 타거나 걷는 길이 바로 옆에 있어 내왕하는 자들이 끊임없이 앞뒤를 메우고 있다. 그러므로 탁 트이고 그윽하며 기이한 땅을 어떻게 그 사이에서 찾을 수 있겠는가? 비록 정신을 맑게 하고 시름을 씻어내고자 하는 마음이 있은들 이 또한 어찌 될 법한 일이겠는가?

그러나 탁 트이고 그윽하며 기이한 땅이 바로 그 사이에 있어, 한 걸음을 내딛는 수고로움이 없어도 그곳에서 앉거나 누운 채 기거하면서 정신을 맑게 하고 시름을 씻어낼 수 있다면 또 어찌 신기하지 않겠는가? 내 집은 위치가 탁 트이고 조망이 기이하고 아득하여 성시를 벗어나지 않더라도 초연하게 구름 덮인 산을 찾는 멋을 누릴 수 있고, 또 궤석에서 우러러보고 내려다보면서 멀고 가까운 곳을 즐길 수 있다. 사시사철 변화하는 모습과 사방의 기이한 경관, 그리고 밤낮과 아침저녁 각기 달라지는 풍광 등을 바로 곁에서 모두 쉽게 만날 수 있다.❸ 높은 곳에 올라 바라보는 빼어남은 반드시 궁벽지고 먼 곳에만 있지 않고 또한 조정과 시장통에도 있어 마음과 눈이 미치게 되는 것이 아니겠는가?

　사의당은 으슥하여 산림과 강호에 물러나 사는 멋이 있고, 또 탁 트여 도시와 교외를 함께 바라보는 전망이 있다. 100리 원근의 산을 가져다 빙 둘러싸게 하였으니, 마치 눈썹을 그려놓은 듯하고 봉황새가 날아오르는 듯하며 병풍을 늘어세운 듯하다. 푸른 솔과 괴석이 조각한 듯 꽂아놓은 듯 창 너머에 우뚝 솟아 있는 것은 목멱산의 잠두봉이요, 구불구불 용이 걸터앉은 듯 범이 달리는 듯 서 있는 듯 서로 마주하고 돌아보는 것은 백악과 낙산이다. 난새가 머문 듯 고니가 서 있는 듯 날아오르려다 날개를 펴지 않은 것은 필운봉(弼雲峯)이요, 붓을 머리에 꽂고 홀을 집고 있는 관리가 절하며 나아갔다 물러나 서 있는 듯한 것은 도봉산이다. 수락산이 노원(蘆原) 뒤쪽에 있어 마치 불곡산(佛谷山, 불암산)을 전송하는 듯하고, 모악산(母嶽山)이 안현 위에 있어 마치 부아봉(負兒峯, 삼각산)을 따르려는

고지도 〈도성도〉, 18세기, 서울대학교 규장각. 남산 아래 진고개에 사의당이 있었다.

듯 기이한 형상으로 간간이 우뚝 드러나고, 백운봉(白雲峯)과 인수
봉(仁壽峯) 등 여러 봉우리가 구름 덮인 하늘 끝에 아스라하니 우뚝
솟아 홀로 높은 것이 더욱 공경하고 사랑할 만하다. 푸른빛을 모으
고 파란빛을 바른 듯한 자태와 아침의 구름과 저녁의 연기가 피어
오르는 경관은 비록 공교로운 글솜씨와 뛰어난 그림 솜씨라 하더
라도 비슷하게 그려내기는 어려울 듯하다.

사의당 앞에는 화원(花園)이 있다. 화원의 높이는 사의당보다 몇 길 정도 높다. 또 수레가 나란히 다닐 정도로 넓고, 길이는 그 배가 된다. 남쪽을 등지고 북향으로 사의당과 마주보고 있으므로 사의당과 화원은 남향과 북향이 반대로 되어 있다. 화원의 위치는 산기슭에 있어 매우 높으므로 사방이 탁 트여 있다.

사의당의 조망은 화원과 비슷하기는 하지만 조금 낮아서 또한 약간 손색이 있다 할 것이다. 성 전체 안팎을 아래로 내려다보며 왼쪽으로 종묘를, 오른쪽으로 사직을 끼고 있으며, 옛 궁궐(景福宮)과 새로 지은 궁궐(昌德宮)의 용마루가 하늘에 접해 있다. 성균관(成均館)과 금원(禁苑), 창름(倉廩), 부고(府庫),[1] 그리고 삼정승, 육판서 등 백관의 관아, 그 밖의 수많은 사람들이 사는 집과 온갖 물건을 파는 가게, 십가시(十街市)[2] 등이 손바닥 위에 있는 듯하다. 곧 황제의 수도 풍호(豊鎬)는 물론이요, 역사에서 칭송하는 임치(臨淄)의 우한(雨汗), 언영(鄢郢)의 운몽택(雲夢澤)에 비하더라도❹ 이들이 100리나 멀리 피하여야 할 것이다.❺ 도성 밖에 높은 담이 있고, 담 너머에 외성이 있으며, 외성 너머에 하천과 들판이 있어 구불구불 얽혀 있다. 풀과 나무와 안개와 노을이 좌우에 어리비치어 난간 아래에서 기이한 풍광을 비치지 않은 때가 없다. 천만 가지로 그 모습을 바꾸니 사의당은 성시에서 여러 아름다움을 모아서 겸하고 있다 하겠

1_ 국가의 기물을 보관하는 창고.
2_ 사통팔달 거리에 있는 시장이라는 뜻으로, 여기서는 종로의 저잣거리를 가리키는 듯하다.

다. 소동파(蘇東坡)가 이른 대로 "전당(錢塘)은 천하의 아름다움을 겸하여 가지고 있지만, 이 집은 또 전당의 아름다움을 다 가지고 있다"❺는 말이 이와 비슷하다.

봄날 따스한 햇살이 비치고 봄바람이 화기를 보내오면 온갖 꽃들이 섬돌에 흐드러지게 피어나 향기가 사람에게 스며들며, 새들의 울음소리가 아래위에서 끊이지 않는다. 이에 호탕하게 노래하며 배회하고 유유자적하면서 "내 증점(曾點)과 함께하리라"는 기상이 생겨난다.

녹음이 막 고루 짙어지고 여러 꾀꼬리가 어지럽게 울어대며, 더운 여름 햇살이 하늘에 흘러 대지가 큰 화로가 된다. 이에 녹음이 아름다운 나무 그늘 아래에서 맑은 바람을 쐬면서 옷깃을 풀고 산보를 하니 아득하기가 열어구(列禦寇)가 하늘에서 노니는 듯 시원하다.

가을의 신 욕수(蓐收)가 가을의 명령을 관장하고 맑은 가을 소리가 음률을 맞추며, 서리가 단풍을 붉게 물들이고 국화가 드리워 향을 토한다. 나뭇잎이 떨어져 산의 모습은 수척해지고 물이 줄어 바위의 자태가 드러난다. 하늘과 땅끝이 맑고 밝고 탁 트여 그 기운이 사람에게 전해지면, 부귀공명이 사람의 가슴을 뜨겁게 만드는 것 또한 변하여 맑고 서늘해진다.

차가운 겨울 기운이 만물을 얼어붙게 만드는데 외로운 기러기는 허공에서 울고, 눈의 신 등륙(滕六)이 재주를 드러내니 강과 하늘이

한 가지 빛이 된다. 이에 높은 회포와 아담한 운치는 섬중(剡中)의 홍취³를 불러일으킨다.

　사계절 경치가 같지 않지만 내가 홀로 좋아하는 것은 변함이 없다.❼ 풍악을 울리는 즐거움이 때때로 있지만 내가 홀로 좋아하는 것은 끝이 없다. 만물의 변화 중에서 즐길 만한 것은 내가 홀로 다 차지하고 있다. 마치 매미가 더러운 곳에서 허물을 벗고 나와⁴ 세상 밖에서 노니는 것 같아 의기양양하다. 이것이 어찌 이 집에서 홀로 차지할 수 있는 것이 아니겠는가? 이 집이 아니라면 모두 차지할 길이 없을 것이다.

3_ 중국 절강(浙江)의 산음(山陰)에 있는 땅 이름으로, 왕자유(王子猷)가 눈 오는 날 밤 벗 대안도(戴安道)가 그리워 눈 속에 그를 찾아가다가 중간에 흥이 다하여 주인을 찾지도 않고 그냥 돌아갔다는 고사가 있다.
4_ 매미가 허물을 벗었다는 것은 깨끗함을 비유하는 말이다.

화석제오

花石第五

판결사부군께서 집을 지은 후 많은 꽃과 돌을 원림의 계단 위에 두고서 이를 만년의 맑은 감상거리로 삼았다. 이제 100여 년이 되었는데 성하였다 쇠하고 쇠하였다 늙어서 열에 한둘도 남아 있는 것이 없다. 평천(平泉)의 나무 하나, 바위 하나도 감히 남에게 주지 말라고 하셨는데, 꽃과 나무도 오랜 세월을 견딜 수 없으니 이 또한 사물의 이치이다. 이에 예전에는 있었지만 지금은 없는 것을 기록하여 후손에게 보인다.

1. 대송(大松)[1]

남원(南園)에 네 그루가 있었는데, 지금은 두 그루가 남아 있다.

2. 푸른 회(檜)나무[2]

남원에 두 그루가 있었는데, 지금은 없다.

3. 측백나무

서원(西園)에 한 그루가 있다.

4. 노송(老松)❶ 문병(門屏)

다섯 그루 중 두 그루는 징회각 서쪽에 있고, 한 그루는 수약당

1_ 큰 적송(赤松)을 가리킨다.
2_ 원백(圓栢). 잣나무를 가리킨다. 건수(蹇樹)라고도 한다.

〈권대운기로연회도팔폭병풍〉 중
부분, 17세기, 서울대학교 박물관.
여러 종류의 나무를 건물 주위에
심어두었는데, 조선 명가의 집은
대개 이러하였다.

남쪽에 있다. 한 그루는 중문 밖 서쪽에 있었는데 지금은 없고, 한
그루는 안쪽 뒤뜰 서쪽에 있었는데 지금은 없다.

5. 원반노송(圓盤老松)[3]

동쪽 계단에 다섯 그루가 있다.

6. 작은 소나무

한 그루가 서쪽 계단에 있다. 분재로 두 그루가 있었는데 지금은
없다.

7. 반송(盤松) 분매

한 그루가 있었는데, 지금은 없다.

8. 종려(椶櫚)

땅에 두 그루를 심었는데, 지금은 없다.

숙종 임술년(1682) 주상이 사의당에 종려나무가 있다는 말을 듣고 하인을 시켜 구해오게 하였다. 부군께서는 뜰에 내려가 부복하고 "외신[4]이 초목을 진상하는 것은 벌을 받더라도 감히 할 수 없습니다. 그렇다고 신의 집에 또한 감히 다시 남겨둘 수 없습니다"라고 하고는 곧바로 뽑아버렸다. 하인이 그 상황을 아뢰자 주상께서는 그 선행을 칭찬하고 후원에 예전에 심어두었던 종려나무를 뽑아 민가로 돌려보내게 하였다. 역사가들은 이를 보감(寶鑑)[2]에 기록하였다.

> 종려나무는 열대종 식물로, 통신사(通信使)로 일본에 간 사신들이
> 처음 접한 듯하다. 연산군 때 일본에서 공물로 종려나무를 바쳤다
> 는 기록이 보인다. 1591년 김성일(金成一)이 일본에 다녀오면서
> 석창포(石菖蒲)와 종려목(椶櫚木) 화분을 싣고 왔다고 한다. 17세기
> 에는 황호(黃㦿), 이현석(李玄錫) 등의 집에 종려나무가 있었다는
> 기록이 그들의 문집에 보인다.

3_ 반송처럼 둥그스름한 원백나무를 가리키는 듯하다.
4_ 제후국의 사대부가 다른 나라 임금 앞에서 스스로를 일컫던 명칭으로, 여기서는 그냥 신하라는 뜻으로 쓰였다.

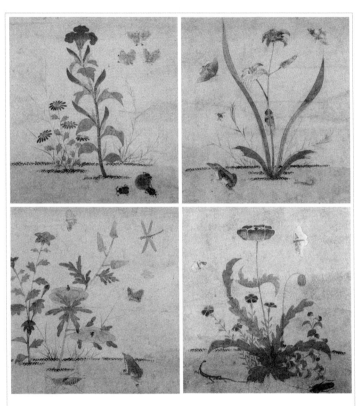

〈조충도팔폭병풍〉 중 꽃과 벌레를 그린 4폭의 그림, 신사임당, 16세기, 국립중앙박물관

9. 월계화(月桂花)

분재로 네 그루가 있었는데, 지금은 없다.

월계화는 장미와 비슷한 큰 꽃이 사계절 피므로 월개화(月開花),

월월홍(月月紅)이라고도 하며, 승춘(勝春), 수객(瘦客), 투설홍(鬪雪紅)이라고도 한다. 이황의 편지에 따르면 월계화와 사계화 모두 중국의 시에 자주 보이지만 우리나라에서는 매우 희귀하다고 하였다. 조선 중기부터 우리 시에 등장하는 것으로 보아 이 무렵부터 본격적으로 정원에 심기 시작한 듯하다.

10. 사계화(四桂花)

사계화는 분재 두 그루가 있었고, 소사계화(小四桂花)는 분재 두 그루가 있었으며, 백사계화(白四桂花)는 분재 한 그루가 있었는데, 지금은 모두 없다.

월계화의 일종으로, 사계화(四季花)라고도 적는다. 고려시대 이규보(李奎報)의 시에 처음 등장하는 꽃나무이다. 신경준(申景濬)의 〈순원화훼잡설(淳園花卉雜說)〉에 따르면 사계절 네 번 꽃이 피기 때문에 이와 같은 이름이 붙었다고 한다.

11. 거상화(拒霜花)

분재로 한 그루가 있었는데, 지금은 없다.

목부용(木芙蓉)이라고도 한다. 가을에 붉은 꽃이 핀다. 조선 초기부터 관상용으로 정원에 많이 심었다. 《산림경제》에 따르면 중국에서는 목련과 같은 나무라 하지만 우리나라 목련과는 다르다고 한다.

12. 전춘라(剪春羅)
분재로 한 그루가 있었는데, 지금은 없다.

초여름에 짙은 붉은색 꽃이 피는데 크기가 동전만하다. 전홍라(剪紅羅)라고도 한다. 우리나라 문헌에는 잘 보이지 않으므로 희귀하였던 것으로 보인다.

13. 금전화(錦剪花)
분재로 한 그루가 있었는데, 지금은 없다.

국화의 일종으로 금전홍(錦剪紅)이라고도 한다. 조선 전기 문헌에는 보이지 않는다. 붉은 꽃이 피는 패랭이꽃과 유사한 금전화(金錢花)와는 다른 꽃인 듯하다.

14. 추해당(秋海棠)
분재로 한 그루가 있었는데, 지금은 없다.

해당화와 유사한데 그 색이 부인의 얼굴빛과 비슷하다. 미인이 눈물을 흘리면 피어난다는 전설이 있어 단장화(斷腸花)라고도 한다. 김창업(金昌業)의 시 〈추해당(秋海棠)〉에 따르면 햇빛을 보면 바로 시든다고 한다. 17세기 무렵 중국에서 수입한 것으로 추정된다.

15. 석양화(夕陽花)[5]

분재로 한 그루가 있었는데, 지금은 없다.

16. 매화(梅)

분재 두 그루와 뜰에 심은 한 그루가 있었는데, 지금은 모두 없다.

17. 벽오동(碧梧桐)

분재로 한 그루가 있었는데, 지금은 없다.

18. 백일홍(百日紅)

땅에 한 그루를 심었는데, 지금은 없다.

> 목백일홍, 배롱나무를 가리킨다. 자미화(紫薇花)라고도 한다. 고려
> 시대 기록에서부터 자주 등장한다. 《양화소록》에 따르면 우리나
> 라 영남의 해안 지방에 많이 심었는데, 비단처럼 아름답고 이슬꽃
> 처럼 곱게 온 마당을 비추어 무엇보다도 유려(流麗)하지만, 영남
> 이북에서는 날이 차서 대부분 얼어 죽으므로 서울의 호사가들이
> 애지중지하여 키운다고 하였다. 실제 장유(張維)의 시 〈백일홍운
> (百日紅韻)〉에도 17세기 당시 서울에서 보기 어려웠다고 한다.

5_ 어떤 꽃인지 알 수 없다. 우리나라와 중국 문헌에 모두 보이지 않는다.

19. 영산홍(映山紅)

분재로 두 그루가 있었는데, 지금은 없다.

왜철쭉과 같은 꽃이라고도 하지만 그렇지 않다. 신경준의 〈순원
화훼잡설〉에 따르면 영산홍은 왜철쭉과 비슷하지만 조금 작고 더
욱 빛나며, 온 산이 다 훤하게 밝기 때문에 영산홍이라는 이름이
붙었다고 하였다. 또 연산군이 일본에서 배로 실어 들여온 것이라
고 하였다.

20. 왜철쭉(倭躑躅)

남쪽 계단에 여덟 그루가 있었는데, 지금은 두 그루가 남아 있다.

《양화소록》에는 1441년 일본에서 화분에 심은 일본철쭉을 보냈다
고 하고, "꽃잎이 무척 크고 빛깔은 석류꽃과 같다. 꽃받침이 이중
이고 꽃도 겹꽃인데 잘 시들지 않고 오래간다. 갈무리할 때는 너
무 덥게 하지 말아야 하며, 물을 줄 때에도 너무 많이 주지 말아야
한다"라고 하였다. 이른 시기부터 정원의 관상용으로 재배하였지
만 상당히 귀한 꽃이었다. 이제신(李濟臣)의 〈왜철쭉설(倭躑躅說)〉
에 따르면 일본에서 직접 가져와서 키웠다고 한다.

21. 모란(牧丹)

아홉 포기가 있었는데, 지금은 없다.

22. 산단화(山丹花)

서쪽 계단에 한 그루가 있었는데, 지금은 없다.

석류와 비슷한 꽃이 4월부터 8월까지 피는데 철쭉과도 유사하다. 연주(連珠), 홍백합(紅百合)이라고도 하며 우리말로는 버선꽃, 각시꽃, 아기씨꽃이라고도 한다. 조찬한(趙纘韓)은 〈산단화가(山丹花歌)〉에서 화보(花譜)에는 가장 좋지 않은 꽃으로 평가하였지만 자신이 보기에는 가장 아름답다고 한 바 있다.

23. 자목련(紫木蓮)

서쪽 계단에 한 그루가 있었는데, 지금은 없다.

24. 백목련(白木蓮)

남쪽 계단에 한 그루가 있다.

25. 출장화(出墻花)

서쪽 계단에 한 그루가 있었는데, 지금은 없다.

3월에 국화처럼 노란 꽃을 피운다. 출장화(黜墻花)라고도 적는다. 《성호사설》에서는 "가지는 푸르고 꽃은 누른데 어떤 집 정원에 심어놓은 것이 있으나 화보에는 나타나지 않았다. 이규보의 시집에서 소위 지당(地棠)이라 한 것이 바로 이 출장화이다. 그의 소서(小

序)에 '옛날 군왕(君王)이 꽃을 선택할 때 임금이 머물러 두도록 한 것은 이름을 어류화(御留花)라고 하였다. 그때 이 출장화는 버림을 받은 까닭에 이름을 출장(黜墙)이라고 하였다'고 하였으니,[3] 고려 시대에 이미 전설이 있었던 것이다"라고 하였다. 황매화와 같은 꽃이라고 한다.

26. 금은화(金銀花)
서쪽 계단에 한 그루가 있었는데, 지금은 없다.

인동(忍冬)이라고도 하는 덩굴풀이다. 꽃이 처음에는 흰빛이다가 노랗게 변한다. 발한(發汗)을 위한 약재로 자주 쓰였다. 17세기 무렵부터 우리나라 문헌에 매우 자주 등장한다.

27. 금등화(金藤花)
서쪽 계단에 한 그루가 있었는데, 지금은 없다.

산자고(山慈姑)의 별칭으로 붉은 꽃이 핀다. 금등화(金燈花)라고도 적는다. 우리말로는 무릇꽃이라고 한다. 능소화(凌霄花)와 같은 꽃이라고 한 곳도 있지만 다른 종이다. 《세종실록》에는 금은화와 함께 토산으로 되어 있다.

28. 불정화(佛頂花)

두 그루가 있었는데, 남쪽 계단에 한 그루가 있었으나 지금은 없고, 서쪽 계단에 한 그루가 남아 있다.

> 불두국(佛頭菊), 관음국(觀音菊)이라고도 불리는 국화의 일종이다. 꽃은 동전 모양으로 여름과 가을에 두 번 피며, 4층으로 되어 있다. 여말선초 성석린(成石璘)의 시에 보이지만, 이후 문헌에 잘 보이지 않는다.

29. 흰진달래(白杜鵑)
남쪽 계단에 한 그루가 있다.

30. 정향(丁香)
네 그루 중 두 그루는 서쪽 계단에 있었는데 한 그루는 지금 없고, 남쪽 계단에 두 그루가 있었는데 지금은 없다.

> 우리말로는 세발사향이라고 하는데 정자향(丁子香), 정자향(丁字香)이라고도 한다. 4월에 흰색, 자황색 꽃이 피는 관상수이다. 고려시대의 문헌에서부터 등장하므로 일찍부터 우리나라에 자생한 것으로 보인다.

31. 금죽(錦竹)[6]
두 포기 중 한 포기는 서쪽 담장 아래 있고, 남쪽 계단에 있던 한 포기는 지금은 없다.

32. 태호석(太湖石)

하나가 있었는데, 지금은 없다.

동정호(洞庭湖) 서쪽에서 나는 조경용 돌을 태호석이라고 하는데, 석질이 강하고 빛이 검푸르며 곱고 윤이 나는 것을 높게 쳤다. 중국에서는 이것으로 석가산을 많이 만들었는데, 조선에는 18세기 무렵 중국으로부터 들여온 것으로 추정된다. 사의당에 있던 것이 가장 빠른 것 중 하나인 듯하다. 정조도 세손 시절인 1774년 태호석을 구하여 창가에 두고 약관(藥罐)과 향구(香甌), 문왕정(文王鼎), 선덕로(宣德爐) 등 고동(古董)을 올려놓고 감상한 바 있다.

33. 괴석(怪石)

남쪽 계단에 5개가 있었다. 깎아서 봉우리를 만든 것으로 높이가 약 4~5척 정도 되었고, 철망으로 둘러 떨어져나가는 것을 막았다. 모두 석대(石臺)에 안치하였으며, 석대 또한 쪼아서 만든 것으로 네 모서리 혹은 여섯 모서리로 되어 있었고, 네 모서리에는 화초를 새겨놓았다.

6_ 대나무처럼 생겼는데, 껍질이 비단처럼 고운 문양이 있는 풀이름.

〈괴석초충〉 심사정, 18세기.
왼쪽 그림은 국립중앙박물관에, 오른쪽 그림은 서울대학교 박물관에 소장되어 있다.

홍경모의 〈가장기완명〉(《관암전서》)에 명이 실려 있으며, 그 서에서 다섯 봉우리로 된 오봉괴석(五峰怪石)과 거북 모양의 돌 석구(石龜) 하나는 홍만회가 꽃나무와 대나무 사이에서 완상하던 것으로, 사의당 남쪽 계단에 있었다고 하였다.

34. 중간 크기 괴석(中怪石)과 작은 괴석(小怪石)

중간 크기 괴석 하나가 있었는데 석대가 딸려 있었고, 작은 괴석 하나가 있었는데 석주(石柱)와 옥대(玉臺)가 딸려 있었으며, 상 머리에 올린 작은 괴석 둘이 있었는데, 지금은 모두 없다.

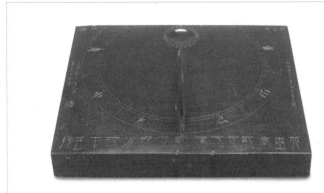

평면 해시계, 1881년, 국립고궁박물관

35. 돌거북(石龜)

남쪽 뜰에 하나가 있었는데, 조각이 기이하고 교묘한 것이 등껍질이 살아 움직이는 듯하며, 등에 일영(日影)[7]과 24방위를 새겼다.

홍경모의 〈가장기완명〉에 명이 실려 있고, 그 서는 위의 글과 같다.

7_해시계를 가리킨다. 중국에서 들여와 사용하다가 세종 때 자체적으로 제작하여 사용하였는데, 조선 후기에는 사대부가에 널리 퍼졌다.

서화제육상 書畵第六上

문헌공부군은 글씨 쓰는 일에 취미가 있었다. 고금의 금석문을 모아 장황을 하여 첩으로 만들었고, 손수 제발을 써서 집안에 소장하였다. 역대 중국의 것에서부터 동방의 것에 이르기까지 세상에 이름난 묵적(墨蹟)은 모두 모았다. 사의당에 있는 약간의 첩이 바로 이것이다. 모두 고가(古家)의 진품(珍品)을 모은 것이며, 부군의 손때가 묻은 것이므로 평범한 서적과 비교할 수 없다. 부군께서는 근실히 거두어들이고 독실하게 애호하였으니 후손이 알게 하여야 할 것이다. 이 때문에 나란히 기록하고, 그 아래 고화 몇 첩을 붙인다. 문헌공의 서법은 동방의 누추함을 한번에 씻어 위로 왕희지(王羲之)와 왕헌지(王獻之)의 제가를 이었다. 한가하게 지내면서 붓과 먹을 놀렸으니 공사의 비석과 현판이 모두 그 공교함을 다하였다. 이 또한 아래에 함께 적어둔다. 대개 세상의 진기한 볼거리이니 또한 자손의 보배이다.

1. 주(周) 석고문(石鼓文) 구본(舊本)

주(周)나라 선왕(宣王) 때 천자의 사냥을 송축하여 지은 글인데, 주문(籀文)[1]으로 되어 있다. 그 수가 10개로, 지금 연경(燕京)의 문묘(文廟) 대성문(大成門) 안에 있다. 10개의 북에 새긴 글은 문드러져 판독할 수 없고, 겨우 읽을 수 있는 글자는 201자이다.

1_ 춘추전국시대 진(秦)나라에서 유행한 글씨로, 대전(大篆)이라고도 한다. 석고문이 대부분 이 글씨체로 되어 있다.

책 그림 병풍, 조선시대, 국립고궁박물관

주나라 선왕이 기양(岐陽)에 사냥을 갔다가 태사(太史) 주(籀)를 시켜 북 모양의 돌을 세우고 태사 주가 왕(王)의 공적을 노래한 송을 기록하였다. 홍경모의 《역대법첩(歷代法帖)》에 이것에 대한 자세한 기록이 나와 있다. 이것에 따르면 석고문은 연경의 문묘 대성문 안에 있다고 한다. 홍경모는 중국 사신 편에 1795년 탑본한 인본을 하나 구하였지만 마모되어 읽을 수 없었다고 하면서 판독 가능한 글자에 대하여 자세히 적었으며, 이 비에 대한 제가의 해석에 대해서도 상세히 적고 있다. 이규경의 〈석고문변증설(石鼓文辨證說)〉(《오주연문장전산고》)과 박사호(朴思浩)의 〈석고변(石鼓辨)〉(《심전고》)에도 이와 관련한 기사가 자세히 나와 있다.

중국에서는 한유와 소식 등이 지은 〈석고가(石鼓歌)〉가 유명하고, 우리나라에서는 이덕홍(李德弘), 이민성(李民宬), 윤휴(尹鑴), 이유장(李惟樟), 최창대(崔昌大), 서명응(徐命膺), 박제가(朴齊家), 이만수

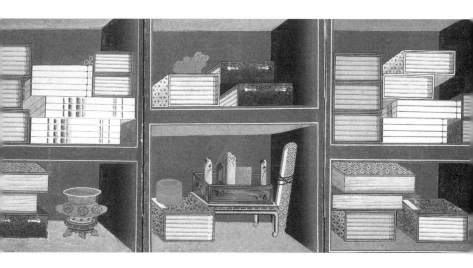

(李晩秀), 이규경, 조수삼(趙秀三), 홍석주(洪奭周), 이유원(李裕元)
등의 〈석고가〉가 전한다. 성해응(成海應)의 〈제석고문후(題石鼓文
後)〉, 서유구(徐有榘)의 〈석고문서(石鼓文序)〉 등에도 이와 관련한
기록이 있다. 서호수(徐浩修)는 《연행기(燕行紀)》에서 손승택(孫承
澤)의 《춘명몽여록(春明夢餘錄)》을 인용하여 이 석고문의 전문을
옮겨놓고 있다.

고전번역원의 번역에 따르면 명나라 양신(楊愼)이 구탁(舊拓)에서
옮겨 쓴 것을 손승택이 〈경자소하기(庚子銷夏記)〉에서 그대로 베
껴놓은 것인데 오독이 많다고 한다. 또 현재 석고의 탑본으로 가
장 오래되고 정확한 것은 명나라 안국(安國)의 〈십고재본(十鼓齋
本)〉이라고 하였다. 현재 국립중앙도서관에 오세창(吳世昌)의 장
서인 '오위창심장기(吳葦滄深藏記)'가 찍힌 탑본이 전한다.

2. 석고문(石鼓文) 신본(新本)

청나라 고종(高宗) 건륭(乾隆) 경술년(1790)에 10개의 석고를 새로 만들어 예전에 있던 글을 그 면에 새겼다. 또 예전 석고에서 절구처럼 생긴 부분의 상면에 어제(御製) 소지(小識)를 빙 둘러 새겼다. 대개 예전의 석고는 한 번 전해진 후 처음에 잃어버렸을 때 다른 사람이 가져다가 절구로 삼았다고 하는데, 곧 한유의 시에서 구과(臼科)라고 한 것이 이것이다. ❶

홍경모의 《역대법첩》에 이것에 대한 자세한 기록이 실려 있다. 이것에 따르면 북마다 8구씩 새겼는데, 두 번째 북부터는 글이 서로 같지 않다고 하였다. 또 북에 새긴 글에 대해서도 옮겨놓고 있다.

3. 후한(後漢) 서악화산비(西嶽華山碑)

후제(後題)에서 "신풍(新豐) 곽향찰(郭香察)의 글씨이다. 홍괄(洪适)의 《예석(隸釋)》²에 '한나라 말기에 왕망(王莽)이 금지하여 두 글자의 이름이 없었으니, 곽향찰의 글씨라 한 것에서 찰(察) 자는 바로 다른 사람의 글자를 모사(模寫)한다는 뜻이다. 서호(徐浩)의 《고적기(古迹記)》³에서는 채중랑(蔡中郎)⁴의 글씨라고 하였다. 두 가지 설 중에서 어느 것이 옳은지 알지 못하겠다"라고 하였다.

2_ 송나라의 홍괄이 금석문을 모으고 그에 대하여 고증한 책.
3_ 당나라의 서호가 지은 잡기류의 책인데, 지금 전하지 않는 듯하다.
4_ 한나라의 낭중(郎中)을 지낸 학자 채옹(蔡邕)을 가리킨다.

홍경모의 《역대법첩》에 이것에 대한 자세한 기록이 실려 있다. 이 대목은 명나라 조함(趙崡)의 《석묵전화(石墨鐫華)》〈한서악화산묘비(漢西嶽華山廟碑)〉에 실려 있는 것을 옮긴 것이다.❷ 그 앞부분에서 "한나라와 위나라 때 비에는 으레 쓰고 새긴 사람의 성명을 기록하지 않았는데, 다만 한나라 때 서악의 화산묘비만은 '곽향찰서'라고 쓰여 있는 것이 특이하다"라고 하였다. 이어 "내가 상고해보건대, 비문에 이르기를 '경조윤(京兆尹)이 도수연(都水掾)으로 있는 패릉(霸陵) 사람 두천(杜遷)에게 명을 내려 돌을 사오게 하고 글을 보내어 좌신풍(左新豐) 곽향(郭香)에게 타인의 글자를 모사하게 하였다' 하여, 두 가지 일로 되었으니, 그렇다면 홍 공(홍괄)의 말이 또한 근거가 있는 듯하다. 그리고 《청문집(青門集)》에 '홍괄의 《예석》에 곽향찰서란 다른 사람의 글자를 모사한다는 뜻이라 하였으니, 소구양(小歐陽, 구양수)이 곽향찰이 쓴 것이라 한 것은 잘못이며, 명나라 양문정(楊文貞, 楊士奇)의 발문에 곽향이 썼다고 한 것도 잘못된 말이다'라고 하였다"는 고증을 함께 수록하고 있다.

이에 대하여 이덕무는 "칙(勅) 자와 견(遣) 자가 서로 대가 되고, 시석(市石)과 찰서(察書)가 서로 대가 된다. 그렇다면 곽향과 두천은 다 같이 한 글자의 이름이다"라고 하였다. 이유원의 《임하필기》에서는 "한나라 서악화산비는 화음현(華陰縣) 서악묘에 있는데, 가정(嘉靖) 34년의 지진으로 비가 조금 훼손되었다. 곽향찰이 쓴 글씨라는 구양수의 말은 틀린 것이다. 가정 연간에 어떤 현령이 서악묘의 석문(石門)을 수리하다가 전(殿) 위의 비제(碑題)를 보았다 하니, 아마도 당시에 현달한 사람이었을 것이다. 처벌을 받게 될 것이 두려워서 이 사실을 숨겼는데, 오랜 시일이 흐르면서 마침내 부서지고 말았다"라고 하였다. 현재 규장각 등에 소장되어 있다.

4. 진(晉) 난정수계서(蘭亭修禊序)
우장군(右將軍) 왕희지가 짓고 쓴 것이다.

홍경모의 《역대법첩》에 이 탑본에 대한 자세한 기록이 실려 있다. 28행으로, 1행 324자로 되어 있으며, 같은 글자는 모두 다른 자체를 사용하여 총 20종의 이체자로 이루어져 있다. 이 첩은 7대를 거쳐 자손에게 전해지다가 당나라 태종(太宗)이 이를 구하여 조모(趙模), 풍승소(馮承素) 등에게 탑본을 만들게 하여 황태자와 여러 왕, 근신에게 하사하였다. 구양순(歐陽詢), 우세남(虞世南), 저수량 등 여러 사람이 임모하였다. 태종은 왕희지의 진적(眞蹟)을 3,600장 소장하였지만, 그 중 〈난정첩(蘭亭帖)〉을 가장 소중하게 여겨 죽을 때 옥갑(玉匣)에 넣어 부장하게 하였다. 그 후 무덤이 도굴되어 진적이 다시 세상에 나오게 되었다. 하지만 송나라 태종이 위(魏)나라와 진(晉)나라의 글씨를 두루 모았지만 〈난정첩〉을 구하지는 못하였다고 한다.

〈난정첩〉은 당나라 이후 두 계열이 있었는데 하나는 저수량에게서 나온 것이고, 하나는 구양순에게서 나온 것으로 곧 정무본(定武

本)이다. 정무본에도 여러 종이 있다. 정무본 외에 풍승업과 한도정(韓道政), 제갈정(諸葛貞), 보철(普澈) 등에게서 나온 것도 있다. 송나라 말에 호사가가 바위에 수십 본을 새겼고, 이종(理宗) 때 내장한 것이 117종이 되었다. 홍경모는 자신의 집에 소장하고 있는 것이 어떤 종인지 알 수 없지만 뛰어난 것이라고 하였다.

〈난정첩〉에 대한 기록은 장유(張維)의 《계곡만필》에서부터 보이기 시작하는데, 우리나라에 들어온 명나라 종실(宗室) 익왕(益王)의 정무본에 대해서는 정약용이 〈발황명종실익왕소각정무본난정진적(跋皇明宗室益王所刻定武本蘭亭眞蹟)〉에서 소개하고 있다. 김정희도 〈계첩고(禊帖攷)〉, 〈제국학본난정첩후(題國學本蘭亭帖後)〉, 〈제영상본난정첩후(題穎上本蘭亭帖後)〉 등의 글을 써서 정무본의 일종인 국학본과 영상본 등에 대한 고증의 글을 남겼다.

이유원은 《임하필기》에서 정무비본(定武肥本)과 영정수본(穎井瘦本) 등 두 계열의 〈난정첩〉을 자세히 소개하고 "내가 일찍이 이 두 본을 얻어 고동상서(古東尙書, 李㘽會)의 서실에 있는 것과는 교정을 하였으나, 당나라 때의 요찰(姚察)·서승(徐僧)의 탑본과 비교해보지 못한 것이 한이다. 《서가고증(書家考證)》에서 말하기를 '창서(暢敍)의 서(敍)는 우(又) 자 부분이 바로 예획(隸畫)이다'라고 하였다"고 하였다. 이유원은 같은 책의 다른 곳에서 몇 차례 더 〈난정첩〉의 여러 이본에 대하여 소개한 바 있다. 현재 규장각 등에 〈난정첩〉이 전한다.

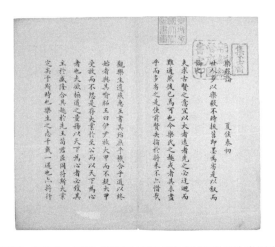

〈악의론〉, 서울대학교 규장각. 왕희지의 글씨를 저수량이 임모한 것의 탑본이다.

5. 악의론(樂毅論)

왕희지가 썼다.

홍경모의 《역대법첩》에 이 탑본에 대한 자세한 기록이 실려 있다.
이 탑본은 앞에 저수량의 작은 인장이 찍혀 있고, 뒤에 "정관(貞觀)
6년(632) 11월 15일 저수량이 황명으로 살핀다"는 기록이 적혀 있
으며, 그 아래 미불(米芾) 등의 인장이 찍혀 있다고 한다. 홍경모는
여러 서적을 통하여 진본이 아니라 후대에 모각한 것임을 고증하
였다. 김정희 역시 〈잡지(雜識)〉에서 〈악의론〉이 당대에 이미 사
라졌으므로 이후의 것은 모두 진품이 아니라고 하였다. 현재 규장
각 등에 소장되어 있다.

6. 예학명(瘞鶴銘)

화양진일(華陽眞逸)[5]이 짓고, 상황산초(上皇山樵)가 썼다.

> 홍경모의《역대법첩》에 이 탑본에 대한 고증이 실려 있다. 홍경모
> 는 상황산초가 누구인지에 대하여 여러 설이 있지만, 〈예학명〉이
> 왕희지의 글씨임에 틀림없다고 하며 자세히 고증하였다. 이익의
> 《성호사설》, 김정희의 〈예학명발(瘞鶴銘跋)〉 등에 〈예학명〉에 대
> 한 설명이 보인다. 김정희는 조선에서 〈예학명〉을 세 번 보았는
> 데, 윤씨 집안의 것이 가장 오래되었다고 하였다. 현재 고려대학
> 교 등에 소장되어 있다.

7. 당(唐) 삼장성교서(三藏聖教序)

당나라 태종(太宗)의 어제이다. 홍복사(弘福寺)의 승려 회인(懷仁)
이 왕희지의 글씨를 집자(集字)한 것이다.

> 홍경모의《역대법첩》에 이 탑본에 대한 고증이 실려 있다. 당나라
> 태종이 서역(西域)으로 가는 현장법사(玄奘法師)에게 경석(經釋)을
> 구해와 중국에 반포하라고 한 글로, 승려 회인이 왕희지의 행서(行
> 書)를 집자하여 석각(石刻)하였다. 이하곤(李夏坤)의 〈제이송로소
> 장삼장성교서후(題李松老所藏三藏聖教序後)〉에 따르면 이하곤은

5_ 양(梁)나라의 은사 도홍경(陶弘景)의 호. 자는 통명(通明). 화양은거(華陽隱居)라는
　호도 사용하였다. 구곡산(句曲山)에 은거하였다.

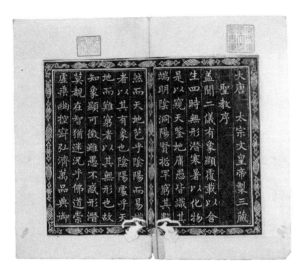

〈삼장성교서〉 탑본, 서울대학교 규장각. 저수량의 글씨이다.

이것을 수십 본 보았는데, 그 중 오태주(吳泰周)의 것과 이송로(李松老)의 것이 가장 뛰어났다고 하였다. 이하곤은 이송로의 것은 송대의 탑본이라고 하였지만, 양신(楊慎)과 왕세정(王世貞)이 보지 못한 송대의 탑본일 리 없다며 의심하였다. 또 윤지인(尹趾仁)이 중국에서 송대의 탑본을 보았는데 값이 너무 비싸 구입하지 못하였다고 한다. 이광사(李匡師)의 《서결(書訣)》에 고려의 승려 탄연(坦然)이 〈성교서(聖敎序)〉의 글씨를 배웠다고 한 것으로 보아 이른 시기 우리나라에 들어온 것으로 보이는데, 탄연이 왕희지체에 능하였으므로 회인의 집자본을 본 것으로 추정된다. 현재 규장각 등에 소장되어 있다.

8. 삼장성교서(三藏聖教序)

저수량이 쓴 것으로, 두 가지 본이다. 하나는 자은사(慈恩寺) 탑 아래 두었고, 하나는 동주(同州)에 있는데 이것은 자은사 탑 아래에 있던 본이다.

> 윤근수(尹根壽)의《월정만필(月汀漫筆)》에 1594년 북경에서 구양순의〈예천관명(醴泉觀銘)〉과〈황보부군비(皇甫府君碑)〉, 저수량의〈성교서〉등 명가들의 법첩을 많이 구입하였다고 되어 있다. 홍경모의《역대법첩》에 이 탑본에 대한 자세한 기록이 실려 있다. 저수량의〈삼장성교서〉는 두 가지 본이 있다. 하나의 본은 서(序)와 기(記)가 나뉘어 자은사 탑 아래 두 비에 새겨져 있는데, 영휘(永徽) 4년(653)이라 적혀 있다. 또 다른 한 본은 서와 기가 동주에 있는 하나의 비에 새겨져 있는데, 용삭(龍朔) 3년(663)으로 적혀 있으며 이에 대하여 여러 기록을 동원하여 고증하였다. 홍양호의 집에 있던 것은 자은사 탑 아래 있던 것으로 기는 없고 서만 있다. 현재 규장각 등에 소장되어 있다.

9. 당(唐) 공자묘당비(孔子廟堂碑)

태자사인(太子舍人) 우세남이 짓고 쓴 것이다.

> 홍경모의《역대법첩》에 이 탑본에 대한 자세한 기록이 실려 있다. 당나라 고조(高祖) 때 처음 세웠는데, 후에 무후(武后)가 왕조(王朝)

臣屬書東觀預聞前史

乃知幾其神惟睿作聖

妙之境希夷不測然則

〈공자묘당비〉 탑본, 일본 국립고궁박물관.
우세남의 글씨이다.

를 시켜 '대주공자묘당비(大周孔子廟堂碑)'라 하여 두 글자를 더하
게 하였다. 문종(文宗) 때 다시 '대주' 두 글자를 없앴다. 그 후 송
나라의 왕언초(王彦超)가 번각(翻刻)하여 섬서(陝西)의 서안(西安)으
로 옮겼다. 홍경모의 집에 있던 것은 '자묘당지비' 다섯 글자만 있
었는데, 어느 본인지 알 수 없다고 하였다. 현재 서울대학교 중앙
도서관에 소장되어 있다.

10. 상서악서(上西嶽書)
위국공(衛國公) 이정(李靖)이 짓고 쓴 것이다.

홍경모의 《역대법첩》에 이 탑본에 대한 자세한 기록이 실려 있다.
당나라의 이정이 포의로 있을 때 화산(華山)에 올라 쓴 글을 탑본
한 것인데, 위작일 가능성이 있다고 하였다.

11. 운휘장군신도비(雲麾將軍神道碑)
해주자사(海州刺史) 이옹(李邕)이 쓴 것이다.

서유문(徐有聞)의 《무오연행록(戊午燕行錄)》 등 연행록에서 이 비
를 보았다는 기록이 있는데, 19세기 초에 이미 글자를 알아볼 수
없었다고 한다. 서경순(徐慶淳)의 《몽경당일사》에 이 비석과 탑본
에 대하여 비교적 자세히 기록해놓았다. 홍경모의 《역대법첩》에
이 탑본에 대한 자세한 기록이 실려 있다. 운휘장군의 비는 두 종

이 있는데, 하나는 운휘장군우무위이사훈비(雲麾將軍右武衛李思訓碑)로 섬서의 포성(蒲城)에 있고, 하나는 운휘장군이수비(雲麾將軍李秀碑)로 유주(幽州)의 양향(良鄕)에 있다고 한다. 양향에 있는 본은 조맹부가 임서한 것이라고도 하며, 홍경모의 집에 있던 것은 전자의 계열이라고 한다. 그 밖에 《석묵전화》를 인용하여 이 비에 대한 여러 학설을 소개하고 있다. 현재 장서각에 소장되어 있다.

12. 사라수비(娑羅樹碑)
이옹이 짓고 쓴 것이다.

풍계산인(楓溪散人)[6]의 〈소지(小識)〉
내가 계미년 연경에 갔을 때 〈사라수비〉 한 본을 구하였는데, 해주 이옹이 쓴 것이다. 그 결구(結構)가 탁 트이고 필획이 굳세다. 어찌 안진경(顔眞卿)과 유공권(柳公權)[7]의 글씨가 이것을 바탕으로 하여 약간 변화시킨 것이 아니겠는가? 한 첩으로 장황하여 글씨를 연습하는 흥취를 돕고자 한다. 병술년 양월(陽月, 10월) 기망(旣望, 16일) 풍계산인이 대충 쓴다.

문헌공의 〈이북해의 사라수비에 적다(題李北海娑羅樹碑)〉[❸]
조자앙(趙子昻)[8]이 일찍이 말하였다. "당나라의 글씨는 구양솔경

6_ 미상. 청풍계에 살던 안동 김씨인 듯하다.
7_ 모두 당나라 때의 뛰어난 서예가이다.

(歐陽率更, 歐陽詢)으로부터 시작하였으니 칸을 만들어 글씨를 써서 근골(筋骨)을 숭상하였다. 안진경과 유공권에 이르러 엄정하고 굳세게 되었으니 영화(永和)[9]의 풍운(風韻)이 한번에 바뀌게 되었다. 오직 이북해(李北海)만이 진(晉)나라 사람의 법을 잃어버리지 않았으니 마땅히 서법의 정종(正宗)이 된다." 내가 〈순화첩(淳化帖)〉[4]에서 태화(泰和, 李邕의 字)가 쓴 것 한 폭을 보았다. 마치 단혈(丹穴)에 남아 있는 봉황새[5]의 작은 깃털과 같아서 그 전체를 오히려 상상할 수 있었다. 〈사라수비〉를 보게 되자 굳세고 질탕하여 지극히 대령(大令)[10]의 기풍이 있었다. 비로소 조자앙의 논의가 바뀔 수 없음을 알았다. 두보의 〈북해를 애도하는 시(哀北海詩)〉에서 "풍류(風流)의 문장 금석(金石)에 올라 있으니, 새겨놓은 비석들이 산악(山岳)처럼 우뚝하네"[6]라고 하였으니, 그 문장과 글씨가 당시에 이처럼 중시되었던 것이다.

내가 이를 매우 좋아하여 즐기면서 한 번 임모하려 하였으나 겨를이 없었다. 임인년(壬寅年, 1782) 사신으로 연경에 갔는데 한림수찬(翰林修撰) 대구형(戴衢亨)이 하인을 시켜 내 시를 보고자 하였다. 이에 〈기행시(紀行詩)〉[7] 두 편을 보냈다. 대군은 시를 보고 감탄하

8_ 원나라의 뛰어난 서예가 조맹부(趙孟頫). 자앙은 그의 자이고, 호는 송설도인(松雪道人)이다.

9_ 영화는 진(晉)나라 목제(穆帝)의 연호로 345~356년까지이다. 왕희지 등이 난정(蘭亭)에서 모임을 가진 것이 이때의 일이므로, 영화의 기풍이라고 하면 왕희지의 글씨체를 가리킨다.

10_ 왕헌지와 왕민(王珉)이 장겸중서령(長兼中書令)으로 이름을 나란히 하여 왕헌지를 대령, 왕민을 소령이라고 하였다.

고는 또 글씨를 평가하여 크게 이북해를 닮았다고 하였다. 저 북해의 글씨는 내가 정말 좋아하였지만 아직 배우지 못하였는데, 이제 대군이 한 번 몇 줄 마구 쓴 글씨를 보고 평일 좋아하여 숭상하던 바를 문득 알아차렸으니 감식안이 정밀하지 않다면 이와 같을 수 있겠는가? 정말 기이한 일이다. 대군의 자는 연사(蓮士)이고, 강서인(江西人)이다. 묘년(妙年)의 나이에 과거에서 장원을 하고 한림원(翰林院)에 들어가 중국에 성대한 이름을 떨치고 있다고 한다.❽ 갑진년(甲辰年, 1784) 가을 동한(東韓)[11]의 홍(洪) 아무개[12]가 쓴다.

이유원의 《임하필기》에서 "조자앙이 일찍이 말하기를, '당나라 서체는 구양순으로부터 시작되었는데, 칸을 잡아 쓰고 근골을 숭상하였다. 안진경과 유공권에 이르러 획이 매우 긴장되고 강하여 영화(永和)시대의 기풍을 일변시켰다. 이북해만은 진인(晉人)의 법을 잃어버리지 않았으니, 서가(書家)의 종주가 되는 것이 마땅하다'고 하였다. 상고하건대, 〈사라수비〉는 글씨가 힘있고 소탈하고 호탕하여 왕헌지의 기풍을 많이 가지고 있으니, 비로소 조자앙의 주장이 불변의 정론임을 믿게 된다. 오흥(吳興)의 조맹부 글씨의 서법이 바른 것은 다 연원이 있는 것이다. 두보가 북해를 애도한 시에 '풍류의 문장이 금석에 올라 있으니, 새겨놓은 비석들이 산악처럼 우뚝하네(風流散金石 追琢山岳銳)'라고 하였으니, 그의 문장과 글씨가 당대에

11_고려 이래로 우리나라를 일컫던 용어 중 하나이다.
12_예전에 원문을 다른 곳에 옮겨 적을 때 이름을 직접 적지 않고 모(某)라고만 적었다.

높은 평가를 받은 것이 이와 같았다. 우리나라의 서예가 중에서 북해의 법을 터득한 자는 오직 홍양호뿐이라고 하였는데, 중국의 문사 대구형의 말이다. 홍 공의 글씨는 팔도의 명승지에 두루 있는데, 성천의 강선루(降仙樓)에 쓴 '해동제일누관(海東第一樓觀)'이라는 여섯 자가 가장 호건하다"라고 하였다. 홍경모의 《역대법첩》에 유일하게 이 탑본에 대한 기록만 보이지 않는데, 그 이유는 알 수 없다.

13. 대당중흥송(大唐中興頌)

전중시어사(殿中侍御史) 형남절도판관(荊南節度判官) 원결(元結)이 짓고, 상주국노군개국공(上柱國魯郡開國公) 안진경이 쓴 것을 영주(永州) 오계(浯溪)의 벼랑 바위 위에 새긴 것이다.

홍경모의 《역대법첩》에 이 탑본에 대한 기록이 실려 있는데, 훼손이 심하여 판독하지 못한 글자가 많다고 한다. 구양수의 《집고록(集古錄)》에 이미 이 법첩에 결자가 많아 후인이 먹으로 보충을 해 놓았다고 하였다. 홍경모는 자신의 집에 있는 첩이 진본이라고 하였다. 현재 국민대학교와 국학진흥원 등에 소장되어 있다.

14. 마고선단기(麻姑仙壇記)

안진경이 쓴 것이다. 대자본(大字本)과 소자본(小字本)이 있는데, 대개 양숙자(羊叔子)의 현산(峴山) 고사를 쓴 것이다. 이것은 소자본이다.

홍경모의 《역대법첩》에 이 첩에 대한 기록이 실려 있는데 위의 글과 같다. 남공철(南公轍)이 〈제안진경소서마고산선단기후(題顔眞卿所書麻姑山仙壇記後)〉(《금릉집》)에서 이 법첩에 대하여 적은 바 있다. 이덕무는 〈서다보탑비첩후(書多寶塔碑帖後)〉(《청장관전서》)에서 "안진경은 충신이다. 평상시에 한 일들이 모두 확고하여 흔들리지 않았으니 그의 글씨를 보면 그의 사람됨을 알 수 있다. 그런데 어찌하여 불송(佛頌)을 썼으며, 또 〈마고선단기〉를 썼는지? 슬픈 일이다"라고 하였다. 현재 단국대학교와 충남대학교 등에 소장되어 있다.

15. 쟁좌위첩(爭坐位帖)

안진경이 쓴 것이다.

홍경모의 《역대법첩》에 이 첩에 대한 기록이 실려 있다. 홍경모는 안진경이 당나라에서 가장 뛰어난 글씨를 썼고, 그의 작품 중 이 첩이 최고라고 하였다. 고초(稿草)로 적혀 있다고 한다. 현재 장서각과 고려대학교 등에 소장되어 있다.

16. 고죽기적(孤竹奇蹟)

문공(文公) 한유가 쓴 것이다. 아래에 청나라 고종(高宗)의 어제 어필(御筆) 〈청절사(淸節祠)〉 시 1편과 친왕(親王)의 〈청절사〉 시 1편이 붙어 있다.

문헌공의 〈백이와 숙제가 책을 읽던 곳이라는 글씨 뒤에 쓴 서문(夷齊讀書處後敍)〉❾

계묘년(癸卯年, 1783) 봄 내가 연경에서 돌아올 때 고죽군(孤竹君)[13]의 옛 성을 들러 백이(伯夷)와 숙제(叔齊)의 상(像)을 난하(灤河)에서 알현하였다. 저물녘에 영평부(永平府)에 이르렀는데, 한 사람이 명함을 가지고 와서 알현을 청하였다. 들어오게 하여 예를 표하였더니, 곧 한인(漢人) 이미(李美)라는 사람으로, 자는 순지(純之)라고 하였다. 소매에서 문집 몇 권을 꺼내어 나에게 몇 마디 글을 청하였다. 다 보기도 전에 그가 견문이 넓은 선비임을 알게 되었다. 과거를 준비하고 있지만 늙도록 뜻을 이루지 못하여 저술로 스스로 즐기고 있다고 말하였다. 그와 더불어 고죽군의 고적(古蹟)을 이야기하였다.

순지가 말하였다. "여기에는 백이와 숙제가 책을 읽던 터가 있는데 물과 바위가 매우 기이합니다." 내가 놀라 웃으면서 말하였다. "백이와 숙제의 시대는 아득히 먼데, 지금 어떻게 증명하지요?" 순지가 말하였다. "이곳에서 100여 리를 가면 서원산(書院山) 운거사(雲居寺)라는 절이 있지요. 창려(昌黎) 한 공이 벼랑의 바위를 깎아 큰 글씨로 '이제독서처(夷齊讀書處)'라고 썼으니 어찌 아무 근거 없이 한 공이 썼다고 하겠습니까?" 내가 말하였다. "그렇다면 인본(印本)이 있습니까?" 순지가 말하였다. "마침 없지만, 훗날 마땅

13_ 백이와 숙제의 아버지로 고죽군에 봉해졌다. 이름은 초(初), 자는 자조(子朝)이다.

히 탑본을 떠서 부쳐드리지요." 나는 대충 대꾸하면서도 믿지 못하였다.

이듬해 봄 종질인 좌의정[14]이 연경에 사신으로 갔다가 돌아오는 길에 영평에 들렀는데 순지가 찾아와 알현하고 말하였다. "대인께서 홍부사(洪副使)와 동성(同姓)이신데 저를 위하여 이 편지를 전해주시기 바랍니다." 이에 살펴보니 '이제독서처'라는 대자 다섯 글자와 가정 연간[15]에 새긴 고적비(古蹟碑) 한 본으로, 그 아래 유산기(遊山記)를 붙였다. 사신 편에 전해받아 살펴보니 그 큰 글자는 필력이 호방하고 자형이 기고(奇古)하여 송나라 이후의 솜씨가 아닌 듯하니 아마도 범상한 사람의 필적은 아니었다. 창려가 고죽군의 옛 땅에 온 적이 있고, 비문에서 당(唐) 태화(太和) 연간에 절을 세웠다고 하니 정히 한 공의 시대에 해당한다.[16] 그러므로 한 공의 글씨라 한 것이 근거가 없지는 않은 듯하다. 그러나 백이와 숙제가 책을 읽었다는 설은 사람들이 간혹 의심을 한다.

내가 일찍이 생각해보았다. 희황(羲黃)[17]의 시대에 문자가 이미 만들어졌고, 성인이 연이어 일어나 만물의 도리를 깨치고 만사의 제도가 이루어져서 예의와 음악이 있게 되었으니 어찌 서적이 전하지 않고 가르침이 이어지지 않았겠는가? 이 때문에《서경(書經)》

14_ 홍낙성(洪樂性)을 가리킨다. 1784년 사은사 정사로 중국에 다녀왔다.
15_ 명나라 세종의 연호. 1522~1566년까지이다.
16_ 당나라 문종(文宗)의 연호. 827~835년까지이다. 한유(768~824)가 죽은 직후이다.
17_ 복희(伏羲)와 황제(黃帝). 이 무렵 한자가 만들어졌다는 설이 있다.

에서 "요(堯)와 순(舜)이 옛일을 상고하여 관직을 만든 것이 100개나 되었다"라고 하였다. 요전(堯典)과 순전(舜典)에서 "이에 옛일을 상고하니"라고 하였으니, 요순 임금 이전에 또한 옛 서적이 있었음을 알 수 있다. 예전 조열도(趙閱道)가 왕개보(王介甫)를 배척하여 "고요(皐陶)와 기(蘷), 직(稷), 설(契)이 무슨 책을 읽었겠는가?"❿라고 하였으니 당시 사람들이 그 달변을 칭송하였다. 그러나 나는 혼자 그 말이 너무 명쾌함을 애석해하였다. 백이와 숙제의 시대는 곧 상(商)의 질박에서 주(周)의 문식으로 교차되던 시절이다. 우전(虞典)과 하모(夏謨)[18]가 이미 찬란한데 예닐곱 성인이 이어 일어나 문물과 법을 가감하여 더욱 훤하게 되었다. 이에 이훈(伊訓)⓫에서 "성인의 계책이 위대하여 훌륭한 그 말씀 밝게 드러났다"라고 하였고, 부열(傅說)이 "견문이 많은 사람을 구하여 옛 가르침에서 배운다"⓬고 하였다. 이윤과 부열의 시대에도 그러하니, 두 사람이 비록 성인과 현인이지만 어찌 배우지 않고 그 덕을 이룰 수 있었겠는가? 애석하게도 읽은 책은 지금 확인할 수 없지만, 그러나 천 년 뒤에 한 공의 필적이 있음에 힘입어 드러나게 되었으니, 성현의 학문도 책을 읽은 것에 바탕하지 않음이 없다. 그 자취가 어찌 보배롭지 않겠는가?

아, 순지는 이국의 사람으로 여관에서 서로 만나 한 마디 말로 서로 마음을 텄는데, 100여 리 먼 곳까지 가서 탑본을 하여 수천 리

18_요나라 임금과 순나라 임금의 법을 이르는 말.

먼 곳에 있는 사람에게 보내주었으니 그 또한 돈독하고 믿음직한 옛 군자가 아니겠는가? 그 말이 또한 어찌 증거가 없는 것이라 하겠는가? 이에 장황하여 하나의 첩으로 만들어 후세에 전하게 한다. 첩 뒤에 시 두 편을 붙였는데, 고죽의 자취이기 때문일 뿐만 아니라 맑은 성인[19]의 풍모는 아무리 멀어도 사모하지 않을 수 없으므로 백세의 스승이 된다는 뜻을 보이고자 하였다.

이유원의 《임하필기》에 홍양호의 이 글을 요약하여 수록하였다. 홍경모의 《역대법첩》에 이 첩에 대한 기록이 실려 있다.

17. 선옹유적(仙翁留蹟)
진인(眞人) 여동빈(呂洞賓)의 글씨이다.

문헌공의 〈여진인의 유피첩에 쓴 글(題呂眞人榴皮帖)〉[13]
《동파시화(東坡詩話)》[14]에 이르기를 "한 도사가 있어 스스로를 회산인(回山人)이라고 칭한다. 심동로(沈東老)에게 들러 술을 마시고 석류의 껍질로 벽에다 절구(絶句)를 썼는데 '서쪽 이웃 부유하여도 부족함을 근심하고, 동쪽 노인 가난하여도 즐거움은 넉넉하네. 막걸리 빚어와 좋은 객과 벗하고, 황금을 흩어서 책을 모두 사들이네'라고 하였다. 글씨를 다 쓰자 문을 나서 다리를 건너더니 마침내

19_ 백이와 숙제를 맑은 성인이라는 뜻에서 청성(淸聖)이라 하고, 그 사당을 청성묘(淸聖廟)라고 한다.

어디로 갔는지 알 수 없었다. 어떤 이는 이 사람이 여동빈이라고 한다. 내가 심동로의 아들을 만나보니 그 일을 말하기에 그 시에 차운한다"라고 하였다.

내가 임인년(壬寅年, 1782) 연경에 사신으로 갔을 때 서점에서 이 첩을 구하려고 하였으나 구할 수 없었다. 돌아올 무렵 우연히 한 본을 구하게 되었는데, 오래된 종이가 너덜너덜하고 좀이 쓸어 글자가 빠져 거의 읽을 수 없었다. 이에 깨끗한 종이로 개장(改粧)하였다. 저 신선에 대한 이야기는 본래 황당하다. 저 여순양(呂純陽, 여동빈)이 정말 신선이 되어 간 것이라면 어찌 인간세상에 와서 필적을 남겼단 말인가? 이는 믿을 수 없다. 그러나 동파 옹이 이미 그 일을 직접 들었다 하니 엉터리라고 할 수는 없다. 이제 그 자획을 보니 아득한 구름 속 허공에 핀 꽃처럼 하늘거려 신령한 조화에서 나온 듯하므로 결코 밥을 먹고 사는 사람의 솜씨는 아니다. 그러므로 이것은 세상에 드문 보배가 될 것이니 굳이 회산인인지, 여순양인지 따질 것이 있겠는가?

이유원의 《임하필기》에 위의 글을 그대로 실은 다음 근일에 이 서본(書本)이 세상에 많이 나돌아 다니는데, 공자나 왕손(王孫)의 별장에 이 글씨를 모각하여서 걸지 않으면 부끄럽게 여길 정도이다. 그러나 이것이 홍이계(洪耳溪)가 못 쓰는 고지(古紙)에서 얻은 것임은 알지 못하겠다"라고 하였다.

홍경모의 《역대법첩》에 이 첩에 대한 기록이 실려 있는데, 자신의 집안에 소장된 것은 종이가 훼손되고 글자가 박탈이 심하지만 필세는 온전하다고 하였다. 홍양호가 이 첩을 어렵게 구하여 직접 제발을 썼다고 한다. 홍경모는 이를 깊이 감추어두고 남에게 보이지 않다가 1805년 한용구(韓用龜)의 간청에 못 이겨 이를 보여주었는데, 한용구가 이를 임모한 후 이 첩이 분실되었다. 10년 후 김정희가 이 첩을 구입하였는데, 홍씨 집안의 것임을 알고 돌려주었다고 한다.

18. 취옹정기(醉翁亭記)

송나라 소식(蘇軾)이 쓴 것이다. 진본 하나는 대궐로 들어가고 하나는 강릉(江陵)에 전하여졌는데, 세상에 전하는 것은 모두 모각본이다.[20]

〈취옹정기〉는 구양수가 지은 글을 소식이 쓴 것이다. 《석묵전화》에 이와 동일한 기록이 보인다. 이 탑본을 보고 쓴 서명응(徐命膺)의 〈제동파초서취옹정기후(題東坡草書醉翁亭記後)〉《보만재집》의 내용으로 보아 초서로 적힌 것임을 알 수 있다. 성해응의 〈제소장공묵적후(題蘇長公墨蹟後)〉《연경재전집》 역시 이 탑본을 보고 쓴 글이다. 임영(林泳)의 〈총암한거취동파서취옹정기집자위시(叢巖閑居取東坡書醉翁亭記集字爲詩)〉《창계집》로 보아 17세기 이미 이

20_ 대궐과 강릉 모두 중국을 가리킨다.

탑본이 국내에 들어와 있었음을 알 수 있다. 홍경모의 《역대법첩》에 따르면 이 첩의 진적은 당시 이미 사라지고 모각한 것만 전하여 생동감이 부족한데, 자신의 집에 있는 것도 바위에서 새겼다가 탑본한 것이라고 하였다. 현재 규장각에 소장되어 있다.

19. 표충관비(表忠觀碑)

송나라 소식이 짓고 함께 쓴 것으로, 두 가지 본이 있다. 하나는 벽과대자(劈窠大字)[21]이고, 하나는 행서로 된 것으로 글씨가 겨우 엄지손가락만하다. 이것은 대자본이다.

홍경모의 《역대법첩》에 이것에 대한 자세한 기록이 실려 있다. 이 비석은 오월(吳越)의 왕 전류(錢鏐)의 집에 있는 사당 앞에 세운 것이다. 남공철의 〈소문충표충관비첩지본(蘇文忠表忠觀碑帖紙本)〉(《금릉집》)에 따르면 남공철이 오태증(吳泰曾)[22]과 함께 규장각에서 이를 보았는데, 오태증이 근세 이와 유사한 글씨를 쓴 사람으로 조윤형이 있다고 하였다. 이로 보아 이 탑본이 규장각에 소장되어 있던 것으로 추정된다. 현재 규장각에는 조선 말기에 탑본한 것이 소장되어 있다.

21_ 매우 큰 글씨를 일컫는 말.
22_ 오태증은 자가 백소(伯韶)로, 정조 때 규장각의 초계문신(抄啓文臣)을 지냈다.

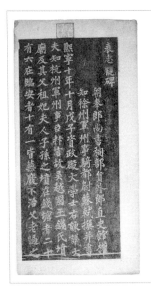

〈표충관비〉 탑본, 서울대학교 규장각.
소식의 글씨이다.

20. 천마부(天馬賦)와 당(唐) 궁사일절(宮詞一絶)

양양(襄陽) 미불이 쓴 것이다. 〈천마부(天馬賦)〉는 인본(印本)이
고, 궁사는 수놓은 족자로 되어 있다.

박지원의 《열하일기》 등 여러 연행록에 따르면 연행 길에 들르는
두모궁(斗母宮)에 〈천마부〉 필첩이 있었다고 한다. 남공철의 〈미
불서천마부횡축지본(米芾書天馬賦橫軸紙本)〉(《금릉집》)으로 보아
남공철도 이 〈천마부〉 필첩을 본 듯하다. 이 글에서 동기창(董其
昌)의 말을 인용하여 미불이 쓴 〈천마부〉가 4본이 있는데, 그중 하
나가 신도(新都) 오씨(吳氏)의 집에 있으며, 그 뒤에 황공망(黃公望)

등 여러 사람의 발문이 있다고 하였다. 《임하필기》에 따르면 이유
원은 조중광(趙仲光)이 쓰고, 왕수인(王守仁)이 발문을 붙인 〈천마
부〉와 〈낙지론(樂志論)〉을 소장하고 있었다고 하는데, 미불이 쓴
것이 아니므로 다른 것으로 보인다.

홍경모의 《역대법첩》에 이 첩에 대한 품평이 실려 있다. 여기에는
미불이 자양산(紫陽山) 아래에 써서 새긴 제일강산(第一江山)에 대
해서도 소개하고 있다. 홍경모의 《역대법첩》에는 미불의 또 다른
작품인 〈궁사〉에 대해서도 밝히고 있지 않아 어떤 것인지 알 수
없다. 현재 규장각 등에 미불의 〈천마부〉 필첩이 소장되어 있다.

21. 묘희천명(妙喜泉銘)

무구거사(無垢居士) 장구성(張九成)[23]이 짓고 함께 쓴 것이다.

홍경모의 《역대법첩》에 이 첩에 대한 품평이 실려 있다. 묘희천은
절동사(浙東寺)에 있는 샘 이름이다. 왕세정의 〈제묘희천게(題妙
喜泉偈)〉에는 〈아육왕사묘희천게(阿育王寺妙喜泉偈)〉라고 되어
있다.

22. 원(元) 천녕사액(天寧寺額) 육자(六字)

원나라 조맹부(趙孟頫)가 쓴 것이다.

23_ 송나라의 문인으로, 자는 자소(子韶), 호는 횡포거사(橫浦居士)이다. 경학에 뛰어났
으며, 문집으로 《횡포집(橫浦集)》을 남겼다.

以風迁鬒龍顱而　以角以電裝歸挽踏　其中以為鎮目星　以分包馬此馬居　十萬之数而随方　天骨之超俊勒四　方唐牧之至盛有　天馬賦

〈천마부〉, 서울대학교 규장각. 미불의 글씨이다.

홍경모의 《역대법첩》에 이 첩에 대한 자세한 기록이 실려 있다. 이것에 따르면 승려들이 천녕만수선사(天寧萬壽禪寺)를 창건하고 조맹부에게 편액을 청하였는데, 그가 그 절에 이르렀을 때 큰 탁자가 있어 그곳에 글씨를 썼다. 승려들이 이 탁자를 바로 새겨 편액으로 걸었다고 한다. 후에 명나라 세종 때 장간(章簡)이 이를 돌 위에 모각하였는데, 홍경모 집안에서 소장한 것은 이를 탑본한 것이다. 서호수의 《연행기》에 따르면 이 절에 '수산승경(首山勝境)'이라는 편액이 걸려 있었다고 하였는데, 누구의 글씨인지는 밝히지 않았다.

23. 주흥사(周興嗣) 천자문(千字文)

원나라 조맹부가 쓴 것이다.

《세조실록》(1459년 6월 24일)에 법첩을 찍기 위하여 조맹부가 쓴 진초(眞草) 〈천자문〉을 구한다는 기사가 보인다. 홍경모의 《역대법첩》에 이 첩에 대한 자세한 기록이 실려 있다. 지영선사(智永禪師), 회소(懷素), 송몽영(宋夢瑛) 등이 쓴 〈천자문〉을 품평하고, 조맹부가 각체로 쓴 〈천자문〉을 소개하고 있다. 홍경모 집안에서 소장한 것은 그 중 해서와 행서로 쓴 것이라고 한다. 이유원의 《임하필기》에 조맹부가 쓴 〈천자문〉을 구하지 못하여 아쉽다고 하였다. 현재 1471년 봉선사에서 판각한 인본과 1574년 제주에서 판각한 인본이 장서각에 소장되어 있다.

24. 적벽부(赤壁賦)

원나라 조맹부가 쓴 것이다.

《성종실록》(1488년 12월 24일)의 기사에 서거정(徐居正)이 조맹부가 쓴 〈적벽부〉 글자를 모아서 칠언절구 16수를 지었다고 하였다. 이 시는 《사가집(四佳集)》에 수록되어 있다. 조선 초기 대궐에는 조맹부의 글씨가 제법 있었다고 한다. 조선 초기부터 지속적으로 조맹부의 〈적벽부〉가 중국으로부터 수입이 많이 되었는데, 성현(成俔)의 〈제적벽부후(題赤壁賦後)〉(《허백당집》), 이종준(李宗準)의 〈전적

벽부서첩발(前赤壁賦書帖跋)〉(《용재유고》), 성해응의 〈제조자앙묵
적후(題趙子昻墨蹟後)〉(《연경재전집》) 등이 이와 관련한 글이다.

이유원의 《임하필기》에 따르면 조맹부가 38세 때 쓴 것으로, 이유
원의 서재에 소장되어 있었다고 한다. 또한 신위가 그 뒤에 "공의
글씨 중에 제일 혁혁한 것은 〈적벽부〉와 〈천자문〉만한 것이 없다.
그러나 〈적벽부〉는 공들여서 모각하면 오히려 미칠 수 있어도, 〈천
자문〉은 혼후하게 탈태하여 마치 봄 구름처럼 변화한 것이라 미
칠 수 없다"라고 하였다. 또 같은 책의 다른 곳에서 "운석(雲石) 조
인영(趙寅永) 댁에 백하 윤순이 조맹부의 〈적벽부〉를 임서한 것이
있는데 장관이었다"고 하였다. 홍경모의 《역대법첩》에 이 첩에 대
한 품평이 보인다. 현재 규장각, 국립중앙도서관, 계명대학교 등
에 인본이 소장되어 있다 .

25. 지산진적(枝山眞蹟)

명나라 지산(枝山) 축희철(祝希哲)[24]이 쓴 것이다.

윤근수의 《월정만필》에 따르면 축윤명이 쓴 〈국조명신법첩(國朝
名臣法帖)〉이 우리나라에 알려졌는데, 특히 정사룡의 글씨가 축윤
명이 쓴 〈사수시(四愁詩)〉와 매우 똑같았다고 한다. 김정희가 〈제
축윤명추풍사첩후(題祝允明秋風辭帖後)〉(《완당집》)를 남긴 바 있다.

24_ 명나라의 문인으로 덕흥인(德興人)인데, 식패현(式沛縣)의 지현(知縣)을 지낸 명필
이다.

또 남공철의 〈축지산희초횡축견본(祝枝山戲草橫軸絹本)〉(《금릉집》)에 따르면 당시 축희철의 글씨 중에는 가짜가 많았다고 한다. 홍경모는 《역대법첩》에서 축희철의 글씨에 대하여 품평하고, 자신이 소장한 〈지산진적〉은 1519년 취운서옥(翠雲書屋)에서 행초로 쓴 오언시 1편이라고 하였다. 현재 축지산의 필첩은 동아대학교에 소장되어 있으나, 동일한 것인지는 확실하지 않다.

26. 문삼교(文三橋)의 초서(草書)

문팽(文彭)의 글씨이다. 장황하여 족자로 만들었다.

문팽은 명나라의 서화가 문징명(文徵明)의 아들로, 역시 서화에 능하였다. 여기서 말한 족자가 어떤 내용인지는 알 수 없다. 홍경모의 《역대법첩》에도 이것에 대한 기록은 보이지 않는다.

27. 순화각십첩(淳化閣十帖)

청나라 세조(世祖) 순치(順治) 병술년(1646)에 바위에 모각한 것이다.

송나라 태종(太宗)이 한(漢)나라 장지(張芝)·최원(崔瑗), 위(魏)나라 종요(鍾繇), 진(晉)나라 왕희지·왕헌지·유량(庾亮)·소자운(蘇子雲), 당나라 태종·현종(玄宗)·안진경·구양순·유공권·회소 등의 묵적을 뽑아 순화각(淳化閣)에 보관한 다음 왕저(王著)에게 명하여《남당건업첩(南唐建業帖)》과 합하여 모각하게 하여 이름을《순화비각법첩(淳化祕閣法帖)》이라고 하였으나, 후에 화재로 소실되어 여러 차례 다시 모각되었다. 홍양호는 〈제이북해사라수비(題李北海娑羅樹碑)〉와 〈제원주반절비(題原州半折碑)〉에서 당나라 문종 때의 〈순화각첩〉을 보았다고 하였지만, 후에 모각한 것을 이르는 듯하다.《역대법첩》에 이것에 대한 자세한 기록이 실려 있다.

이 탑본은 조선에 널리 퍼졌다. 이익은《성호사설》에서 "지금 세상에 널리 퍼진 〈순화각첩〉은 본시 송나라 태종 때 명하여 석각한 각본(閣本)이라는 것인데, 뒤에 화재로 불타버렸다. 강주(絳州)의 반사조(潘師朝)가 모각하여 수장한 강본(絳本), 승려 희백(希白)이 모각한 담본(潭本), 또 서왕부(徐王府)의 목판본(木板本) 등이 있다. (중략) 우리 집에 한 본이 있는데 바로 선친이 북경 시장에서 구득한 것으로 선본(善本)이라 일컫는 것이다. 자손은 마땅히 정성껏 수장하여 유실하지 말아야 한다"라고 하였다.

이유원의《임하필기》에서는 월반첩(月半帖)과 황감첩(黃甘帖) 두 종의 〈순화각첩〉에 대하여 "하나는 왕저가 모각한 것이고, 다른 하나는 숙번본(肅藩本)이다. 이들 두 본은 옛날 해거(海居)에 있었는데, 숙번본은 선이 뚜렷하여 활기가 넘쳐흘렀고, 왕저의 모각본은 마치 서리 맞은 파리나 늘어진 지렁이와 같아서 도무지 혈기가 없었다. 여기에서 우열을 살펴 정할 수 있거니와, 하물며 가짜인 왕저의 모각본이 어찌 진짜인 숙번본만 하겠는가?'라 하고, 설소온(薛所蘊)의 "〈순화각첩〉을 모각한 사람이 어찌 몇 사람뿐이겠는

가. 그러나 혹 호분(虎賁)의 중랑(中郞)에 대한 관계처럼 겉모습만 비슷할 뿐이다. 이 모각본은 필력이 힘차고 정신이 꼭 닮아서 자태를 은구철획(銀鉤鐵畫) 속에 간직하였으니, 아마 추호도 유감이 없는 것이리라. 나는 이 모각본을 위원(衛源)과 발석(發石) 사이에서 발견하고 값을 주고 구매하였다. 궐북(闕北)의 구단우인(九段右人) 조현왕군설(曹縣王君雪)이라는 사람이 쌍구법(雙鉤法)으로 필획을 가감하여 드디어 완성하였는데, 순치(順治) 17년 경자년(1660) 4월에 시작하여 그 다음 해인 신축년(1661) 6월에 마쳤다"라는 글을 인용하였다.

남공철은 〈순화각첩묵각(淳化閣帖墨刻)〉《금릉집》에서 당시 조정과 여항의 명사들이 다투어 〈순화각첩〉을 소장하고 있었으며, 자신의 집에 있던 묵본(墨本)은 글자가 많이 마모되었지만 대대로 전하는 보배라고 하였는데, 〈임강희어당첩묵각(臨江戲魚堂帖墨刻)〉에 따르면 송나라 철종 때 유차장(劉次莊)의 가장본이었다고 한다. 또 성해응은 〈제가장순화각첩후(題家藏淳化閣帖後)〉《연경재전집》에서 〈순화각첩〉이 우리나라에 3부가 있는데 2부는 구수국(具壽國)과 조윤형의 집에 있고, 나머지 1부는 소재처를 알 수 없다고 하면서 자신은 구수국의 집에 있는 것을 보았는데 근세에 다시 새긴 것보다 훨씬 뛰어나다고 하였다. 또 송나라 철종 연간에 100부를 탑본한 것이 후대에 일부가 전해졌다고 하였다. 〈연중잡록(燕中雜錄)〉에서는 1773년 청나라 건륭제가 〈순화각첩〉을 중각하였는데 필사안(畢士安)이 993년 하사받은 본이었다고 한다.

김정희는 〈서원교필결후(書圓嶠筆訣後)〉《완당전집》에서 "순화각의 첩은 진짜와 가짜가 마구 섞여 있는 와중에 끝없이 번각되어 가장 표준으로 삼을 것이 되지 못한다"고 비판한 바 있다. 규장각에 〈흠정중각순화각첩(欽定重刻淳化閣帖)〉이 전하는데, 건륭제 때 만든 첩이다.

28. 신라평제탑비(新羅平濟塔碑)

비는 부여현(扶餘縣)에 있다. 당나라 능주(凌州) 장사(長沙)의 하수량(賀遂良)이 짓고, 낙주(洛州) 하남(河南)의 권회소(權懷素)가 쓴 것이다.

문헌공의 〈평제탑에 뒤에 쓰다(題平濟塔後)〉[15]

동사(東史)[25]에 이렇게 되어 있다. "당나라 고종(高宗) 현경(顯慶) 5년(660) 신라의 무열왕이 표를 올려 '공물을 올리는 길이 백제와 고구려를 경유하게 되어 있어 문득 두 나라에 의하여 막히게 됩니다'라고 하니, 이에 황제가 크게 진노하여 장군 소정방(蘇定方)을 보내 수군을 이끌고 바다를 건너 백제를 정벌하게 하였다. 신라의 장군 김유신(金庾信)과 협공하여 백제의 군사를 대파하고 의자왕을 사로잡았다. 그 나라를 혁파하여 웅주(熊州)에 도독부(都督府)를 설치하고, 백마강 위에 있는 바위에 글씨를 새겨 탑을 만들어 그 공을

25_우리나라의 역사서라는 뜻인데, 어느 책을 가리키는지는 알 수 없다.

기록하였다. 글을 지은 사람은 능주의 고을원 하수량이고, 글을 쓴 사람은 낙주 하남의 권회소이다. 지금까지 오래된 탑이 길가에 우뚝 서 있다. 얼마 있지 않아 당나라에서 다시 이세적(李世勣)을 보내 고구려를 평정하고 안동도호부(安東都護府)를 설치하였다. 얼마 후 두 나라 땅이 모두 신라에 병합되었고, 삼한(三韓)이 처음으로 하나가 되었다"라고 하였다.

이제 살펴보니 권회소는 그 시대 초서를 잘 쓴 승려가 아닌데도 필법이 굳세고 결구가 엄정하여 육조(六朝)의 필체를 한번에 바꾸어놓았다. 비로소 칸을 쳐서 글씨를 쓰는 법이 이미 안진경과 유공권보다 앞서 있지만 정신과 풍운(風韻)은 구양순이나 저수량에 비하여 약간의 손색이 있음을 알게 되었다. 그러나 당시 글씨를 잘 쓴다는 명성이 있음을 상상해볼 수 있으니, 동방 고적의 으뜸이라 하겠다.

> 비문에는 권회소로 되어 있으나, 이수광의 《지봉유설》에는 왕세정의 글을 인용하여 성이 전(錢)이라 하였고, 정약용의 〈발평백제탑(跋平百濟塔)〉에는 권회소가 마회소(馬懷素)로 되어 있다. 중국 문헌에는 성이 범씨(范氏)로 된 곳도 있다. 당나라 문인 중에 회소라는 이름이 여럿 있어 착오가 생긴 듯하다. 승려이므로 보통은 회소로만 적혀 있다.
>
> 이 탑본은 우리나라에 널리 알려졌다. 박세당(朴世堂)의 〈평제탑비발(平濟塔碑跋)〉과 그의 아들 박태보(朴泰輔)의 〈제도유람시서

〈濟都遊覽詩序〉, 남극관(南克寬)의 〈사시자(謝施子)〉, 이덕무의 〈나려석각(羅麗石刻)〉 등에 이 탑본에 대한 자세한 기록이 보이므로, 17세기 무렵부터 지속적으로 평제탑에 대한 세인의 관심이 높아졌음을 알 수 있다. 정약용의 장편고시 〈독소정방평백제탑(讀蘇定方平百濟塔)〉에도 보이는데, 박태보가 〈평제비〉의 글씨를 배웠다고 한다.

한치윤(韓致奫)의 《해동역사》에는 《환우방비록(寰宇訪碑錄)》에 수록된 "평백제비(平百濟碑)는 해서이다. 후반부가 떨어져나가 연월일이 보이지 않는데, 마땅히 현경 5년(660)으로 되어야 한다. 강소성(江蘇省) 가정현(嘉定縣)에 사는 전씨(錢氏)의 탁본(拓本)이 있다"는 중국 기록을 인용하고, 이어 "〈평백제탑비명〉은 당나라 현경 5년 8월에 능주장사판병부(陵州長史判兵部) 하수량이 짓고, 낙주 하남의 권회소가 쓴 것이다. 백제로 인한 신라의 조공 길이 막히자 당나라에서 좌무위대장군(左武衛大將軍) 소정방 등을 파견하여 평정한 후 돌에 새겨 공을 기록하고 백마강 가에 탑을 세운 것이다. 비는 높이가 5척 2촌이고, 너비가 4장 6척 2촌이며, 비문은 118행으로 지금도 1,800여 자가 남아 있다. 비석의 큰 해서는 당나라 초기에도 옛 예서의 기운이 남아 있었으니, 해동의 석묵(石墨) 중에서 옛 글씨에 가장 가까운 것이다. 가경 갑술년(1814, 순조 14) 10월 2일에 옹방강(翁方綱)은 지(識)한다"라는 옹방강의 〈평제탑탁본제발(平濟塔拓本題跋)〉을 인용하였다. 그리고 "이 탑은 지금 부여현에서 남쪽으로 2리 되는 곳에 있는데, 부여는 바로 백제의 고도이다. 문장이 웅혼하고 필력에 힘이 있어 당나라 비 중에서 으뜸으로, 서안부(西安府)를 두루 둘러보아도 역시 이만한 비를 찾아보기가 어렵다. 그런데 하물며 우리나라에서는 어떠하겠는가? 원래의 비명이 애석하게도 중국의 전적에 기록되어 있지 않으므로 아래에 첨부하여 참고하는 데 대비하게 하였다"라고 하였다. 그리고 〈대당평백제국탑비명(大唐平百濟國塔碑銘)〉 전문을 해독하여 수록하였다.

이유원의《임하필기》에도 이 비에 대한 기록이 나와 있다. 홍경모의《동국묵적》에도 이것에 대한 자세한 고증과 품평이 실려 있는데, 청나라 성조(聖祖) 때 간행된《패문재서화보(佩文齋書畵譜)》등 중국의 문헌에 이 자료가 빠져 있어 안타깝다고 하였다. 낭선군(朗善君)의《대동금석서(大東金石書)》에도 탑본이 수록되어 있다. 이 비는 정림사 터에서 발굴되어 〈당평제비(唐平濟碑)〉라는 이름으로 전해지고 있다.

29. 태종왕릉비전수대자(太宗王陵碑篆首大字)
글을 지은 사람과 글씨를 쓴 사람이 누구인지 전하지 않는다.

문헌공의 〈신라태종왕릉비 뒤에 쓰다(題新羅太宗王陵碑後)〉[16]
신라의 태종왕릉(太宗王陵)은 경주 서쪽 4~5리 떨어진 곳에 있는데, 상석(象石)은 없고 앞에 비석이 있다. 귀부(龜趺)의 높이가 한 길 남짓인데 비신(碑身)은 잃어버렸다. 위에 용의 머리를 올려놓았는데 꿈틀꿈틀 새겨진 것이 정교하다. 비면에 반듯한 전서체(篆書體)로 양각되어 있는데, 태종무열대왕지비(太宗武烈大王之碑)라고 하였다.

아, 태종이 고구려와 백제를 평정하여 삼한을 통일하였으니 실로 만세(萬世)의 공이 있다. 비록 왕조가 바뀐 뒤라 하더라도 유품을 묻은 곳은 나라 사람들이 모두 공경하여 보호하고 있어 나무조차 감히 베지 않고 있다. 하물며 비석에 있어서랴? 그러나 이제 그 소재처를 알 수 없다. 어리석은 사내나 사나운 아이들이 마음먹고 훔치려고 들어도 야반에 둘러메고 달아날 수 없었을 것이요, 하루 만에 비를 쪼개거나 갈아서 인멸되게 할 수도 없었을 것이다. 시골의 어른과 노인들이 있고, 지키는 향리들이 있었는데 또한 어찌 묵묵히 쳐다보고만 있었겠는가? 이치상 더욱 이해하기 어렵다. 내가 듣자니, 관동(關東) 영봉산(靈鳳山)에 당문황비(唐文皇碑)[26]가 있었는데, 임진년과 계사년에 왜란이 일어났을 때 오랑캐들이 이를 싣고서 동쪽으로 가던 중 반으로 부서져서 마침내 그 반을 메고 가고, 반은 원주(原州)에 남아 있다고 한다. 관동에서 동래까지 거리가 바닷길로 천리나 되는데도 실어가고자 하였는데, 경주처럼 수백 리 가까운 곳은 어떠하겠는가? 그러니 내 생각에는 태종의 비는 아마도 오랑캐가 훔쳐간 것 같다.

경주에는 또 창림사비(昌林寺碑)가 있는데, 예전에 조맹부의 글

26_ 흥법사진공대사비(興法寺眞空大師碑)를 가리키는데, 이것에 대해서는 뒤에 나온다.

을 보니, 신라의 승려 김생(金生)이 창림사의 비석을 썼는데 당나라의 이름난 사람이 새긴 것이라 하더라도 이보다 못할 것이라고 하였다. 내가 경주에 도착하여서 먼저 창림사를 방문하였더니 절은 이미 폐허가 되고 오직 석탑만 높다랗게 서 있을 뿐 비석은 끝내 찾을 수 없었다. 이 비가 중국에 알려져 있으니 어찌 오랑캐에게 도난을 당하지 않을 수 있겠는가? 내가 원주에서 반 토막 난 비석을 보고 비로소 경주의 두 비석 역시 섬나라 오랑캐 땅으로 건너갔음을 깨달을 수 있었다. 이에 아울러 지(識)를 남겨 의심을 전하고 박학한 군자에게 질정을 구한다.

이유원은 《임하필기》에서 홍양호의 글을 요약하고 "태종왕은 삼한에서 만세의 공을 세웠으니 도래솔도 감히 벨 수 없거늘, 하물며 비석이야 말할 것 있겠는가. 이것은 필시 오랑캐가 훔쳐갔을 것이다"라고 하였다. 홍경모의 《동국묵적》에서도 이것에 대하여 자세히 적고 있다. 홍양호의 글에서 든 창림사비에 대하여 《신증동국여지승람》에서 "옛 비석이 있으나 글자는 없다. 원나라 학사 조맹부의 〈창림사비발(昌林寺碑跋)〉에서 '이것은 당나라시대 신라의 승려 김생이 쓴 그 나라의 창림사비로 자획이 매우 법도가 있으니, 비록 당나라의 이름난 조각가라도 그보다 훨씬 나을 수 없다. 옛말에 어디인들 재주 있는 사람이 태어나지 않으랴? 하더니 참으로 그렇구나' 하였다"고 하였다. 같은 내용이 서거정의 《필원잡기》에도 실려 있다.⑰

이규경의 《오주연문장전산고》에는 조맹부의 글 출처를 〈동경서
당집고첩(東京書堂集古帖)〉이라고 하였다. 이유원은 《임하필기》에
서 "창림사의 비는 김생이 썼는데, 조맹부가 비록 당나라 사람의
명각(名刻)이라 하더라도 이보다 나을 수 없다고 크게 칭찬하였
다. 이렇게 중국에까지 이름이 난 것이 어찌 오랑캐의 절취 대상
이 되지 않았겠는가"라고 하여 일본에 의하여 절취되었을 것이라
고 하였다. 낭선군의 《대동금석서》에 탑본이 수록되어 있다. 현재
비석의 일부가 국립경주박물관에 소장되어 있다.

30. 문무왕릉비(文武王陵碑)

국학소경(國學少卿) 김 아무개(金□)가 짓고, 대사(大舍) 한눌유(韓
訥儒)가 쓴 것이다.[18]

문헌공의 〈문무왕릉비 뒤에 쓰다(題文武王陵碑後)〉[19]

내가 연전에 경주부윤이 되었는데,[20] 경주는 곧 신라의 옛 수도이
다. 그해 가물어서 산천에 제사를 올리는데, 동해에 기우제를 올리
는 이견대(利見臺)라는 단이 있었다. 내가 곧 축문과 폐백을 갖추어
그곳으로 갔다. 이견대는 큰 바다 옆에 우뚝 솟아 대처럼 되어 있었
다. 마을사람들에게 이견(利見)의 뜻을 물었더니 "예전 신라 문무
왕(文武王)이 왜와 이웃해 있어 자주 침략을 당하는 곤욕을 겪었는
데, 돌아가실 때 태자에게 조서(詔書)를 내려 '내가 죽거든 반드시
바다에 장사를 치르도록 하라. 마땅히 용이 되어 왜적을 막을 것이

다'라고 하였습니다. 바다 가운데 큰 바위가 작은 섬처럼 험준하게 솟아 있었는데, 태자와 여러 신하들이 감히 뜻을 어기지 못하고 바위틈에 장사를 지냈지요. 얼마 있지 않아 바람과 우레가 크게 치더니 누런 용이 바위 위에 나타났습니다. 신하와 백성들이 대에 올라 바라보면서 절을 하고, 그 대의 이름을 이견이라고 하였습니다. 마침내 기우제를 지내는 장소가 되었는데 문득 영험이 있게 되었습니다"라고 대답하였다.

내가 크게 괴이하게 여겨서 황당한 이야기로 여겼다. 《삼국사기》의 〈문무왕기(文武王紀)〉를 보니 "여러 신하들이 유명(遺命)으로 동해 입구의 큰 바위에 장사를 지냈다. 민간에서는 왕이 용이 되었다고 하고, 그 바위를 대왕석(大王石)이라 부른다"고 하였다. 나라에서 편찬한 역사서는 믿을 만한 책으로 거짓이라 할 수 없는데, 용으로 변하였다고 한 부분은 민간에서 전하는 말이라 하였으니 대개 꺼린 것이라 캐묻고 싶지는 않다. 두루 옛 기록을 살펴보니 곤(鯀)이 변하여 곰이 되었고,㉑ 우애(牛哀)가 변하여 범이 되었다㉒는 등의 이야기가 하나 둘이 아니지만 모두 황당한 시대라서 정사(正史)에 실리지 않았다. 신라 문무왕은 중국 당나라 문명시대였는데도 이러한 황탄하고 괴이한 일이 있으니, 사리를 따지기 어려운 것이 이러하다. 성인은 괴이한 것에 대하여 말하지 않는다㉓고 하였으니 견식이 넓은 사람에게 미루어두고 의문점으로 남기는 것이 옳을 것이다.

내가 처음 《삼국사기》를 보았을 때 오히려 김부식(金富軾)이 다른 시대 사람이라 혹 의심스러운 것을 전한 잘못을 저질렀다고 생각하였다. 지난번 문무왕릉을 방문하였을 때 증명할 아무런 바위 조각조차 찾지 못하였다. 그 뒤 36년이 지난 후 그곳 사람이 밭을 갈다가 들판에서 오래된 비석 하나를 발견하였는데, 곧 문무왕비였다. 대사 신(臣) 한눌유가 쓴 것이었다. 그 글이 문드러져 차서가 없었는데 "붉은 까마귀가 재변을 알리고, 누른 용이 기이함을 드러내는 법, 문득 바람 앞의 촛불처럼 스러질 때를 당하니, 도는 귀하고 일신(一身)은 천한지라, 섶을 쌓아서 장사를 지내고, 고래같이 큰 파도가 치는 포구에서 뼈를 부수리라" 라는 등의 글귀가 있었다. 분명 화장하여 물에 장사를 지냈다는 말이었다. 나라에서 편찬한 역사는 엉터리라 말할 수 없다. 아, 그 괴이함이여. 비문을 새긴 뒤에 지(識)를 적어 박학한 군자에게 보인다.

> 홍경모의 《동국묵적》에 이것에 대한 자세한 글이 실려 있다. 이유원의 《임하필기》에도 비슷한 내용이 보인다. 유득공의 〈신라삼잔비(新羅三殘碑)〉(《영재집》)는 무장사비(鍪藏寺碑), 김각간비(金角干碑)와 함께 이 비에 대하여 쓴 글인데, 모두 구양순의 글씨체로 되어 있다고 하였다. 이 비는 현재 국립경주박물관에 소장되어 있다.

31. 전유암서(田遊巖序)
김생이 쓴 것이다.

전유암(田游巖)은 당나라 때의 사람으로 태백산(太白山)에 들어가 은거하였고, 나중에 다시 기산(箕山)으로 들어가 허유(許由)의 무덤 옆에 살면서 스스로 호를 허유동린(許由東隣)이라고 하였다. 고종(高宗)이 그를 방문하여 벼슬에 나아갈 것을 권하자, 천석고황(泉石膏肓)과 연하고질(煙霞痼疾)의 병이 있는 사람이라고 하였다.

박세당이 남학명(南鶴鳴)에게 보낸 편지인 〈여남교관(與南教官)〉에 따르면 박세당이 젊은 시절 정동(貞洞) 처가에서 이 탑본을 본 적이 있다고 하였다. 이유원의 《임하필기》에서 "홍양호가 김생의 글씨를 널리 찾았는데, 경주에서 태로원(太櫓院)의 작은 편액을 발견하였고, 강진(康津)에서 '만덕산백련사(萬德山白蓮社)'라는 여섯 글자의 대자(大字)를 발견하였으며, 〈전유암서〉와 흥린군인본(興隣君印本)을 구하여 얻었다고 한다"라고 하였다.

홍경모의 《동국묵적》에서도 〈전유암서〉 인본에 대하여 자세히 적고 있다. 이와 함께 〈신라김생서여산폭포시진적(新羅金生書廬山瀑布詩眞蹟)〉이라는 제목의 글에 김생의 글씨는 해인사(海印寺)의 불경에서만 진적을 찾을 수 있고 탑본도 많지 않은데, 자신의 집에 전하는 것으로는 이백(李白)의 〈여산폭포(廬山瀑布)〉 절구를 행초로 쓴 것이 있지만 훼손이 심하다고 하였다. 또 김생이 계림(鷄林)의 석굴에서 40년 동안 나뭇가지로 글씨를 썼다는 야사와 중국인이 김생의 글씨를 크게 칭찬한 사실 등을 적고 있다. 현재 규장각 등에 〈전유암산가서(田遊巖山家序)〉라는 제목으로 전하고 있다.

〈전유암산가서〉 탑본, 김생, 8세기, 서울대학교 규장각

32. 태로원액자(太櫓院額字)

김생이 쓴 것으로, 태로원(太櫓院)은 경주부에 있다.

허목(許穆)의 〈허상사서첩발(許上舍書帖跋)〉(《미수집》)에 따르면 허
목이 태로원에서 김생의 이 글씨를 보았다고 한다. 태로원은 대로
원(大櫓院)으로도 표기하는데, 경부 관아 남쪽 6리 포석정 인근에
있던 역원이다. 《신증동국여지승람》에도 이곳에 김생이 태로원이
라고 쓴 세 대자가 있다고 하였다. 홍경모의 《동국묵적》에도 이것
에 대한 기록이 보인다.

33. 백련사액자(白蓮社額字)

김생이 쓴 것으로, 백련사는 강진의 만덕산에 있다.

이하곤은 〈남유록(南遊錄)〉《두타초》에서 이 편액을 보고 김생의 것이 아니지만 뛰어나다고 평가한 바 있다. 정약용 역시 이광사가 백련사에 쓴 현액을 보고 〈화자유신수여주용홍사오화벽운(和子由新修汝州龍興寺吳畫壁韻)〉을 남겼는데, 김생의 글씨가 이광사의 글씨보다 못하다고 평가한 바 있다. 홍경모의 《동국묵적》에도 이것에 대한 품평이 실려 있다.

34. 백월서운사비(白月棲雲寺碑)

신라의 국사(國師) 낭공대사탑명(朗空大師塔銘)으로, 영천군(榮川郡, 榮州)에 있다. 문인 한림학사(翰林學士) 수병부시랑(守兵部侍郎) 지서서원사(知瑞書院事) 사자금어대(賜紫金魚袋) 최인연(崔仁滾)이 짓고, 승려 단목(端目)이 김생의 글씨를 집자한 것이다.[27]

문헌공의 〈백월사비 뒤에 쓰다(題白月寺碑後)〉[24]

백월서운사비는 신라 최인연이 짓고, 승려 단목이 김생의 글씨를 집자한 것이다. 예전에는 영남 영천(榮川)에 있었는데 중간에 소재처를 알 수 없게 되었다. 상고자(尙古子) 김광수(金光遂)[28]가 이웃 고을의 사또가 되었을 때 밭에서 찾아내어 관아로 옮겨 보관하였고,

---

27_ 낭공대사(832~916)는 신라 말의 고승으로, 해인사에서 출가한 후 당나라에 유학하여 석상경제(石霜慶諸)의 법을 잇고 돌아와 불법을 펼쳤다. 최인연은 신라 말 고려 초의 문인으로 문장에 뛰어나 여러 사찰의 비문을 많이 썼다. 단목은 고려의 승려인데, 자세한 것은 밝혀져 있지 않다.
28_ 18세기의 문인으로 호는 상고당(尙古堂)이라 하였는데, 골동과 서화에 벽이 있었다.

탑본을 떠서 세상에 돌게 되었다. 내가 경주에 있을 당시 매서(妹婿) 김형대(金亨大)[29]가 영천을 맡아 다스릴 때 내가 안동의 선영으로 성묘를 가다가 마침 영천에 들러 백월사비를 찾아보니, 폐치된 정원 속에 있어 흙이 그 반을 덮고 있었다. 급히 들것에 실어서 관아 앞 회랑에 두고 술을 가져다가 씻으니 그나마 글자를 알아볼 수 있었다. 이에 10여 본 탑본을 떠서 세상에 널리 퍼뜨렸다. 주인에게 맡겨 목갑(木匣)을 만들어 덮어 비바람을 막게 하였다.

저 김생은 우리나라 서예가의 비조(鼻祖)이다. 예전에 경주의 석굴(石窟)[30]에 들어가 나뭇잎을 따서 글자를 적었는데, 40년 동안 밖으로 나오지 않아 이에 글씨가 신통해졌다. 송나라 숭녕(崇寧) 연간[㉕]에 고려의 사신 홍관(洪灌)이 그 글씨를 가지고 중국에 들어가니, 한림대조(翰林待詔) 양구(楊球) 등이 이를 보고 크게 놀라 "뜻하지 않게 오늘 왕희지의 진적을 보게 되었구나"라고 하였다.[㉖] 김생의 글씨는 대개 스스로 문호를 세워 종요(鍾繇)와 왕희지를 배우지 않았지만 이처럼 고인과 암합(暗合)하였다. 당시 비석에 새긴 문자가 많았겠지만 지금은 전하는 것이 없다. 오직 백월사비가 아직 남아 있지만, 이 또한 집자한 것이니 진적은 아니다. 그러나 들판에 버려져 있어 거의 인멸되려 하였으니, 어찌 애통하지 아니한가?

29_ 홍양호의 매제로 본관이 월성(月城), 자는 계장(季長)이며, 김주신(金柱臣)의 손자이다. 영주군수 등을 지냈다.
30_ 후대 이를 김생굴(金生窟)이라고 하였는데, 경주에 있던 것은 알 수 없고 안동의 청량산(淸凉山)에 있는 것이 널리 알려져 있다.

내가 일찍이 김생의 글씨를 널리 찾아다녔는데 경주에서 태로원 소편(小扁)을 보았고, 강진에서 '만덕산백련사(萬德山白蓮社)'라는 여섯 대자를 보았으며, 또 〈전유암서〉와 홍린군(興隣君)의 탑본❤을 얻어 모두 집에 소장하게 되었다. 아, 남아 있는 것이 참으로 적구나. 내가 오래되어 인멸될까 우려하여 권말(卷末)에 상세히 기록하여 세상 사람들로 하여금 보배로운 자취가 있는 것을 알게 하여 애호하여 잃어버리지 않도록 한다.

　　이수광의 《지봉유설》에서 "의흥(義興) 인각사비(麟角寺碑)는 왕희지의 글씨요, 영천 백월사비는 김생의 글씨이다. 얼마 전 중국 사신 주량(朱梁)과 웅(熊)이 탑본하여 갔다. 중국인이 옛것을 좋아함이 이와 같다. 그것이 왕희지의 글씨라는 것은 대개 집자한 것이다"라고 하였다. 성대중(成大中)은 〈서백월비(書白月碑)〉(《청성집》)에서 "후주(後周) 세종(世宗) 원년 갑인년(甲寅年, 954)에 세워진 것으로, 처음에는 봉화(奉化)의 태자산(太子山)에 있었으나 산이 깊어 폐사되어 오랫동안 아는 이가 없었다. 마침 명나라의 조사(詔使)가 와서 이것을 찾는 이가 있다 하여 처음으로 풀숲을 수색해 찾아내어 영천 관아로 옮겼다. 탑본을 찾는 이가 몰려들자 무관 출신의 사또가 그 고통을 감내하지 못하여 두드려 깨어 마잔(馬棧)으로 삼아 욕을 보였다. 이제 남아 있는 것은 모두 말발굽 자국이 있다. 내가 김생의 진적을 여러 번 보았는데 〈산거첩(山居帖)〉(〈전유암서〉를 가리키는 듯하다)은 석각본 중에 더욱 아름답지만 백월비가 가장 빼어나다"라고 하였다.

이유원의 《임하필기》에서는 성대중의 글을 인용하여 "나에게 〈백월비〉의 옛 탑본이 있는데 신대우(申大羽)가 그 필법을 깊이 터득하였고, 근일에는 정문승(鄭文升)이 그 필체를 모방하여 행세하고 있다"라고 하였으며, "그 글씨체가 똑같지 않아 어떤 것은 아름답고 어떤 것은 험한데, 그 이유는 처음 탑본은 완전한 상태에서 한 것이고, 뒤의 탑본은 닳은 뒤에 한 것이기 때문이다. 이계 홍양호가 이것을 천년 고적으로 여겨 창고 속에 옮겨놓았다"라고 하였다. 또 "옛말에 백월비가 처음에는 봉화에 있었는데 지금은 영천에 있으니, 봉화로부터 영천에 이른 것 같다고 하였다. 어느 말이 옳은지 알 수 없으나, 영천에 있는 것만은 확실하다"라고 하였다.

윤행임(尹行恁)의 〈해동외사(海東外史)〉《석재고》)에도 이 비의 수난에 대하여 적은 바 있다. 그 밖에 남구만(南九萬)의 〈영남잡록(嶺南雜錄)〉과 〈기아(寄兒)〉《약천집》) 등에서도 관련한 기사를 찾을 수 있다. 이덕무의 〈교내각모시강의(校內閣毛詩講義)〉에 이 탑본의 장황에 대한 기사가 실려 있다. 홍경모의 《동국묵적》에서 이 탑본과 낭공대사의 행적에 대하여 자세히 적고 있다. 후면에 1509년 군수 이항(李沆)이 짓고 박눌(朴訥)이 쓴 글이 새겨져 있는데, 절터에서 이 비를 찾아 자민루(字民樓) 아래로 이전하여 안치한 후 사방에 난간을 둘러 출입을 통제했다고 하였다. 낭선군의 《대동금석서》에 탑본이 수록되어 있으며, 현재 국립중앙박물관에 이 비가 소장되어 있다.

35. 신행선사비(神行禪師碑)

신라의 신행선사비는 지리산 단속사(斷俗寺)에 있다. 황당(皇唐) 위위경국상병부령(衛尉卿國相兵部令) 겸(兼) 수성부영이간(修城府令 伊干) 김헌정(金獻貞)이 짓고, 동계사문(東溪沙門) 영업(靈業)이 쓴 것이다.

남효온(南孝溫)의 〈지리산일과(智異山日課)〉(《추강집》)에 따르면 남효온이 단속사에서 이 비를 보았다고 하였다. 이익의 《성호사설》에서는 "진주 지리산 단속사에는 신행선사비가 있는데 승려 영업이 쓴 것이다. 그 글씨가 좋아서 많은 사대부들이 탑본하여 완상한다"라고 하였다. 성대중의 〈제영업서후(題靈業書後)〉(《연경재집》)에서는 "영업은 신라의 승려로, 이 비는 신행선사를 위하여 쓴 것이다. 당나라 원화(元和) 연간에 지리산에 세웠다. 신행선사 역시 고승으로 신라 때 당나라와 교류하여 글씨가 비로소 트였는데, 영업의 글씨는 〈성교서〉에서 나왔지만 경초(勁峭)하여 법도가 있으니 출람(出藍)의 오묘함이 있다"라고 하였다. 이유원의 《임하필기》에서는 "서체는 왕희지와 왕헌지의 서법을 순전히 체득한 것이었으며, 간혹 예서 획도 보인다. 당나라 원화 8년(813)에 세웠다. 이 역시 경주에 있다"라고 하였다. 홍경모의 《동국묵적》에도 이것에 대한 자세한 기록이 실려 있다. 낭선군의 《대동금석서》에 이 탑본이 수록되어 있다.

36. 진흥왕북순비(眞興王北巡碑)

비는 함흥부(咸興府)에 있으며, 글을 지은이와 쓴 이는 전하지 않는다.

문헌공의 〈진흥왕 북순비 뒤에 쓰다(題新羅眞興王北巡碑後)〉[29]

내가 소시에 야사를 보니 다음과 같이 되어 있었다. "신라의 왕이 북으로 순수(巡狩)하다가 철령(鐵嶺)을 지나 옥저(沃沮)에 이르러 국경을 정하고 돌을 세웠다. 우리 조선 선조(宣祖) 때 신립(申砬) 장군이 북병사(北兵使)로 있으면서[31] 탑본을 떠와 세상에 전하게 되었다."[32] 이에 내가 신씨의 후손에게 두루 물었지만 아는 이가 없어 심히 개탄스러웠다. 매번 북방의 관찰사로 가는 사람을 만나면 찾아오도록 권하였지만 끝내 얻을 수 없었다.

경술년(庚戌年, 1790) 유한돈(兪漢敦)이 함흥(咸興)의 통판(通判)[33]으로 가게 되어 고하기에 내가 이에 대한 이야기를 해보았다. 1년 정도 지난 후 유 군이 편지를 보냈다. "조정에서 장진부(長津府)를 신설하였는데 함흥과 갑산 사이에 있습니다. 그 가운데 황초령(黃草嶺)이 있는데 함흥에서 약 200리 떨어진 곳입니다. 비석이 고갯마루에 있었는데 산 아래로 굴러떨어져 아래위가 모두 깨지고 중

31_ 신립(1546~1592)은 조선 중기의 무신으로, 북방 오랑캐를 막아내는 데 큰 공을 세워 1584년 함경도북병사에 임명되었다.

32_ 야사의 정확한 서명이 무엇인지는 알 수 없다.

33_ 유한돈은 조선 후기의 문인으로 교하군수(交河郡守)를 거쳐 1790년 함흥판관이 되었다. 나중에 연안부사(延安府使), 상주목사(尙州牧使) 등을 역임하였다.

간 부분만 남아 있습니다. 그 글을 보니 진흥왕의 북순비였습니다. 탑본을 한 부 보냅니다."

내가 살펴보니 비문의 글자가 예스럽고 질박하며 굳세었지만 문장이 끊어지고 빠져 있어 해독할 수가 없었다. 중간에 벼슬을 나열하면서 훼부(喙部), 아간(阿干), 대사(大舍) 등의 이름이 있었는데 모두 신라 초기의 지명과 관명이었다. 어찌 기이하지 않은가? 그해를 고찰해보니 무자년(戊子年) 8월인데, 곧 진흥왕 29년으로 중국으로는 육조(六朝) 진(陳)의 임해왕(臨海王) 2년이다. 이제 1226년이 되었다. 동방의 고적에서 이보다 앞서는 것이 없다. 이제 장진부를 신설할 때 처음 세상에 나오게 되었으니 국가 문명의 운세가 아무리 으슥하더라도 드러나지 않음이 없다는 것을 알 수 있다. 신라가 성대하던 시절 강역이 광활하여 말갈의 영토까지 이르렀음을 여기에서 볼 수 있으니 역사의 빠진 부분을 보완할 수 있을 것이다. 유 군은 옛것을 좋아하는 성심이 있어 이에 천 년 전 고적을 드러나게 할 수 있었으니 박학하고 우아한 뛰어난 선비라고 할 수 있다. 이에 숨겨져 있거나 드러나 있는 시말을 적어 직방씨(職方氏)[34]의 채집에 대비하고자 한다.

정식 명칭은 〈황초령진흥왕순수비(黃草嶺眞興王巡狩碑)〉이다. 《광해군일기》(1608년 8월 16일)에 따르면 함경감사 장만(張晩)의 〈진폐

34_주나라 때 사방의 지도와 직공(職貢)의 업무를 관장하던 관원. 후대에는 지리서를 편찬하는 관원이라는 뜻으로 쓰였다.

차자(陳弊箚子)〉에서는 신라 성덕왕의 순수비가 아직 황초령에 남아 있다고 하였다. 김성일(金誠一)의 〈연보(年譜)〉《학봉집》)에 이 비문에 대한 짧은 기록이 있으며, 안정복의 《동사강목》에도 이것에 대한 기사가 수록되어 있다. 유득공의 〈신라진흥왕북순비(新羅眞興王北巡碑)〉의 주석에 비문에 결자가 많은데 '수가사문도인법장혜인(隨駕沙門道人法藏慧忍)'은 아마도 지은이인 듯하다고 하였다. 성해응의 〈초방원비발(草坊院碑跋)〉《연경재집》)에서는 "함흥부 북으로 100여 리 떨어진 곳에 황초령이 있고 그 아래 초방원이 있는데, 영남으로 가는 길 옆 동쪽 작은 계곡에 짧은 비가 있다. 곧 신라 진흥왕북순비이다. 내가 예전에 탑본을 보았는데 자획이 고졸하지만 깎여나간 곳이 많아 읽을 수 없었다"라 하고, 여러 가지 고증을 하였다.

성해응은 〈진흥북순비(眞興北巡碑)〉에 다시 이것에 대하여 적고 있는데, 신경준의 말을 인용하여 초방원에 대하여 고증하고, 《해동집고록(海東集古錄)》을 들어 "비는 12행이고 한 행은 15자이며, 전체 비석은 420자이지만, 마모되어 읽을 수 없어 겨우 278자가 남아 있다"라고 하였다.

김정희의 〈진흥이비고(眞興二碑攷)〉와 〈여조운석(與趙雲石)〉《완당집》)에 비문에 대한 상세한 고증이 실려 있다. 이에 따르면 비는 사라지고 탑본만 보았다고 하였다. 이유원의 《임하필기》에도 탑본만 있다고 하고 홍양호의 글을 수록하였으며, 윤정현(尹定鉉)이 그 비를 함경도 감영의 창고로 옮겨놓았다고 하였다. 홍경모의 《동국묵적》에도 이와 비슷한 내용이 기록되어 있다. 현재 북한의 함흥 역사박물관에 소장되어 있다. 낭선군의 《대동금석서》에 탑본이 수록되어 있다.

37. 김각간묘비(金角干墓碑)

비는 경주부에 있으며, 글을 지은이와 쓴 이는 전하지 않는다.

문헌공의 〈김각간묘비 뒤에 쓰다(題金角干墓碑後)〉㉔

김각간(金角干)은 휘(諱)가 유신(庾信)이다. 신라가 삼한을 통일하는 데 원훈(元勳)을 세웠다. 묘는 경주 서쪽 10리에 있다. 내가 일찍이 부윤이 되었을 때 글을 지어 가서 제사를 지내다가 큰 무덤을 보는데 임금을 장사 지낸 곳처럼 되어 있었지만, 앞에 한 조각의 비석도 있지 않아 그 때문에 배회하면서 서글퍼한 적이 있다. "각간의 공은 삼한을 뒤덮을 정도이므로 봉분이 이와 같이 크다면 필시 공적을 기념한 비석이 있었을 것인데, 이제 볼 수 없으니 안타깝다."

그 후 20여 년이 지난 후 내가 병조에서 숙직을 하고 있는데,㉘ 박학하고 우아하며 옛것을 좋아하는 선비인 낭관 이서구(李書九)[35] 군이 자신의 집에 우리나라의 금석첩(金石帖) 산질(散帙)이 몇 권 남아 있다고 하였다. 급히 가져오게 하여 살펴보았더니 신라의 고

35_ 조선 후기의 문인으로, 자는 낙서(洛瑞), 호는 척재(惕齋), 강산(薑山), 소완정(素玩亭), 석모산인(席帽山人) 등을 사용하였다. 시문과 더불어 문자학과 금석학에 뛰어났다.

적 중에 김각간묘비 몇 폭이 있었다. 훼손이 심하여 겨우 알아볼 수 있을 정도였지만 그 글을 보니 의심의 여지가 없었다. 대부분 임진년 왜란 때 비는 어디로 갔는지 알 수 없게 되었는데, 이 탑본은 왜란 이전에 뜬 구본이었다. 지금 수백 년이 지나 민간에 유전되고 있어 참으로 기이하다. 위로 각간의 때와 거리가 이미 천 수백 년이 지났으니 더욱 보배가 아니겠는가? 마침내 이 군에게 청하여 그 한 폭을 얻어 〈무장비(鍪藏碑)〉 아래 장황하였다.

내가 〈무장비〉를 보니 왕희지의 풍미가 있는데, 각간의 비는 구양순의 필법과 유사하니 모두 서예가의 진품이라 하겠다. 우리나라의 고적 중에 이것보다 앞서는 것은 없고, 중국에서도 〈구루(岣嶁)〉⑤와 〈석고(石鼓)〉 다음이 아니겠는가? 내가 일찍이 신라시대의 인물에 대하여 논하였는데, 김 공을 제일로 추대한 바 있다. 이제 이 비를 보니 거듭 세상을 뛰어넘은 감개함이 있다.

이유원의 《임하필기》(〈화동옥삼편〉)에 이와 비슷한 내용이 요약되어 있다. 홍경모의 《동국묵적》에도 비슷한 내용이 보인다. 이 비는 현재 소재처를 알 수 없고, 그 탑본도 전하지 않는다. 다만, 규장각에 김유신의 묘에 있던 십이신상(十二神像)의 탑본이 전한다.

38. 무장사비(鍪藏寺碑)

한림(翰林) 김육진(金陸珍)이 쓴 것으로, 경주부에 있다.[36]

문헌공의 〈무장사비 뒤에 쓰다(題鍪藏寺碑後)〉[32]

내가 경주부윤으로 있을 때 고적을 찾아 고로(古老)들의 말을 들었더니, 신라의 무장사에 김생이 쓴 비가 있는데 지금은 소재처를 알 수 없다고 하였다. 나는 심히 개탄하였다. 읍지(邑志)[37]를 살펴보고 아전을 보내어 찾게 하였다. "산속 깊은 곳으로 들어가니 작은 절이 나왔는데, 승려의 말이 무장사의 옛터라고 합니다. 전하는 말로는 예전에 신라의 여왕이 이곳에 군사를 감추었다고 하는데 비석은 보이지 않은 지 오래라 합니다." 아전이 돌아와 이렇게 고하였다. 나는 "이미 옛터를 찾았으니, 비가 혹 풀덤불 속에 매몰되지 않았겠는가? 다시 가서 찾아보도록 하라"라고 일렀다. 며칠 후 아전이 "절 뒤에 콩을 가는 맷돌이 있는데, 돌의 결이 보통 것과는 달라서 세워놓고 그 배 부분을 보니 오래된 비가 반이 잘라진 것이었습니다"라고 고하였다. 내가 이를 듣고 기이하게 여겨 기술자를 보내 탑본을 몇 부 해오게 하니 과연 무장사의 비석이었다. 그 글을 살펴보니 곧 신라 한림 김육진의 글씨였다. 김육진은 문장으로 신라에 알려졌는데, 전하는 자가 그 성을 보고 김생이라 한 것이었다.

내가 한양으로 돌아와 재상 유문익(兪文翼) 공[38]을 뵈었더니, 공께서 말씀하셨다. "당신이 경주에 있을 때 무장사 비석을 보았소?"

36_ 김육진은 신라 말의 문인인 듯한데, 자세한 이력은 알 수 없다.

37_ 홍양호 시대에 있던 경주 읍지가 어떤 것인지는 알 수 없다.

38_ 유척기(兪拓基)를 가리킨다. 벼슬이 영의정에 이르렀는데, 시문에 뛰어났고 금석학에도 조예가 깊었으며 글씨도 잘 썼다.

내가 구하게 된 시말을 말씀드렸더니 공이 기뻐 넘어질 듯하면서 "노부가 평소 금석문을 모아 수백 권을 기록하였는데, 오직 이 비만 얻지 못하였소. 경상도관찰사로 두 번 나가면서 이것을 찾기 위하여 근실하지 않았던 것이 아닌데도 인근에 아는 사람이 전혀 없었소. 당신이 이것을 얻었으니 옛것을 좋아하는 정성이 나보다 더 낫다 하겠소. 원컨대 한 부를 나누어주시오"라고 하였다.

마침내 탑본을 바치고, 한 부는 인각비(麟角碑)[39] 아래 붙여서 장황하였다. 나중에 장서가 중에서 무장사 비석 전문과 앞뒷면을 모두 가지고 있다는 말을 들었다. 지금 내가 탑본한 것은 앞면의 반으로 뒷면은 맷돌로 사용하여 갈려 없어졌으니 매우 안타깝다. 이에 첩 뒤에 적어서 사물이 드러나고 숨겨지는 것이 운수가 있다는 것을 보이고자 한다.

《신증동국여지승람》에 경주에 이 고비가 있다는 기록이 보인다. 김정희의 〈여김동리경연(與金東籬敬淵)〉에 따르면 홍양호가 이 비를 찾았지만 다시 실전되었다가 김정희가 다시 찾았다고 한다. 이유원의 《임하필기》에 홍양호의 글이 요약되어 있다. 같은 곳에서 "신라의 무장사비는 중국의 상감가(賞鑑家)들이 모두 왕희지의 정수를 깊이 얻은 것이라고 일컫는데, 그 안에 있는 숭(崇) 자는 산(山) 자 아래의 세 점이 또한 모두 온전하다 한다. 숭 자는 다른 본

39_ 〈인각사보각국사비(麟角寺普覺國師碑)〉를 가리킨다.

에는 세 점을 찍지 않았다"고 하였다. 이 지적은 옹방강의 《소미
재난정고(蘇米齋蘭亭考)》에서 "고려에서 탑본을 뜬 당나라 정원(貞
元) 16년(800) 신라의 무장사비와 회인대아(懷仁大雅)가 찬집한 왕
희지의 글자를 보면, 숭 자 아래에 세 점이 모두 완전하다"라고 한
것을 옮긴 것이다.

성해응의 〈고려비(高麗碑)〉(《연경재집》)에서 "무장사비는 경주부
의 동북 30리 암곡촌(暗谷村) 북쪽에 있는데, 세간에서 고려 태조
가 통일한 후 무기를 이곳에 감추었기 때문에 이와 같은 이름이 붙
었다고 한다. 고비가 있다"라고 하였다. 홍경모의 《동국묵적》에도
비슷한 내용이 보인다. 낭선군의 《대동금석서》에 탑본이 수록되
어 있다. 현재 국립경주박물관에 소장되어 있는 〈무장사아미타여
래조상사적비(鍪藏寺阿彌陀如來造像事蹟碑)〉가 바로 이 비이다.

39. 사림사비(沙林寺碑)

신라 설산선림원(雪山禪林院) 홍각선사(弘覺禪師)의 비로, 양양(襄
陽) 사림사(沙林寺)에 있다. 병부랑중(兵部郎中) 김원(金薳)이 짓고,
사문(沙門) 운철(雲徹)이 왕희지의 글씨를 집자한 것이다. 차성현령
(車城縣令) 최형(崔夐)이 전(篆)을 썼다.[40]

40_ 홍각선사(814~880)의 자는 유자(有者), 속성(俗姓)은 김씨(金氏)이며 경주인(慶州
人)이다. 17세에 출가하여 해인사에 들어갔으며, 837년에 당나라에서 귀국하여 헌
강왕의 비호를 받아 주로 왕실에서 불법을 전하였다. 김원은 신라의 문인인 듯한데
자세한 것은 알려져 있지 않다. 최형에 대해서는 밝혀진 것이 없다. 차성은 기장(機
張)의 옛 이름이다.

〈홍각선사비명〉 탑본, 서울대학교 규장각

이해조(李海朝)의 〈현산삼십영(峴山三十詠)〉(《명암집》)에는 김시습
(金時習)이 왕희지의 글씨를 집자하여 홍각사(弘覺師)의 행적을 기
록한 것인데, 근년에 나무꾼과 가축을 기르는 사람들에 의하여 훼
손되어 끊어진 채 남아 있다고 하였다. 이익의 《성호사설》과 이덕
무의 《청장관전서》에도 간략하게 언급되어 있다.

홍경모의 《동국묵적》에 이것에 대한 자세한 기록이 실려 있다. 백
성들이 탑본의 고통 때문에 들불을 놓아 비석이 파손되었는데, 사
또 안경운(安慶運)이 이를 수습하여 창고에 보관하였다는 《지지(地

誌)》를 보고 홍경모가 1826년 사림사에 들러 두루 수소문한 끝에 이를 찾았지만 비석은 한 자 남짓 되고, 알아볼 수 있는 글자는 460자 정도라고 하였다. 낭선군의《대동금석서》에 탑본이 수록되어 있다. 현재 〈선림원지홍각선사비(禪林院址弘覺禪師碑)〉라는 이름으로 국립춘천박물관과 동국대학교 박물관에 일부가 나뉘어 소장되어 있으며, 규장각에는 탑본이 소장되어 있지만 빠진 글자가 많다.

서화제육하

書畫第六下

1. 고려(高麗) 홍법사비(興法寺碑)

고려 진공선사(眞空禪師)의 비로, 원주(原州) 홍법사에 있다. 태조 (太祖)의 어제로 사신(詞臣)[1] 최광윤(崔光胤)이 당나라 문황제(文皇帝, 太宗)의 글씨를 집자한 것이다.[2]

동주(東州) 이민구(李敏求)의 〈홍법사비가(興法寺碑歌)〉 ❶

고려 진공선사의 비가 예전 원주의 홍법사에 있다. 익재(益齋) 이제현(李齊賢)이 칭찬하여 현규(玄圭)에 적석(赤舃)을 신고 조정(朝廷)에서 절을 하는 것 같다고 한 것이다.❷ 글은 고려의 태조가 지은 것이고, 글씨는 당나라 태종의 글씨를 집자한 것이다. 여러 문도(門徒)와 비를 세우는 일에 참여한 사람들의 이름을 음각(陰刻)으로 새겼다. 문체는 오로지 당나라 말기의 변려문(駢儷文)을 따랐으니 제왕의 기상은 찾아볼 수 없다. 아마도 그 당시 최승로(崔承老)와 같은 학사(學士)들이 초고를 보고 지은 듯하다. 선종(禪師)의 종지(宗旨)와 행업(行業), 적멸(寂滅),[3] 영이(靈異) 등을 칭도하였는데 대부분

---

1 _ 국가적인 용도의 문장 제작을 담당하는 신하라는 뜻이다. 주로 한림학사를 이르는 말이다.

2 _ 진공선사 충담(忠湛, 869~940)은 신라 말 고려 초의 승려로 당나라에 유학하였고, 귀국한 후 태조의 왕사가 되었다. 진공은 그의 시호이다. 최광윤은 고려 초기의 문인이다. 본관은 경주로, 최언위(崔彦撝)의 아들이며, 빈공진사(賓貢進士)로 진(晉)나라에 유학 가던 도중 거란의 포로가 되었으나 재주를 인정받아 관직을 받았다. 나중에 거란의 침입에 대비하여 광군(光軍) 30만을 양성하게 한 인물이다.

3 _ 행업은 불교에서 계율을 엄격하게 지키는 일을 말한다. 적멸은 원문에는 '시적(示寂)'으로 되어 있는데, 열반과 같은 말로 죽음을 이른다.

《전등록(傳燈錄)》❸ 등의 책을 모의하고 부연한 것이며, 진공선사의 실질적인 행적은 하나도 사실에 가까운 것이 없다. 고려 태조가 나라를 세웠을 때 백성의 윤리와 사물의 법칙으로 앞으로 다가올 일을 계도할 생각은 하지 않고 불교의 이치를 먼저 드러냈으며, 또 허황하고 거짓된 것을 사람에게 보여 비석에 새겨 그것으로 장차 후세를 이끌려고 하였다. 그 유훈(遺訓)❹에 실린 것이 본래 여기에서 벗어나지 않기는 하지만, 500년 동안 비루한 풍속이 정말 이로써 열린 것이라 하겠다.

이에 익재는 그 나라의 신하이므로, 칭송을 지나치게 하여 세상에 드문 보배라고 한 것❺을 그리 심히 괴이하게 여길 것은 없다. 비록 그러하지만 비가 완성된 것은 함통(咸通)⁴ 연간이므로 지금으로부터 700여 년이 되었으니, 이미 산문(山門)의 오래된 것이라고 하겠다. 또 정관제(貞觀帝, 唐 太宗)가 서예를 좋아하여 필세가 혼융(渾融)하고 과법(戈法)이 핍진하니,❻ 〈순화첩〉 등에서 전하는 바와 다름이 없다. 중국의 금석문 대열에 넣어둔다고 하여도 구양순, 조맹부 등의 무리가 이것을 빼버리기야 하겠는가? 익재의 논의가 나오자 온 나라 사람들이 구걸하듯 구하려고 하여 탑본이 거의 번다함을 감당할 수 없을 지경이었다. 사가(四佳) 서거정(徐居正)의 시에서 "홍법대 앞에 먹으로 비를 치는구나"라고 한 것이 이것이다.❼ 한 관아의 아전이 이 일로 왕래하는 일이 괴로워 고을의 관아로 옮겨

4_ 당나라 의종(毅宗)의 연호. 860~873년까지이다.

왔다. 근래 한 무인이 이 고을의 영장(營將)[5]이 되자 그 옆에 대장간을 만들어 그 위에서 쇠를 단련하였다. 비석이 이 때문에 조각이 나고 글자 또한 깨져 온전하지 못하게 되었다. 역산(嶧山)의 백성들이 진(秦)나라의 비각(碑刻)을 태워버렸다고 한 것❻과 함께 우리들의 한이 된다 하겠다.

을해년(乙亥年, 1635) 가을 내가 강원도관찰사가 되어 갔을 때 이 비석을 구하였는데, 주춧돌이나 담장의 돌, 다듬잇돌로 쓰던 것에서 찾을 수 있었다. 크고 작은 것 여덟 조각이었는데, 한 자 남짓 되는 중앙의 몇 조각은 끝내 찾을 수 없었다. 이에 기술자를 시켜 조각마다 탑본을 뜨게 하여 이를 모아 비 모양으로 만들었다. 그 글 또한 대략 해독이 가능하였다. 나는 세월이 흐르면 더욱 산실될 것을 우려하여 객관(客館) 모퉁이에 조그마한 집을 세워 보관하게 하였다. 또 그 숫자를 기록하여 훗날 보는 사람으로 하여금 이 비석이 이루어지고 부서진 경과를 알게 하여 오랫동안 보전할 수 있기를 바란다. 숭정(崇禎) 9년 병자(丙子, 1636) 4월 아무개 날.

노래는 다음과 같다.

그대 보지 못하였나, 홍법대 앞 돌 한 조각이
산중의 뼈대처럼 굳건히 검은 거북 등 위에 있음을.
열 자 높이로 우뚝하니 걸터앉아서

아득한 연륜이 700년을 채웠다네.

진공선사는 어떠한 사람이던가?

긴 인연의 생멸을 하루가 가듯 우두커니 보았다지.

오랜 세월 수행으로 불법을 향하였으니

그 설법에 강단에 연꽃이 피어났다네.

태어남이 적멸이요 떠나감이 무위(無爲)라

서방정토(西方淨土)로 돌아감에 신발 하나뿐이었네.

그 풍모는 세월이 지나도 비석에 남아 있어

우리나라 기원(祇園)❾에 도량(道場)이 열렸네.

굳건한 비문에 왕손(王孫)의 단서가 드러났고❿

뛰어난 기예는 규염객(虯髯客)까지 막아버렸네.⓫

울적한 마음 치달리니 조화에 핍진하고

글씨를 익히는 흥취에 바다조차 좁았다네.⓬

검은 홀에 붉은 신으로 조회함을 보겠고

봉황과 난새의 깃털이 떠다니는 듯하구나.⓭

닭과 오리를 잡아 백성 구제한 공을 이루고⓮

패덕한 이를 잡아서 하늘의 뜻을 열었네.

또 여기로 불후의 공을 이루었으니

태양 같은 제왕⓯의 위무가 혁혁하다네.

우레가 치는 듯 대낮에도 어찔하고

가을 하늘처럼 황홀하고도 비절하네.

구릉과 골짜기도 변할 만큼 영겁의 세월을

우뚝하니 겪어와서 지금에 이르렀다네.

누구인가? 기고함을 탄식하고 사모하는 자,

만 마리 소도 아끼지 않고 싣고 가려 하였지.

탑본은 물결이 일어 사방으로 치달을 듯

몇 장의 종이로도 주린 객의 배를 채우겠네.

무식하고 완고한 몹쓸 장군 놈이

불 지르고 쇠를 불려 멋대로 하였다지.

역산의 비를 대추나무에 새긴 것도 아스라하니

뜨거운 불길에 곤강의 액^{6}을 실컷 맛보았네.

내 중시하는 것은 제왕의 글씨인지라

그 때문에 높은 다락 짓고서 수습하였네.

얻은 글자 이미 주나라 석고문보다 많으니

게다가 칼과 도끼 만나고도 결자까지 적다네.

진(秦)나라 임금 과법이 졸박하다 하지만

진(晉)나라 본받은 자취가 그대로 남았다네.

아, 저 고려 임금 삼한을 통일하여

불법에 의지하여 나라를 붙들려 하였지.

그저 유학에 감계거리만 남긴 셈이라

위태한 길 어지럽게 갔다고 서적에서 접하였네.

아, 소릉(昭陵)^{7}의 글씨가 곡령(鵠嶺)^{8}을 넘어 늙었으니

6_곤강은 곧 곤륜산이다. 곤륜산에 불이 나서 아름다운 옥과 잡석이 모두 불탔다. 주로
중요한 것과 그렇지 못한 것이 한꺼번에 사라진 것을 비유한다.

묵묵히 존망을 헤어보니 눈물만 흐른다.

문헌공의 〈홍법사비 뒤에 쓰다(題興法寺碑後)〉⑯

원주의 영봉산(靈鳳山)에 있는 반 토막 비석은 곧 고려 태조의 어제이다. 문신 최광윤이 왕명을 받들어 당나라 태종의 글씨를 집자한 것이다. 만력 연간 임진왜란 때 왜놈의 노비가 수레에 싣고 동쪽으로 가다가 죽령(竹嶺)에 이르자 비석이 끊어져 두 토막이 났는데이에 그 반을 끌고 갔다. 난리가 끝난 후 관동의 사또로 있던 사람이 다시 끌고 와 원주에 반환하였다. 이에 그 이름이 반 토막 비라하게 된 것이다.

내가 한 부를 탑본해와서 그 필획을 보니 호방하고 기굴(奇崛)한것이 정말 하늘이 내린 천자의 자취이다. 예전에 듣자니 태종이 왕희지의 글씨를 매우 좋아하였다고 하는데, 이 필첩은 삼장(三藏)의법⑰을 깊이 체득한 후 굴레에서 벗어나 마치 천마(天馬)가 하늘에서 노니는 듯하다. 붓이나 휘두르는 자들이 비슷하게 쓸 수 있는 것이 아니다. 비록 섬나라 오랑캐라 할지라도 또한 이를 애지중지하여 훔쳐 실어가느라 천근만근의 무게와 천리만리의 먼 거리를 꺼리지 않았다. 이른바 노예조차 그것이 상서로움을 안다는 것에 해당하겠다.⑱ 다행히 그 반이 아직 우리나라에 남아 있으니 아마도

7_ 당나라 태종의 능 이름.
8_ 개성 송악산의 고개 이름. 곡령을 넘었다는 것은 당나라 태종의 글씨가 고려로 왔다는 뜻이다.

조물주의 도움이 있었던 듯하다. 내가 당나라 때의 〈순화첩(淳化帖)〉을 보니 태종의 글씨가 많이 실려 있지만 모두 여러 차례의 번각을 거친 것이라 그 진짜 글씨와는 거리가 멀다. 오직 이 비문만이 천년의 오랜 옛적에 새긴 것이니, 중국에서 찾더라도 또한 어려울 것이다. 비록 천하의 보배라 하더라도 옳을 것이다. 훗날 중국에서 우리나라의 고적을 찾는다면 어찌 이로써 응하지 않을 수 있겠는가?

　　《고려사절요》에 따르면 940년 7월 왕사(王師) 충담이 죽자 원주 홍법사에 탑을 세우고 왕이 친히 비문을 지었다는 기사가 보인다. 이 비문에 대한 기록은 이제현의 《역옹패설》 등 이른 시기부터 많이 찾아볼 수 있다. 이덕무의 〈홍법사비후(興法寺碑後)〉에서는 "원주 건등산(建登山) 홍법사에는 진공대사비가 있는데, 당나라 태종의 글에 고려 태조의 글씨로 이루어진 것이다"라고 하였다. 그러나 성현(成俔)의 〈제홍법사진공대사비명(題興法寺眞空大師碑銘)〉에 따르면 고려 태조가 짓고 최광윤이 당나라 태종의 글씨를 집자한 것인데, 성현 당시에 한 목사가 내다버려 훼손되었다고 하였다. 한치윤의 《해동역사》에서도 "집당태종서비(集唐太宗書碑)는 바로 고구려의 홍법사비로, 절은 원주 건등산에 있으며 세속에서는 진공대사비라고 부른다. 고려 태조 23년(940) 7월에 왕사 충담이 죽자, 이곳에 탑을 건립하고 친히 비문을 지은 후 최광윤에게 명하여 당나라 태종의 글씨를 모아 모각하게 한 것이다"라 하고, "고구려국의 집당태종서비를 보면 천(遷) 자가 저수량본(褚遂良本)의 〈난정첩(蘭亭帖)〉과 서로 합치되는데, 대개 천 자의 '서(西)' 아랫부분이 좌변에 있는 한 개의 직필(直筆)로 인하여 조금 비어 있으므로, 그 사이의 가로로 그은 긴 획을 바깥쪽으로 삐쳐서 중간에 소실된 한 가로획을 채우고 있다"라고 한 옹방강의 《소미재난정고》를 인용하였다.

성대중의 〈서흥법비(書興法碑)〉《연경재집》)에는 임진왜란 때 왜장이 가져가려다 조령에 이르러 운반하기가 어려워 반만 잘라 가져가고 나머지는 버려 그 후 강원도관찰사가 이를 가져다 감영에 두어 마멸이 심해졌는데, 당시에는 도천서원(陶泉書院)으로 변한 홍법사 절터에 폐기되어 있다고 하였다. 허목의 《기언(記言)》과 이익의 《성호사설》 등에도 이것에 대한 간략한 기록이 보인다. 온전한 비문의 탑본은 낭선군의 《대동금석서》에 실려 있다. 국립중앙도서관과 장서각 등에 탑본이 전한다. 현재 국립중앙박물관에 소장되어 있는 홍법사진공대사탑비(興法寺眞空大師塔碑)가 바로 이것이다.

2. 정토사비(淨土寺碑)

고려 법경대사(法鏡大師)[9] 자등(慈燈)의 탑비(塔碑)이다. 중원(中

9_ 법경대사 현휘(玄暉, 879~941)는 고려 초기의 고승으로, 당나라 구봉산(九峰山) 도건(道乾)의 문하에서 입실 참선하여 10여 일 만에 심요(心要)를 받았다. 고려 건국 후 귀국하여 국사가 되어 정토사에 머물렀다. 자등은 그의 호이다.

原, 충주) 개천산(開天山) 정토사(淨土寺)에 있다. 태상검교상서좌복
야전수병부시랑지한림원사(太相檢校尙書左僕射前守兵部侍郎知翰林
院事) 최언위(崔彦撝)[10]가 짓고, 사찬전수흥문감경사비은어대(沙餐
前守興門監卿賜緋銀魚袋) 구족달(具足達)[11]이 썼다.

《신증동국여지승람》에는 말흘산(末訖山) 용두사(龍頭寺)에 이 비
가 있다고 하였다. 또 인근에 고려의 실록을 보관하던 정토산(淨
土山) 개천사(開天寺)가 있다고 하였다. 이규경의 《오주연문장전산
고》에는 추랑거사(秋浪居士) 신관영(申觀永)이 〈법경비와연서병명
(法鏡碑瓦硏序並銘)〉를 지었다 하고, 이 비와 관련한 정보를 수록
하고 있다. 그에 따르면 법경(法鏡)의 부도탑이 고려 태조 20년에
세워졌으며, 임진왜란 때 파손되어 비석 둘만 남았는데 이 탑본을
들고 중국 문인에게 전하였다고 한다. 또 법경비 아래에서 출토된
기와로 벼루를 만들었는데, 우리나라의 와연(瓦硯)이 여기서 비롯

10_ 최언위(868~944)는 신라 말 고려 초의 문인으로, 본관은 경주, 초명은 신지(愼之) 혹
 은 인연(仁渷)이다. 최치원의 종제(從弟)로 당나라에 유학하여 그곳 문과에 급제하
 고 귀국하여 벼슬을 지내다가 고려 왕조에 나아가 대상원봉대학사한림원영평장사
 (大相元鳳大學士翰林院令平章事)에 올랐다. 문장이 뛰어나 최치원, 최승우(崔承祐)
 와 함께 일대삼최(一代三崔)로 일컬어졌다.
11_ 고려 초의 문인으로, 상세한 것은 알려져 있지 않다. 남극관(南克寬)의 《사시자(謝施
 子)》에서 나말여초의 대표적인 서예가로 최치원, 이환추(李桓樞), 유훈률(柳勳律)
 등을 들고, 모두 유공권(柳公權)의 글씨를 배웠다고 하였다. 강릉 개청사(開淸寺)에
 있는 낭원대사오진탑비명(朗圓大師悟眞塔碑銘), 곡성의 대안사(大安寺)에 있는 광
 자대사비(廣慈大師碑) 등이 그의 작품이다.

〈법경대사자등지탑비명〉 탑본,
서울대학교 규장각

되었다고 하였다. 《동국금석평(東國金石評)》에서 준경(峻勁)하고, 서리(犀利)하다고 고평한 바 있다. 이 비의 탑본은 현재 규장각에 소장되어 있다. 낭선군의 《대동금석서》에도 이 탑본이 수록되어 있다.

3. 보현사비(普賢寺碑)

고려 탐밀대사(探密大師)[12]의 비로, 연주(延州, 寧邊)의 묘향산 보현사에 있다. 개부의동사검교대사수대위문하시중집현전대학사판

12_ 탐밀은 고려 전기의 승려로 성은 김씨(金氏)이다. 그 조카이자 제자인 굉확(宏廓)과 함께 묘향산에 보현사를 창건하였다. 탐밀이 입적한 후에도 보현사는 그의 문도들에 의하여 계승되었다.

상서이조부사겸태자태사감수국사상주국(開府儀同司檢校大師守大尉門下侍中集賢殿大學士判尙書吏曹部事兼太子太師監修國史上柱國) 김부식(金富軾)[13]이 짓고, 문림랑시상서병부시랑겸동궁시강학사사자금어대(文林郎試尙書兵部侍郎兼東宮侍講學士賜紫金魚袋) 문공유(文公裕)[14]가 썼다.

묘향산보현사창사비명(妙香山普賢寺創寺碑銘)이라고 부른다. 비석 상단의 제액(題額)은 1142년 고려 인종이 직접 쓴 것이다. 성해응의 〈제보현비후(題普賢碑後)〉(《연경재집》)에서 "이 비는 영변 묘향산 보현사 뒤에 있는데, 김부식이 짓고 문공유가 썼다. 탐밀승을 위하여 만든 것이다. 글이 매우 화려하고 필체 또한 빼어나지만 고삐 풀린 말처럼 마구 날뛰는 맛이 있어 후대 또 다른 기풍을 열었다. 대부분 조맹부에게서 터득한 것이 많은 듯하다"라고 하였다. 현재 묘향산 보현사에 남아 있는데, 일부 내용은 마멸되어 읽을 수 없다. 버클리대학교 동아시아 도서관에 비교적 온전한 탑본이 전한다.

13_ 김부식(1075~1151)은 고려의 문인, 학자로 본관은 경주이며, 자는 입지(立之), 호는 뇌천(雷川)이다. 문장이 매우 뛰어났으며, 《삼국사기》를 편찬하였다.
14_ 문공유(?~1159)는 고려 전기의 문인으로, 본관은 남평(南平)이다. 나중에 이름을 고수(顧壽)라 바꾸었고, 자는 항적(冗迪)이다. 형부상서와 병부상서를 역임하였으며, 글씨에 뛰어났다.

4. 문수원비(文殊院碑)

진락공(眞樂公)[15]이 청평산(淸平山) 문수원(文殊院)을 중수(重修)하고 세운 비이다. 춘천 청평사(淸平寺)에 있다. 학사지제고(學士知制誥) 김부철(金富轍)[16]이 기문을 짓고, 아래에 진락공을 제사 지낸 글을 붙였다. 사문(沙門) 혜소(慧素)[17]가 짓고, 탄연(坦然)[18]이 썼다.

진락공 이자현이 청평산에 은거하면서 보현원을 중수한 내력을 적은 것이다. 김부철의 글은 〈진락공중수청평산문수원기(眞樂公重修淸平山文殊院記)〉라는 제목으로《동문선(東文選)》에 실려 있다. 이유원의《임하필기》에서 "춘천의 청평산에 있는 문수원은 옛날의 보현원이다. 당나라 정관 18년(644)에 건립한 것인데, 뒤에 고려에 와서 중수하였다. 이때 김부철이 기문을 짓고, 승려 탄연이

15_ 진락공은 이자현(李資玄, 1061~1125)으로, 고려 학자의 문인이다. 본관은 인주(仁州), 자는 진정(眞靖), 호는 식암(息庵) 혹은 청평거사(淸平居士), 희이자(希夷子) 등을 썼다. 진요는 그의 시호이다. 이자연(李子淵)의 손자로 명문가의 후손이지만 벼슬을 버리고 청평산에 들어가 부친이 세웠던 보현원(普賢院)을 중수하여 문수원(文殊院)이라 고치고 평생 그곳에서 은거하였다.

16_ 김부철(1079~1136)은 고려의 문인으로, 본관은 경주, 자는 자유(子由)이다. 나중에 이름을 부의(富儀)로 바꾸었다. 김부식의 아우로 묘청의 난을 진압하는 데 큰 공을 세웠다. 문장이 뛰어나《동문선》에 그의 시문이 상당수 수록되어 있다.

17_ 혜소는 고려의 승려로 예성강의 강서사(江西寺)와 감로사(甘露寺) 등에서 수행하였다. 김부식과 절친하여 김부식이 강서사로 그를 찾아 나귀를 타고 가는 일이 동국사영(東國四詠)의 하나로 일컬어졌다.

18_ 탄연(1070~1159)은 고려의 승려로, 성은 손씨(孫氏), 호는 묵암(默庵)이며, 시호는 대감국사(大鑑國師)이다. 19세에 이미 세자의 스승이 되었을 정도로 뛰어난 재주를 지녔지만, 후에 출가하여 승려가 되어 왕실의 융숭한 대접을 받았다. 글씨에 뛰어나 홍관(洪灌)과 나란히 일컬어졌다.

〈진락공중수청평산문수원기〉 탑본,
서울대학교 규장각. 탄연의 글씨이다.

그것을 썼는데 서체가 〈성교서〉에 근본한 것이다"라고 하였다.
신위는 두 비문을 모두 탑본하였고, 오래된 나무 아래 폐치된 연
못가에서 이제현이 지은 시장경비(施藏經碑)를 발굴하여 이 역시
탑본을 뜬 바 있다. 〈여전입청평탁취탄연문수원비운운(余前入淸
平拓取坦然文殊院碑云云)〉의 주석에 상세한 내용이 실려 있다. 이유
원의 《임하필기》에 시장경비에 대한 자세한 기록이 보인다. 시장
경비의 비문은 이제현의 문집에 실려 있다. 문수원비의 상부와 하
부가 모두 없어지고, 일부만 동국대학교 박물관에 소장되어 있다.
국립중앙도서관과 규장각 등에 탑본이 전한다.

5. 단속사비(斷俗寺碑)

고려 대감국사(大鑑國師, 坦然)의 비로, 단속사(斷俗寺)에 있다. 수태보문하시랑평장사판리부사수국사겸태자대사치사(守太保門下侍郎平章事判吏部事修國史兼太子大師致仕) 이지무(李之茂)[19]가 짓고, 보현사주지대오중대사(普賢寺住持大悟重大師) 기준(機俊)[20]이 썼다.

단속사대감국사비(斷俗寺大鑑國師碑)라고 부른다. 비문은 대감국사의 이력을 적은 것이다. 《신증동국여지승람》에서는 "골짜기 입구에 최치원이 쓴 '광제암문(廣濟嵒門)' 네 글자를 새긴 돌이 있다. 또 최치원의 독서당(讀書堂)이 있었는데, 뒤에는 승려 대감(大鑑)의 영당이 있었다. 그리고 신라 병부령 김헌정(金獻貞)이 지은 승려 신행(神行)의 비명과 고려 평장사 이지무가 지은 승려 대감의 비명, 한림학사 김은주(金殷舟)가 지은 진정대사(眞定大師)의 비문이 있다"고 하였다. 김일손(金馹孫)의 〈속두류록(續頭流錄)〉이나 남효온의 〈지리산일과〉에 이 비가 서 있는 것을 보았다는 기록이 보이지만, 후기의 글에는 이 비석을 언급하지 않는 것으로 보아 17세기 무렵 비가 사라진 듯하다.

성해응은 〈제태감국사비(題太鑑國師碑)〉(《연경재집》)에서 "금(金)

19_ 이지무는 고려 전기의 문인으로 벼슬이 문하시랑동중서문하평장사(門下侍郎同中書門下平章事)에 올랐다. 문장에 뛰어났는데, 《동문선》 등에 그의 글이 몇 편 전한다.

20_ 기준은 고려 전기의 승려로 글씨에 뛰어났다. 이암, 문공유, 탄연 등과 함께 고려를 대표하는 서예가이지만, 자세한 이력은 전하지 않는다.

대정(大定) 12년(1172)에 세웠는데, 이지무가 짓고 쓴 사람은 알 수 없지만 아마도 승려 기준의 필적인 듯하다. 필체가 공교로워 법도가 있지만 다만, 소방(疎放)한 맛이 적다. 고려 후 일종의 도탕(跳盪)한 취향을 열었다"라고 하였다. 이유원의 《임하필기》에서는 "조계(曹溪) 단속사에 있는 〈대감국사탑비〉는 고려 때 치사한 이지무가 글을 짓고, 승려 기준이 쓴 것으로 서체가 〈백월탑비〉와 비슷하지만 더욱 험하다"고 하였다. 현재 비는 없고 탑본이 문경 김룡사(金龍寺)와 국립중앙박물관에 전한다.

6. 인각사비(麟角寺碑)

고려 보각대사(普覺大師)[21]의 비로, 의흥현(義興縣, 軍威)에 있다. 사문(沙門) 행립(行立)이 지은 것으로, 왕희지의 글씨를 집자하였다.

문헌공의 〈인각사비 뒤에 쓰다(題麟角寺碑後)〉⑲

내가 젊은 시절 인각사비의 인본(印本)을 보았는데, 곧 고려 때 왕희지의 글씨를 집자한 것이었다. 글씨는 〈삼장서(三藏序)〉㉕와 유사한데 조금 여위었지만 맑으면서도 굳센 기운은 더 낫다. 마음으로 매우 보배롭게 여겼다. 그 비가 영남의 의흥에 있다는 말을 듣고 탑본을 하려고 마음먹었다.

21_보각대사(1206~1289)는 고려 후기의 고승으로, 《삼국유사》를 지은 일연(一然)이다. 성은 김씨. 처음의 법명은 견명(見明)이고, 자는 회연(晦然)이며, 자호는 목암(睦庵)이다. 국존(國尊)으로 책봉되어 원경충조(圓經冲照)라는 시호를 받았다.

경진년(1760)에 나는 경주부윤이 되었는데, 의흥과는 200리 거리였다. 이에 의흥 사또에게 편지를 보내 한 부를 구하였다. 답장에서 "지금 저희 고을에 인각사가 없습니다. 어디에서 탑본을 해야 할지요?' 내가 탄식하여 "절은 폐치되고 비는 사라졌으니, 지금 사람이 알 수 없는 것이 당연하구나. 이 어찌 끝내 인멸되도록 할 수 있겠는가?'라 하고, 이에 아전 중에 글자를 제법 알아서 일을 처리할 수 있는 자를 선발하여 열흘 먹을 양식을 주며 훈계하여 말하였다. "온 경내를 두루 수색해보고, 찾지 못하면 돌아올 생각을 마시오."

아전이 열흘 후에 돌아와 말하였다. "깊은 산속 오래된 사찰에 발걸음이 미치지 않은 곳은 없었지만 끝내 인각사를 보지 못하였습니다. 우연히 한 산에 이르렀더니 신라 때의 사찰이 하나 있어 승려에게 오래된 비가 있는지를 물었습니다. 승려가 '여기 불당의 다락 아래 부서진 비석 열 몇 개가 있는데 그것이 아닌지 모르겠습니다'라고 하기에, 찾아오게 하여 살펴보니 과연 오래된 비석이었습니다. 물을 가져다 닦았더니 그 비문에 희미하게 '인각(麟角)'이라는 두 글자가 있었습니다."

나는 크게 기뻐하며 마침내 탑본을 잘하는 사람을 모집하여 종이와 먹을 주고서 아전과 함께 탑본을 하게 하여 3부를 얻었다. 승려들이 탑본하는 일이 괴로워 비를 부수어 깊은 곳에 숨겨놓은 것이었다. 이제 10여 조각이 남았는데 글자 또한 이지러져 알아볼 수 있는 것이 겨우 열에 하나였다. 심히 애석하다. 그러나 그 필획이 완전한 것은 정채가 일어 꿈틀거리는 듯하니 완연히 영화(永和)의 기풍이 있었다. 신기하구나. 고려에서 당나라 때까지는 멀지 않으니, 반드시 진적을 구하여 새겼을 것이고 번각을 거치지는 않았을 것이다. 그러므로 근세에 보이는 당나라 때의 여러 필첩과는 진위가 현격하게 차이가 난다. 더욱 보배롭지 않을 수 있겠는가? 이에 장황을 하여 필첩으로 만들어 세상에 전한다.

《동국여지승람(東國輿地勝覽)》에서는 "절이 화산(華山)에 있는데 골짜기 입구에 석벽이 우뚝 서 있다. 세상에 전하는 말로는 기린이 그 벽에다 뿔을 걸었다고 하여 이름이 생긴 것이라고 한다. 민지(閔漬)가 지은 승려 보각(普覺)의 비명(碑銘)이 있다"라고 하였다. 내가 보니 그 필획이 굳세고 묘하며 새긴 법이 정밀하여 후세 사람들이 미칠 바가 아니다. 어찌 조정의 명을 따라서 비석을 세운 것이 당나라 승려 회인이 〈삼장서〉를 집자한 것과 같지 않겠는가?

경상북도 군위군 고로면 화수동 인각사에 있는 〈인각사보각국사비(麟角寺普覺國師碑)〉를 가리킨다. 〈보각국사정조지탑비(普覺國師靜照之塔碑)〉라고도 한다. 지금 비 자체는 부서져 판독이 어렵지만 월정사(月精寺)에 글의 내용을 베낀 것이 전한다. 규장각 등에 남아 있는 탑본도 상태가 매우 좋지 않다. 비문의 내용은 보각국사 일연의 행적과 그 문도에 관한 것이고, 보경사(寶鏡寺) 주지 진정대선사(眞靜大禪師) 산립(山立)이 지은 음기(陰記)에 따르면 일연이 입멸한 지 6, 7년이 지난 뒤 충렬왕의 명에 의하여 민지가 비문을 짓고, 사문 죽허(竹虛)가 왕희지의 글씨를 집자하였다고 한다.

홍경모는 행립이 짓고 집자했다고 하였는데, 행립은 음기를 지은 산립의 잘못으로 보인다. 행립과 산립 모두 행적이 알려져 있지 않다. 신작(申綽)의 〈제인각사비후(題麟角寺碑後)〉에는 이광사가 이 비를 신라의 것이라 한 것이 잘못이며, 민지가 지은 것임을 고증한 바 있고 비문의 일부를 판독해놓았다. 홍양호가 인각사비의 탑본을 젊은 시절 보았다고 하였을 뿐만 아니라, 《지봉유설》에도 〈백월사비〉와 함께 중국 사신이 탑본을 해갔다고 한다.

성해응의 〈제인각비(題麟角碑)〉(《연경재집》)에서는 "인각사는 의흥 화산동(華山洞)에 있는데, 민간에서 기린이 벽에 뿔을 걸어 이 이름이 생겼다고 한다. 민지가 지은 승려 보각의 비명이 있는데, 필체가 모두 〈성교서〉에서 나왔지만 초각경맹(峭刻勁猛)함이 〈성교서〉를 능가한다. 매번 중국에서 탑본한 〈성교서〉를 보고 여러 차례 이모(移摹)하였지만 안타깝게도 선본이 없었다. 회인이 이모하여 새긴 것은 이미 왕희지의 옛법을 잃어버린 것으로, 더구나 쌍구(雙鉤)의 분분(紛紛)함이 또한 회인의 진본조차 잃어버린 것이라고 하겠다. 오직 이 비만이 곧바로 회인에게로 거슬러 올라갈 수 있어 그 공교로운 솜씨가 다시 이를 덮을 지경이니 정말 지극한 보배이다. 다만, 비석의 글자가 깨어져 이제 탑본을 할 수 없음이 안타깝다"라고 하였다.

이유원의 《임하필기》에서는 "인각사비는 의흥에 있다. 홍양호가 불전과 누각 밑을 다 뒤져서 잘린 돌 10여 조각을 찾아냈다. 그 글에 희미하게 '인각(麟角)'이라는 두 글자가 있는데, 왕희지의 글씨를 집자한 것이다. 상고하건대, 이 비는 고려 때 묵헌(默軒) 민지가 지은 보각 스님의 비명인데, 그 집자방법이 마치 당나라의 승려 회인이 〈삼장서〉를 집자한 것과 같았다"라고 하였다.

7. 강태사탑명(姜太師塔銘)

보살계제자(菩薩戒弟子) 평장사(平章事) 강감찬(姜邯瓚)이 쓴 것이다.

문헌공의 〈강태사탑명 뒤에 쓰다(題姜太師塔銘後)〉㉑

태사 강감찬은 고려의 명신이다. 문무(文武)의 재주를 겸비하여 거란(契丹)의 난을 평정하였으며, 장군과 재상을 역임하여 국가의 원훈(元勳)을 세웠다. 송나라의 사신이 그를 보고 놀라서 "오래 문곡성(文曲星)이 보이지 않더니 뜻하지 않게 외국에서 나왔구려"라고 하였다.㉒ 그 말이 사리에 합당하지는 않지만 지금까지 야사에 전하여오니 당시 명망이 높았음을 알 수 있다. 이제 그가 쓴 탑명(塔銘)을 보니 대개 평장사 시절에 나라를 위하여 복을 기원하려고 이 탑을 세웠는데 자신이 재상이 되어 부처에게 불공을 올린다고 일컫고, 스스로 보살계제자[22]라고 자처하였다. 나라의 풍속이 흐트러져 분발할 수 없었으니 이 또한 꾸짖을 것도 없다. 다만, 그 필획이 기이하면서도 군센 것이 범상한 사람의 글씨가 아님을 알 수 있

22_수계(受戒)를 받은 불제자라는 뜻이다.

〈흥국사비〉 탑본, 서울대학교 규장각. 강감찬의 글씨이다.

으므로 족히 귀하게 여길 만하다. 감찬(邯瓚)의 '찬(瓚)'[23]이 《고려
사》〈열전〉에는 '찬(贊)'으로 되어 있지만, 여기에서는 옥(玉)을 덧
붙여놓았으니 마땅히 비석 탑본의 글자를 바른 것으로 삼아야 할
것이다. 강 공은 문집이 있어 세상에 전하지만[24] 유달리 볼 만한 것
은 없다. 세대가 많이 지나 일실된 것이 많아서 그런 것이 아니겠는
가? 이것으로는 그가 이룩한 사업과 문장을 볼 수 있는 것이 겸비되
어 있다고 하기 참으로 어렵다.

이 비는 북한의 개성역사박물관에 소장되어 있는 흥국사석탑(興國
寺石塔)을 가리킨다. 원래는 개성의 광화문(廣化門) 옆에 있던 흥국
사에 세워졌다. 한치윤의 《해동역사》에서 "흥국사는 《동국여지승
람》 및 《고려사》에서 상고해보아도 어느 해에 창건되었는지 상세
하지가 않다. 금상(今上) 무진년(1748)에 내가 송도를 유람하면서

유적을 찾아보니, 절의 옛터가 부내(府內) 북부(北部) 병부교(兵部橋) 서남쪽에 있는 해온루(解慍樓) 북쪽에 있었다. 3층의 부도탑이 밭 가운데에 있는데 높이가 겨우 어깨에 미쳤으며, '보살계를 받은 자제 평장사 강감찬이 나라가 태평하고 국내가 안정되기를 빌기 위하여 공경히 이 탑을 만들어서 영원히 공양에 충당한다. 때는 천희 5년(1021) 5월이다(菩薩戒子弟 平章事姜邯瓚 奉爲邦家永泰 遐邇常安 敬造此塔 永充供養 時天禧五年五月日也)'라는 38자가 새겨져 있었는데, 글자의 획이 굳센 것이 안노공(顏魯公)의 〈간록비(干祿碑)〉와 같았다. 혹자는 강감찬이 직접 쓴 것이라고 하는데, 이에 대해서는 정확히 알 수가 없다.

강감찬의 이름 가운데 찬(瓚) 자를 《고려사》에서는 모두 찬(贊)으로 써서 구슬 옥(玉) 변이 없는데, 탑에 새겨진 것을 정확한 것으로 보아야 할 것이다"라고 하였다. 성해응의 〈제고려고비후(題高麗古

碑後〉《연경재집》)에도 비슷한 내용이 수록되어 있다. 이 비의 탑본은 현재 국립중앙도서관과 규장각 등에 소장되어 있다.

8. 강릉임영관액자(江陵臨瀛館額字)
고려의 공민왕(恭愍王)이 쓴 것이다.

강릉의 객관인 임영관에 걸려 있던 현판이다. 성현의 《용재총화》에서 "공민왕이 쓴 강릉 임영관과 안동 영호루(映湖樓)의 현판 글씨가 참으로 노련하고 힘차서 보통 사람으로는 미칠 바 아니었는데, 임영관은 근래에 화재를 입어서 그 편액마저 잃었으니 아까운 일이다"라고 한 것으로 보아 임영관의 편액이 15세기 후반에 화재로 소실되었음을 알 수 있다. 《신증동국여지승람》에서는 강릉 임영관을 적었지만, 이 편액은 언급하지 않고 있다. 그런데 강재항(姜再恒)은 〈임영기(臨瀛記)〉《입재유고》)에서 이 편액을 보았다고 하였는데, 후에 탑본으로 다시 새긴 것으로 추정된다.

9. 대동필종(大東筆宗)
신라의 김생, 고려의 행촌(杏村) 이암(李嵒), 우리 조선의 안평대군 이용(李瑢), 청송(聽松) 성수침(成守琛), 고산(孤山) 황기로(黃耆老), 봉래(蓬萊) 양사언(楊士彦), 이암(頤庵) 송인(宋寅), 자암(自庵) 김구(金絿), 퇴계(退溪) 이황, 옥봉(玉峰) 백광훈(白光勳), 석봉(石峰) 한호, 남창(南窓) 김현성(金玄成), 낙전(樂全) 신익성(申翊聖), 죽남(竹

南) 오준(吳竣), 백하(白下) 윤순, 원교(圓嶠) 이광사의 진본(眞本)으로 필첩을 만들었다.

동명(東溟) 정두경(鄭斗卿)의 〈대동필종시서(大東筆宗詩序)〉[23]

우리나라 여러 공의 필적을 나에게 보여주고 지(識)를 청하기에 그 세대를 고찰해보니 첫 번째가 김생이요, 그 다음은 행촌 이암, 그 다음은 안평대군, 청송 성수침, 고산 황기로, 자암 김구, 이암 송인, 봉래 양사언, 옥봉 백광훈, 석봉 한호, 남창 김현성 등 11인이었다. 김생의 글씨는 송나라 사람이 보고 크게 놀라 "뜻하지 않게 오늘 왕희지의 필적을 다시 보게 되었소"라고 하였는데, 오래된 일이라 가히 논할 것이 없지만, 행촌과 안평대군, 석봉 또한 이름이 중국에까지 알려졌음은 세상이 아는 바이다. 자암과 청송, 고산, 봉래, 이암, 옥봉, 남창의 필체는 비록 같지 않지만 모두 오묘한 것은 매한가지이다.

우리나라에는 글씨를 잘 쓰는 사람이 많다. 땅이 치우치고 여러 번 전쟁을 겪느라 고인의 필적이 산실되어 전하지 않음을 내가 늘 한스럽게 여겼다. 이제 아무개가 두루 숨어 있는 것을 수집하여 필첩 하나로 만들었으니, 그 뜻이 또한 근실하다 하겠다. 안평대군에서부터 남창에 이르기까지 9인은 조선의 인물로 구하기가 그래도 쉬웠겠지만, 행촌은 고려의 인물이라 어렵지 않았겠는가? 김생에

23_ 정두경의 문집에는 이 글이 보이지 않는다.

이르러서는 신라 사람이므로 지금으로부터 천여 년의 간극이 있는
지라 구릉과 계곡도 변하였을 것이니, 이 글씨가 몇 번이나 병화(兵
火)를 겪고 지금까지 탈 없을 수 있었겠는가? 아, 이 또한 기이하다.
정말 독실하게 좋아하지 않는다면 천 년 뒤에 어찌 구하여 책 앞머
리에 얹을 수 있었겠는가? 진정 늦게 태어났지만 옛것을 좋아하는
사람[25]이라 할 만하다. 마침내 짧은 율시를 붙인다.

김생이 떠나간 후 천년의 세월
필적을 오늘 아침 보게 되었네.
용과 범이 서로 할퀴는 듯
강과 산이 절로 들썩거리네.
나머지도 모두 기운이 생동하니
오래되어도 아직 바람이 이네.
궤안에 기대어 늘 완상하니
밤낮이 가는 줄 도통 잊겠네.[26]

을사년(1665) 6월 명 옹(溟翁)이 쓰다.

우암(尤庵) 송시열(宋時烈)의 〈대동필종제후(大東筆宗題後)〉[27]

책 안의 다섯 번째 첩에 주자(朱子)와 소강절(邵康節) 두 선생의
시가 있다. 예전 회옹(晦翁, 朱子의 호)이 왕희지의 서첩을 보고도 오
히려 그 문장만 칭송하였으니, 이제 홍 군이 그저 붓글씨의 오묘함

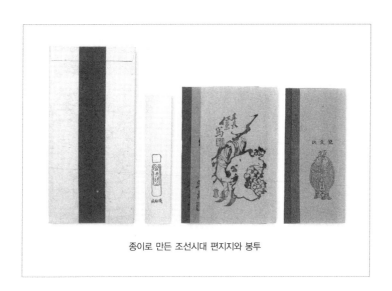

종이로 만든 조선시대 편지지와 봉투

만을 취한 것은 아님을 알 수 있다. 정말 이 두 시에만 밝다면 조화의 오묘함과 행동거지의 의리는 거의 터득하게 될 것이다. 다만, 두 시가 나란히 소강절 선생의 것으로 되어 있다. 이는 자암의 잘못이 아니라 반드시 장황을 할 때 생긴 오류일 것이므로 바로잡지 않을 수 있겠는가? 정동명(鄭東溟)의 붓글씨로 그 시문을 책 뒤에다 붙여두었으니, 합포(合浦)의 물가에 하나의 명주(明珠)가 더해진 것이라 하겠다.[23] 동명은 일찍이 스스로 붓글씨가 시보다 낫다고 자랑한 바 있지만, 자랑은 부족한 데서 나오는 법이다. 어찌 육일거사(六一居士)의 뛰어난 문장으로도 정사만 자랑한 뜻이라 하겠는가?[24] 홍 군이 내 말을 가지고서 나아가 묻는다면 동명은 반드시 빙그레 미소를 지을 것이다. 숭정(崇禎) 기유년(己酉年, 1669) 맹하(孟夏)에 화양

노부(華陽老夫)가 쓰다.

동춘당(同春堂) 송준길(宋浚吉)의 편지[24]

근일에 쌍벽(雙璧)[25]이 적막한 물가까지 멀리 찾아왔습니다. 지금
도 그 감명이 마음에 남아 있습니다. 여기에다 정이 담긴 편지를 다
시 보내셨으니 기쁘면서도 더욱 위안이 됩니다. 요즘 기상(沂相)[26]
의 흉문을 듣자 공적으로 사적으로 늘 통곡을 하여 홀연 인간세상
에 뜻이 없어졌습니다. 어찌 하여야 하겠습니까? 홍 군의 서첩을
한 해가 넘도록 어루만지고 있습니다. 글을 짓고자 하지만 동명(東
溟)의 발아래 말을 붙이기가 어렵고, 글씨를 쓰고자 하지만 여러 명
필이 또한 무섭습니다. 매번 탄식하면서 느꺼워할 뿐입니다. 며칠
전 좌우(左右)[27]의 명으로 송기태(宋基泰)[28]가 이를 가지고 가서 그 부
친에게 드렸다고 하니 이제 온 인편을 보내어 살피게 하겠습니다.
나머지는 일일이 말씀드리지 않습니다. 삼가 답장을 보냅니다. 무
신년(戊申年, 1668) 정월 19일 준길.

24_ 육일거사는 구양수를 이른다. 매번 정사를 자랑하고 문장을 자랑하지 않았다고 한
　다. 《산당사고(山堂肆考)》에서 "永叔每誇政事, 不誇文章"이라고 하였다. 《지봉유
　설》에서도 "范鎭曰, 歐陽永叔不誇文章"이라고 하였다.
25_ 두 가지 아름다운 옥. 여기서는 두 종의 필첩을 보게 되었다는 뜻인 듯하다.
26_ 송준길의 혈육으로 추정되지만 자세한 것은 알 수 없다. 송시열, 이단상(李端相) 등
　의 글에 나오는 것으로 보아 이 그룹과 친분이 깊었던 듯하다.
27_ 편지 수신인 이기직을 가리킨다. 이기직은 이홍연(李弘淵)의 아들이며, 김홍욱(金
　弘郁)의 사위로, 이유태(李惟泰)의 문인이다. 송준길, 송시열 등과 친분이 있던 문
　인이다.
28_ 송시열의 아들이다.

손님이 오셔서 즐거웠습니다. 태수 이기직(李基稷)이 나에게 편지를 보냈기에 내가 답을 보내어 이것을 가져다 여러 필첩 아래 붙이라고 하였습니다. 이제 서울로 가서 살펴보게 될 것이니 사람으로 하여금 부끄러워 땀이 옷을 적시게 할 것 같습니다. 기유년(己酉年, 1669) 5월 17일 춘옹(春翁)이 자감(紫監)에서 쓰다.[29]

홍양호는 홍만회의 형 홍만회가 만든 필첩에 신익성, 오준, 윤순, 이광사의 글씨를 더하여 《대동필종》이라고 한 듯하다. 《대동필종》의 뒷부분에 정두경의 발문과 시가 실려 있었고, 송시열의 발문도 함께 있었을 것으로 추정된다. 현재 이 책은 전하지 않는다.

10. 비해당첩(匪懈堂帖)
우리 조선 안평대군이 쓴 진본이다.

조선 후기 장유, 김간(金榦), 오광운(吳光運), 정약용 등이 안평대군의 필첩을 소장하였지만, 홍양호 가문의 것이 어떤 내용인지는 알 수 없다.

11. 금강산만폭동석상대자(金剛山萬瀑洞石上大字)
봉래 양사언이 쓴 것이다.

29_춘옹은 송준길의 호로 동춘당과 같은 의미이다. 자감은 송준길의 집 이름인 듯하지만, 자세한 것은 알 수 없다.

금강산 만폭동 절벽에 "봉래풍악원화동천(蓬萊楓嶽元化洞天)"이라는 양사언의 글씨가 새겨져 있는데, 그 탑본을 가리키는 듯하다. 오재순(吳載純)의 〈해산일기(海山日記)〉《순암집》)에는 이 글씨가 이미 마모가 심하여 다시 새겼다고 하였다. 이유원의 《임하필기》에서는 이외에도 〈소동령령풍패청청(疎桐泠泠風佩淸淸)〉, 〈만폭동(萬瀑洞)〉 등의 글씨 역시 양사언이 쓴 것이라고 하였다.

12. 쌍벽첩(雙璧帖)
석봉 한호의 진본(眞本)이다.[30]

13. 동해퇴조비(東海退潮碑)
미수(眉叟) 허목이 짓고 함께 쓴 것으로, 삼척부(三陟府)[31] 바닷가에 있다.

문헌공의 〈척주동해비의 후서(陟州東海碑後敍)〉[32]
우리나라의 글 중에 미수가 가장 예스러운데, 왕왕 진나라의 비(碑)나 한나라의 정(鼎)과 비슷하다. 필체는 주나라 태사(太史)[33]를 본떴지만 스스로 새로운 체를 창안하여 구불구불한 것이 마치 천년 묵은 마른 등나무 가지와 같다. 미수는 일찍이 삼척의 고을원이 되어 동으로 푸른 바다에 임하여 태양이 솟는 곳에 돌을 세우고 직접 사언시(四言詩)를 적어 물에 맹서하였다. 글이 험하고 글자가 기이하여 마치 귀신이 깃든 숲과 굴에서 나온 듯하였다. 세상 사람들이 이를 전하여 보배로 여겼다.

미수는 "선진(先秦)과 서한(西漢) 뒤로는 고문(古文)이 망하였으니 당과 송 이후로는 볼 것이 없다"고 늘 말하였다. 이 때문에 그 글은 심오하면서도 간략하여 결코 꺾어지고 휘돌아가는 변화가 없으므로 논하는 자들이 이를 병통으로 여겼다. 그러나 나는 홀로 당나라와 송나라의 글이 의론을 좋아하여 법이 너무 승하니, 우리나라의 경우 모의하는 것을 익혔지만 고문과의 거리가 더욱 멀고, 서사(敍事)와 기실(紀實)을 논하자면 마땅히 미수를 제일로 추앙하여야 할 것이라고 생각하였다.

몇 해 전 내가 승정원에 들어가니 번암(樊巖) 채 공이 지신(知申)으로 있었는데,㉔ 하루는 나를 맞아 횡축(橫軸) 한 첩을 보여주면서 말하였다. "이는 미수가 직접 쓴 묘표(墓表)의 초고(草稿)라오. 공과 한 번 보고자 하오." 나는 기뻐하며 글을 펴서 읽은 후 번암에게 말하였다. "이 글 가운데 몇 행이 격이 맞지 않는 곳이 있으니, 어찌 미수 어른이 정리를 마치지 않은 원고가 아니겠소?" 번암이 놀라면서 웃었다. "미수 어른의 하나의 글자가 하나의 법으로 되어 있는데, 하물며 묘석(墓石)에 새긴 것이야 말할 것이 있겠소? 공의 말은 꼭 그러하지는 않을 것이오."

얼마 지난 후 번암이 그 축을 가져다 다 두루마리로 만들었는데 작은 종이가 그 끝에 끼워져 있었다. 자세히 한참 살펴보고는 책상을 치며 소리를 질렀다. "어찌 그리 신통한가? 공의 감식안이여." 하며 나에게 보내어 보여주었다. 대개 미수가 한 종이에 직접 쓴 것

〈척주동해비〉 탑본, 서울대학교 규장각.
허목이 삼척부사로 있을 때 바람과 해일의 피해를 줄이기 위하여 세운 비석으로, 현재도
삼척에 위치해 있다.

으로 어디부터 어디까지는 마땅히 이와 같이 고쳐야 할 것이라고
하였는데, 한결같이 내가 지적한 바와 같았다. 나는 만족스러워 웃
으면서 말하였다. "문장의 조직은 지극히 엄밀하고 오묘하여 예전
의 작자라 하더라도 조금 들쑥날쑥함이 있겠지요. 미수가 이에 스

스로 깨닫고 스스로 고친 것이므로 이 점이 우리가 미칠 수 없는 것이라오." 번암이 말하였다. "미수가 지각이 있다면 마땅히 구천에서 수염을 꼬면서 한 번 웃겠소."

나 또한 스스로 미수 어른을 나보다 잘 아는 사람은 없을 것이라고 생각하였는데, 이제 동해비(東海碑)를 보니 그 글이 호탕하여 큰 파도가 치는 듯하고, 그 소리가 웅장하여 노한 물결이 이는 것과 같다. 마치 바다의 괴물이나 신령이 있어 붓끝에 황홀하게 들어선 듯하다. 아아, 미수가 아니라면 누가 능히 이렇게 할 수 있겠는가?

이유원의 《임하필기》에 홍양호의 글이 요약되어 있다. 〈동해비〉는 후대에 큰 영향을 끼쳐 많은 사람들이 이 탑본을 소장하였다. 이익의 《성호사설》에서 "두보의 시는 학질 귀신을 내쫓고, 한유의 글은 악어(鱷魚)를 몰아냈으니, 문장은 조화(造化)에 참여할 수 있는 것이다. 근세로 말하자면 허미수(許眉叟)의 전문(篆文)은 종정(鍾鼎)의 고문과 비슷하다. 세상에 참된 안목을 가진 자가 없으니, 역시 그 신(神)에 이르지 않았다는 것을 어찌 알랴? 공이 〈동해비〉를 지어 자필로 쓴 일이 있었는데, 어떤 사람이 귀신에게 홀려 병들었을 때 그 비문 한 본을 가져다 곁에 두었더니 귀신이 감히 접근하지 못하였고, 또 가져다 문병(門屛) 사이에 두었더니 이 또한 귀신이 문밖에서 문 안을 넘어 들어오지 못하였다고 한다. 이로써 학질 귀신을 내쫓고 악어를 몰아냈다는 것은 실지로 그런 이치가 있음을 비로소 알게 되었다"라고 하였다.

〈백하진묵〉, 서울대학교 규장각. 글씨와 함께 그림이 실려 있다.

〈발미수선생전예삼첩(跋眉叟先生篆隷三帖)〉《성호전집》)에는 허목을 미워한 자가 이 비를 깨뜨려 나중에 다시 새겼다고 하였다. 권만(權萬), 이헌경(李獻慶), 채제공(蔡濟恭), 이이순(李頤淳), 이학규(李學逵), 허훈(許薰), 곽종석(郭鍾錫) 등 많은 문인들이 이 비를 소재로 한 고시를 지었다. 특히 허훈은 동해비에 대한 학술적인 주석 작업을 하여 〈동해비주(東海碑註)〉《방산집》)를 남겼다.

14. 백하서옥축(白下書玉軸)

서당(西堂) 이덕수(李德壽)의 〈옥축 뒤에 쓰다(題玉軸後)〉[30]

글씨는 육예(六藝)[⑨]의 하나이니 작은 도(道)라고 하여 익히지 않을 수 없다. 익힌다면서 그 묘함을 다할 수 없다면 그 또한 재주에 한계가 있어서 그러할 것이다. 근세 이 기예에 정통한 이가 끊어져 전혀 없으니, 아마도 이 때문이 아니겠는가? 오직 백하 윤순이 비로소 진(晉)나라와 당나라 이래 여러 명가의 장점을 모아서 우뚝 스스로 일가를 이루었다. 논자는 그 앞에 옛사람도 없다고 하는데 지나친 칭찬이 아니다. 그러나 그가 쓴 행서와 초서는 대부분 미남궁(米南宮, 米芾)을 배워 왕왕 기괴한 데가 있어 사람을 놀라게 한다. 다만, 이 축은 한적하고 담박하여 고인(高人) 일사(逸士)와 같아 불을 때서 밥을 지어먹는 사람의 기운이 없다. 어찌 벼슬을 사양하고 고향으로 돌아간 후에 쓴 것이라 그러한 것이 아니겠는가? 필획 또한 그 행실과 같아서 그러한 것이 아니겠는가? 정말 귀중하다. 정사년(丁巳年, 1737) 3월 23일 이인로(李仁老)가 쓰다.

문헌공의 〈옥축 뒤에 쓰다(題玉軸後)〉 [30]

동방의 글씨는 신라의 김생을 조(祖)로 하니, 김생의 필체는 기굴하면서 오묘하여 고인을 배우지 않았지만 스스로 문호를 열었으니 그 신이한 기골과 독창적인 조예는 왕희지와 왕헌지와 암합한다. 이 때문에 크게는 조맹부의 추앙과 탄복을 받았다. 그 후 신라에서는 김육진과 승려 영업이 있어 〈홍복사비(弘福寺碑)〉[31]를 배

30_ 이덕수는 자가 인로(仁老), 호가 서당(西堂) 혹은 벽계(蘗溪), 본관은 전의(全義)이다. 문장에 뛰어나 대제학을 역임하였다. 문집 《서당집(西堂集)》과 《서당사재(西堂私齋)》가 전하는데, 이 글은 실려 있지 않다.
31_ 당나라 홍복사(弘福寺)의 승려 회인이 왕희지의 글씨를 집자한 〈삼장성교서〉를 가리킨다.

웠고, 고운(孤雲) 최치원이 구양순을 사사하였다. 고려에서는 이암과 문공유, 승려 탄연과 기준이 당나라 사람의 법을 얻었다.

우리 조선에 이르러 국초에 비해당(匪懈堂) 안평대군이 재주가 높고 운치가 빼어나 천하에 절묘하였지만, 수명이 길지 못하여 오히려 송설(松雪, 조맹부)의 궤적에서 벗어날 수 없었다. 석봉 한호가 오로지 김생을 배워 위로는 종요와 왕희지의 공력(功力)으로 거슬러 올라가 이전 사람보다 웅장한 데 이르렀다. 논자들은 비해당의 글씨가 선학(仙鶴)이 깃털을 털고 난 후 맑은 하늘로 오르는 듯한 기세가 있고, 석봉의 글씨는 늙은 여우가 정기를 다 모아서 조물주의 오묘함을 훔쳐내는 것과 같다고 하였으니 대개 좋은 평가라 하겠다. 봉래 양사언과 고산 황기로의 초서, 옥봉 백광훈과 죽남 오준의 해서, 자암 김구와 청송 성수침, 남창 김현성의 행서와 같은 것은 제각기 일가를 이루었으니 세상에 이름을 날리기에 충분하였다. 그러나 필획이 혹 막혀 있는 데가 있으며, 결구(結構)가 성근 것을 면하지 못하여 종내 진나라와 당나라 사람의 경지에까지 깊이 나아갈 수 없었다.

오직 백하 윤공이 천년 뒤에 태어나 특출하였으니 궁벽진 땅의 누추함을 한번에 씻어내었다. 김생 이하 여러 대가의 글씨를 취하여 그 화려한 것을 할애하고, 당 · 송 · 원 · 명의 글씨를 곱씹고 영화(永和) 연간 왕희지의 글씨를 절충하였다. 점획은 신령한 기운이 있는데다 골육(骨肉)[32]이 모두 갖추어져 있으며, 결구는 법상(法象)과 의태(意態)[33]가 두루 구비되어 있으니, 오묘하고 신이한 깨달음을 통하여 모여 일가를 이루었다. 원만하고 활달하며 우아하고 아름다운 것은 곧바로 왕희지의 맥에 접하여 있어 고운 모습은 흘러가는 구름이나 꿈틀거리는 용과 같고, 화려한 모습은 이름난 꽃과 빼어난 여인과 같아서 사람의 눈을 어찔하게 하고 마음이 취하도록 한다. 가히 인간세상의 빼어난 기예요, 천하의 기이한 재주라 할 만하다. 여기에서 서예가의 만 가지 법이 모두 드러나 옛사람의 진부한 자취가 사라져버렸다. 세상에서 붓을 잡은 이는 바람에 쏠린 듯 이를 조종(祖宗)으로 삼아서 다시는 창칼을 휘두르고 파도가 휘몰아치는 듯한 어지러운 서법을 일삼지 않고, 오직 눈과 팔뚝 사이에서 공교로움만 구하게 되었다. 다만, 그 폐단은 문식이 승하고 질박이 손상되어 나날이 약하고 속된 것으로 나아갔을 뿐이라는 점이다. 저 왕희지는 글씨의 성인인데도 한유는 아직도 속된 필체로 곱게 보이고자 한다고 놀렸으니,[37] 하물며 그 아래 솜씨에 있어서는 더 말할 것이 없다.

내가 백하의 필체를 보니 곱게 보이고자 한 지나침이 있으니, 어찌 속됨에 흐르지 않을 수 있었겠는가? 그러므로 유하혜(柳下惠)[38]를 잘 배우고자 하는 자는 마땅히 때를 따라 더하고 보태야 한다는 점을 생각하여야 할 것이다. 이제 이 축은 곧 그의 만년 작품이다. 각체가 구비되어 있으니 정말 소중한 보배라 하겠다. 다만, 해서에 고의(古意)가 다소 부족한데 대개 안진경과 소식을 배웠기 때문이

32_ 글씨에서 강건한 필획은 뼈에 비유하고, 부드러운 필획은 살에 비유한다.
33_ 법상과 의태는 글씨의 모양과 그에 대한 느낌을 이르는 말이다.

다. 행서는 〈홍복사비〉에 바탕을 두고 미불의 기이함을 출입하였지만 법도가 있다. 초서는 〈순화첩〉의 경지에 들었으니 지극하다.

표암(豹菴) 강세황의 〈옥축 뒤에 쓰다〉[39]

논자들이 백하의 글씨는 그 앞에 옛사람도 따를 수 없고 그 뒤에 올 사람도 따를 수 없다고 하는데, 반드시 다 그러한 것은 아닐 것이다. 백하의 굳세고 정묘한 자태가 마구 솟아나지만 끝내 한석봉의 웅장하고 빼어나며 두텁고 질박한 것을 본받아 그 위에 이를 수는 없었다. 근래 한두 작가가 모두 백하에게 근원을 두고 있지만, 또한 백하를 본받아 그 위에 이를 수는 없다. 그 앞에 옛사람도 따를 수 없다는 것은 지나치겠지만, 그 뒤에 올 사람이 따를 수 없다고 한 것은 정말 그러하다. 글씨는 작은 기예이지만 또한 세상을 따라 오르내리는 것이 이와 같다. 내가 이에 대하여 감개와 탄식을 이길 수 없다. 정미년(丁未年, 1787) 봄 강세황이 쓰다.

송하(松下) 조윤형의 〈옥축 뒤에 쓰다〉[34]

동문민공(董文敏公, 董其昌)은 한번 붓을 잡으면 빼어나고 아름다운 기운이 팔뚝 사이로 새어나와 이 때문에 고인에 미치지 못한다고 하였다. 나는 백하의 글씨에서도 또한 그렇게 말한다. 5월 13일

34_ 조윤형(1725~1799)은 본관이 창녕(昌寧), 자는 치행(穉行), 호는 송하옹(松下翁)으로 조명교(趙命敎)의 아들이다. 그림과 글씨에 능하였는데, 특히 초서와 예서에 뛰어나 서사관(書寫官)을 역임하였다. 그 문집이 전하지 않아 이 글을 확인할 수 없다.

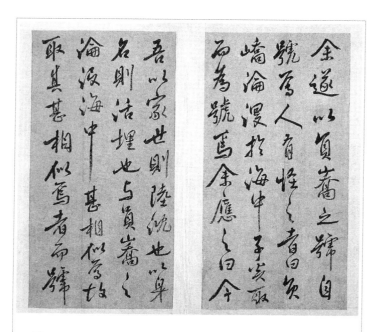

金遂以貞蕃之韓自
號爲人肖恠之者曰貞
嶠淪漫於海中予家取
而爲號爲余應之曰今

吾以家世則陸流也以算
名則洁埋也与貞蕃之
淪没海中甚相似學故
取其甚相似爲者而韓

〈원교진본〉이광사, 18세기, 서울대학교 규장각. 자신의 호 '원교'에 대하여 쓴 글이다.

조윤형 치행(穉行)이 보고 쓰다.

〈백하서옥축〉은 현재 전하지 않아 그 내용을 전혀 알 수 없다. 이덕수, 홍양호, 강세황, 조윤형 등 여러 사람의 제발이 뒤에 붙어 있었던 듯하다. 이를 종합할 때 노년의 작품으로 각체가 구비되어 있었음을 알 수 있다.

15. 천모첩(天姥帖)

원교 이광사가 쓴 것이다.

> 천모(天姥)는 중국 절강성(浙江省)에 있는 산 이름으로, 이 산에 오
> 르면 천상의 할미가 부르는 노랫소리가 들린다고 한다. 이백의
> 〈몽유천모음(夢遊天姥吟)〉이 있는데, 회소가 쓴 〈몽유천모음(夢遊
> 天姥吟)〉이 더 널리 알려졌다. 이 작품은 이광사가 쓴 것으로 추정
> 되지만, 다른 기록이 없어 더 이상은 알 수 없다.

16. 인목왕후어필(仁穆王后御筆)

이금(泥金)으로 모단(毛緞)에 당시(唐詩) 칠절(七絶)을 썼다.

숙종의 〈어제시(御製詩)〉[40]
"두 집안의 상자에 보물이 견고하니
휘두른 붓 솜씨 해를 알 수 없어 한스럽네.
동조(東朝)[35]의 진적이니 오래 전해져야 하겠기에
뛰어난 기술자 시켜 글자마다 새기게 하였다네."
"새긴 후 교정에 내 마음이 머물렀으니
한 글자 비뚤어져도 깊은 시름 생긴다네.
어필을 마주하니 상서로운 빛이 모여들어

35_ 대비가 머무는 전각을 이르는 말이다. 한나라의 태후가 머물던 장락궁(長樂宮)이 미
   앙궁(未央宮) 동쪽에 있어 생긴 말이다. 여기서는 대비를 이른다.

〈인목왕후어필〉, 서울대학교 규장각. 도잠의 〈사시〉를 쓴 것이다.

오색의 영롱함이 옥루(玉樓)[36]를 감싸네.”

임진년(1712) 봄 정월 대보름날에 절하고 경건한 마음으로 쓰다.

《열성어제(列聖御製)》에 수록된 숙종의 이 시의 주석에 따르면 전계군(全溪君) 부(溥)[37]가 연흥부원군(延興府院君) 후손의 집에서 이 시를 얻었다고 하였다. 인목왕후는 연흥부원군 김제남(金悌南)의

36_ 천제나 신선이 사는 아름다운 누각이라는 말인데, 여기서는 궁궐을 비유한 것이다.

37_ 전계군은 선조의 손자로, 부친은 낭원군(朗原君) 간(偘)이다. 《대동금석서》를 편찬한 낭선군(郎善君) 우(俁)가 그의 백부이다.

딸이므로, 그 집안의 후손에게 인목왕후의 어필이 전승되었음을 알 수 있다.

홍경모의 〈선세수목〉에 〈인목왕후어필첩(仁穆王后御筆帖)〉이 수록되어 있는데, 이에 따르면 인목왕후가 쓴 것은 관세음경(觀世音經)으로, 서궁에 유폐되어 있을 때 하가(下嫁)하지 못한 정명공주를 위하여 1621년 은자(銀字)로 58폭을 써서 금강산 유점사(楡岾寺)에 시주하였는데, 1668년 정명공주가 이를 집으로 다시 가져와서 그 끝에 발문을 적은 다음 절로 돌려보냈다고 한다. 홍경모는 이를 유점사에서 여러 번 보았다고 한다. 김익(金熼)의 〈봉완인목어필(奉玩仁穆御筆)〉(《죽하집》)에 따르면 금강산 유점사에 은으로 쓴 불경 한 첩이 소장되어 있었다고 한다.

규장각에 《인목왕후어필》이 소장되어 있지만 다른 필첩이다. 1603년(선조 36)에 쓴 한글 편지, 왕발(王勃)의 〈등왕각서(滕王閣序)〉 일부, 도잠(陶潛)의 〈사시(四時)〉, 저자 미상의 칠언율시(七言律詩) 등 4편의 시문이 실려 있다. 실록에 정조 9년(1785) 10월 19일 인목왕후의 어필이 봉모당(奉謨堂)에 봉안되어 있다는 기록이 보인다.

17. 화정(華政) 이대자(二大字)
정명공주가 쓴 것이다.

숙종의 〈어제화정찬(御製華政贊)〉 [41]
큰 글씨는 가장 어려우니, 오직 공주가 이에 능하였네. 약년의 필법이 웅건(雄建)하여 이에 모각하였네. 나 홀로 알아온 지 오래되었네. 한 번 펼쳐보고, 놀라고 기이하게 여기노라.

약천(藥泉) 남구만(南九萬)의 〈화정발(華政跋)〉[42]

예전 우리 인목왕후께서 서궁(西宮)에 있을 때 정명공주께서 하가하지 못하여 실로 좌우에서 비분강개하였다. 공주는 두려워 위축되어 있으면서 할 일이 없어 붓을 잡아 글씨를 썼다. 큰 것이나 작은 것도 있었는데, 대개 이로써 자성(慈聖, 인목왕후)의 마음을 위로한 것이다. 계해년(癸亥年, 1623) 가을에 이르러 어두웠던 국운이 다시 밝아져서[38] 비로소 고명한 집안으로 하가하셨다. 글은 부인의 일이 아니라 하여 종이에 쓴 문안 편지는 모두 언문을 사용하였으며, 관보(官報) 문서 역시 보지 않았다. 이 때문에 공주가 글재주가 있었지만 세상에서 아무도 이러한 사실을 듣거나 아는 이가 없었으므로 세상을 떠난 이후 유묵 또한 드물었다. 이제 공주의 계자(季子) 무주군(茂朱君)이 공주가 서궁에 있을 때 쓴 화정(華政) 두 대자(大字)를 나에게 보여주면서 말하였다.

"이는 우리 선비(先妣)의 필적이오. 선비께서 평소 겸손한 뜻으로 말하자면 반드시 사람들에게 보일 필요가 없지만, 자손으로서 오늘날 사모하는 마음으로 말하자면 또한 후세에 전하지 않을 수 없소. 이에 모각하여 탑본을 떠서 여러 자손과 통혼한 여러 사람들

38_ 이해에 계해반정이 일어난 것을 이른다.

에게 나누어주고자 하오. 당신에게 기문을 청하여 그 왼편에 적어서 후세 사람으로 하여금 우환을 겪는 와중에 이것을 만든 것이요, 화려한 시절에 나온 것이 아님을 알게 하고 싶소. 또 이 판각을 하려는 것은 실로 집안에서 소장하고 있는 것이 매우 적고 장차 인멸되려 하는 것이 애석해서요, 화려함을 과시하여 널러 퍼뜨리려 한 것이 아님을 밝히려는 것이라오."

내가 글을 지어 말하였다. "예로부터 제왕의 딸에 대해서는 하대(夏代)에는 증명할 글이 없고 주나라의 태희(太姬)가 바로 무왕(武王)의 딸인데 좋아하는 바가 무당과 가무(歌舞)에 있었다.^⑬ 한나라와 당나라 이후에는 부유함이 지나쳐 사치한 이도 있었고 총애가 넘쳐 방종에 빠진 이도 있었지만, 어질고 덕이 있어 칭송을 받은 이는 더욱 듣기가 어려웠다. 오직 공주만이 안으로 마음이 밝고, 밖으로 화려하게 꾸미지 않아 재능이 있었지만 그 명성을 사양하였으니 마음의 덕이 온전하였다. 이는 그 한 부분일 뿐이다. 어찌 자제들이 본받을까 걱정하는 후세의 재주 있는 부녀자들과 똑같이 말할 수 있겠는가?^⑭ 복사꽃과 오얏꽃이 농염한데 봉황새가 화평하게 울고,^⑮ 자손이 번창하여 장원급제가 끊이지 않으니 존귀한 영화를 지극히 하고 장수의 복을 구비하였다고 한 것^⑯이 까닭이 있구나. 또 필적을 삼가 받들어 완상하니, 실로 선조 대왕의 필법을 본받아 웅건(雄健)하고 혼후(渾厚)하여 규방 여인의 기상과는 전혀 같지 않다. 아, 그 필체가 이처럼 심획(心劃)[39]에서 나온 것이니, 그 성정(性情)이 관감(觀感)[40]의 교화에서 나온 것임을 또한 알 수가 있다. 장엄

한 아름다움이 어찌 바탕 없이 절로 그러할 수 있겠는가?'

    정조는 〈일득록(日得錄)〉에서 "정명공주는 부덕(婦德) 이외에 서
예에도 조예가 깊었다. 그 집안에 전해오는 '화정'이라는 두 글자
의 대자는 굳건하면서도 아름다워 작가의 풍도가 있으니, 규방에
서 그에 맞먹는 솜씨를 보지 못할 뿐만 아니라, 옛날 명가의 대자
와 견주어도 그리 뒤지지 않는다. 풍성하고 아름다우며 조심스럽
고 온후한 기운이 점획 밖으로 흘러넘치는 것에서 그 덕성을 상상
해볼 수 있으니, 그 자손이 번성하고 부귀와 복택이 고금에 비할
곳이 드문 것은 실로 까닭이 있다"고 하였다. 〈화정〉은 현재 전하
지 않아 그 내용은 알 수 없다. 홍경모의 〈선세수목〉에 따르면 정
명공주가 죽은 지 17년이 지난 1701년 홍만회가 이를 목판에 새기
고 남구만이 발문을 붙였다고 한다.

18. 범질계자시첩(范質戒子詩帖)
정명공주가 쓴 것이다.

    범질(范質)[41]이 재상이 되어 조카인 고(杲)를 경계한 시를 지었는데

39_ 심획은 글씨를 이르는 말이다. 양웅(揚雄)의 《법언(法言)》에서 "言心聲也, 書心畫也,
   聲畫形, 君子小人見矣"라고 하였다.
40_ 관감은 사물을 보고 난 이후의 인상이나 감상을 가리키는 말이다. 《주역》에 "觀其所
   感, 而天地萬物之情可見矣"가 보인다.

그 내용은 입신(立身), 간록(干祿), 치욕(恥辱), 방광(放曠), 기주(嗜酒), 다언(多言), 교유(交遊) 등으로 구성되어 있다. 이 시는《소학(小學)》에 실려 있다. 홍경모의 〈선세수목〉에 따르면 정명공주가 1682년 여든의 나이에 범질의 계아시(戒兒詩)와 마원(馬援)의 〈계자문(戒子文)〉을 써서 아들 홍만회에게 주었다고 한다. 또 글씨체는《강목(綱目)》의 대자와 비슷한데 필획은 인목왕후의 글씨를 본뜬 것이라고 한다. 〈선세수목〉에 따르면 정명공주가 쓴 1권으로 된 〈선원보략(璿源譜略)〉과 〈태조정향록(太祖庭享錄)〉, 〈공신록(功臣錄)〉이 집안에 소장되어 있었다고 한다.

19. 임순화각첩(臨淳化閣帖) 이첩(二帖)
부(附) 임천복사비(臨薦福寺碑)
문헌공이 중년 이전에 임서한 것이다.

홍양호는 〈순화각십첩(淳化閣十帖)〉을 소장하였는데, 이를 임서한 것이 〈임순화각첩〉인 듯하다. 국내 여러 도서관에 〈순화각첩〉의 임서본이 전한다. 천복사는 중국 요주(饒州)에 있는 절로 그 비는 당나라의 이북(李北)이 글을 짓고, 구양순이 글씨를 쓴 것이다. 당시 천복사비의 탑본이 고가여서 범중엄(范仲淹)이 1,000부의 탑본을 떠 가난한 서생을 위한 자금을 마련하고자 하였는데, 그날 밤

41_ 범질은 송나라 초기의 재상으로, 자는 문소(文素)이다. 노국공(魯國公)에 봉하여 졌다.

벼락으로 비가 깨졌다는 고사가 있다.

이유원의 《임하필기》에서 "천복사비는 중국에 있는 것이다. 왕희지의 글씨를 모아서 만든 것인데, 〈난정서(蘭亭序)〉의 글씨보다 더 뛰어나다. 글자 모양이 종요(鍾繇) 및 채양(蔡襄)과 거의 같으며, 왕희지의 글씨 중에서 가장 좋은 것이다. 글씨를 배우는 사람들의 서체가 처음과 끝이 각각 다른데 이것도 혹 그래서인가"라고 하며 왕희지의 글씨라고 하였다.

홍경모의 〈선세수목〉에 따르면 홍양호가 젊은 시절부터 서예를 좋아하여 만년까지 〈순화첩〉을 임모하였다고 한다. 또 홍양호가 소장하고 있던 〈순화각첩〉과 〈천복사비〉를 임모한 것이 좀이 쓸어 훼손이 되자 이를 새로 장황하여 첩을 만든 것이라고 한다. 이 첩 뒤에 〈선세수목〉에 실려 있는 홍경모의 〈문헌공임서순화각첩이첩(文獻公臨書淳化閣帖二帖)〉이라는 글을 붙였다고 한다.

20. 채릉첩(採菱帖)

계미년(癸未年, 1763) 이후의 글씨이다.

홍양호는 1763년 대사간에 특별히 제수되었다가 송명흠(宋明欽)의 일을 탄핵하지 않았다는 이유로 삭직되었다. 다시 그해 6월 의주부윤(義州府尹)이 되었는데, 이때의 저술이 〈용만록(龍灣錄)〉에 모아져 있다. '채릉'은 마름을 딴다는 말로, 이 제목으로 된 악부시(樂府詩)가 많다. 홍경모의 〈선세수목〉에 따르면 홍양호가 직접 쓴 시문 몇 편과 당시(唐詩) 몇 수를 장황하여 〈채릉첩〉이라 한 것이라고 한다. 왕유(王維)의 〈전원락(田園樂)〉이 제일 앞에 실려 있다. 홍양호가 직접 지은 작품은 1763년 이후 다른 사람과 수창한 작품과 증별시로, 그 부본(副本)을 만든 것이라고 한다. 조맹부 역시 왕유의 〈전원락〉을 초서로 쓴 〈조자앙서잡체시권(趙子昻書雜體詩卷)〉이 이름 높았다.

21. 북새희묵(北塞戲墨) 십삼첩(十三帖)
무술년(戊戌年, 1777) 경흥(慶興)에 좌천되어 갔을 때 쓴 것이다.

홍양호는 정조가 즉위한 후 정조의 즉위를 반대하였던 정후겸(鄭厚謙)의 앞잡이라는 배척을 받아 1777년 경흥부사(慶興府使)로 좌천되었다. 북새는 곧 경흥을 이른다. 홍경모의 〈선세수묵〉에 그 내용이 자세히 실려 있다. 1첩은 당나라와 송나라의 여러 고문을 쓴 것인데, 해서에서 시작하여 반행서로 바뀌고 작은 글씨에서 마지막에는 매우 가는 세필로 끝이 났다. 작은 것은 왕희지가 쓴 〈황정경(黃庭經)〉, 〈악의론〉과 같으며, 가는 것은 안진경의 〈마고선단기〉와 같다. 2첩은 한유와 유종원의 고문을 쓴 것인데, 해서가 중심이며 간혹 행초로 된 것도 한두 편 있다. 매우 작은 글씨로 되어 있어 한 자 남짓한 작은 종이에 14~15행, 1행에 50여 자를 썼다. 3첩은 고대의 사부(辭賦)를 쓴 것인데, 중간 크기에서 점차 작아지며 해서에서 행서로 바뀐다. 4첩은 《소학》의 제사(題辭), 이백(李

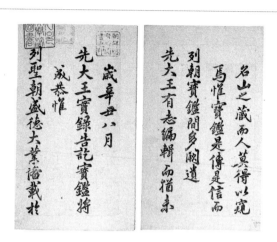

〈보감찬집청갱재첩〉, 서울대학교 규장각

白)의 오칠언고시(五七言古詩) 등을 썼는데, 작은 해자가 중심을 이룬다. 5첩은 이백의 오칠언고시를 쓴 것이고, 6첩은 이백의 오칠언고시와 고인의 평(評)을 쓴 것으로 시는 중자의 해서, 평은 행초로 썼다. 7첩은 두보의 오언근체시(五言近體詩)를 중자와 소자의 반행서로 썼다. 8첩과 9첩은 모두 두보의 오언시와 잡문 몇 편을 썼는데, 반행서와 난초(亂草)로 되어 있다. 10첩은 이백의 오언시를 적었다. 11첩은 〈순화첩〉과 고시와 잡문을 적었는데 대자와 소자, 행서와 초서를 구비하였다. 12첩은 두보의 칠언근체시로 손바닥 크기의 대자 해서로 되어 있다. 13첩은 두보의 근체시를 쓴 것이다.

22. 신축갱재첩(辛丑賡載帖)

《열조보감(列朝寶鑑)》을 찬집할 때 어제 및 여러 신하들이 함께 지은 시를 연이어 써서 첩으로 만든 것이다.

홍경모의 〈선세수목〉에 이것에 대한 자세한 기록이 실려 있다. 정조 5년(1781)[47] 12명의 문신에게 《열조보감》을 하나의 체재로 편찬하게 하였는데, 홍양호가 경조윤(京兆尹) 겸 지춘추관(知春秋館)으로 7개월에 걸쳐 《중묘보감(中廟寶鑑)》을 완성하였다. 이에 정조가 태묘(太廟)에 나아가 각실(各室)에 이를 나누어 봉안하고, 편찬에 관여한 신하들에게 1급씩 가자(加資)하였다.

이 사업이 시작될 때 정조가 선온(宣醞)과 함께 어제서(御製序)와 어제시(御製詩)를 내렸는데,[48] 이에 화답하여 홍양호가 〈갱화어제시보감찬집제신시운(賡和御製示寶鑑纂輯諸臣詩韻)〉을 지었다. 정조가 신하들이 지은 시를 벽에 걸어 영원히 전하게 하였는데, 홍양호가 이를 영광으로 여겨 탑본을 떠서 첩으로 만들었다. 이 첩에 시가 수록된 문인으로는 서명응(徐命膺), 이복원(李福源), 조준(趙㻐), 김익, 서호수(徐浩修), 이명식(李命植), 김노진(金魯鎭), 서유린(徐有隣), 정창성(鄭昌成), 이병모(李秉模), 심염조(心念祖), 정지검(鄭志儉), 김재찬(金載瓚), 서용보(西龍輔) 등이다. 이 첩은 탑본을 장황한 것인데, 홍양호는 만년에 이것을 직접 써서 다시 장황하였다.

23. 연료시초첩(燕遼詩草帖)

임인년(壬寅年, 1782) 부사(副使)로 연행하였을 때 도중에 쓴 시의 초본이다.

홍경모의 〈선세수목〉에 이것에 대한 자세한 기록이 실려 있다. 1872년 겨울 홍경모가 동지겸사은부사(冬至兼謝恩副使)로 연경(燕京)에 갔을 때 대궐을 떠날 때부터 압록강을 건너 돌아올 때까지의 시를 직접 쓴 것이다. 2축으로 되어 있다고 한다. 이때 지은 홍양호의 시는 《이계집》에 〈연운기행(燕雲紀行)〉으로 묶여 있다.

24. 계랍갱재첩(癸臘賡載帖)

계묘년(癸卯年, 1783) 12월에 있었던 태묘(太廟) 친향(親享) 때의 어제시와 여러 신하들이 함께 지은 시를 연이어 써서 첩으로 만든 것이다.

홍경모의 〈선세수목〉에 이것에 대한 자세한 기록이 실려 있다. 1873년 12월 정조가 태묘에 친향을 행한 후 망묘루(望廟樓)에서 근체 오언율시 한 수를 지어 내리고[⑭] 여러 문신들에게 화답하게 하였는데, 홍양호가 총관(摠管)으로 칼을 차고 망묘루 앞에 서서 화답하는 시 〈갱화태묘납향시운(賡和太廟臘享詩韻)〉을 올려 1등을 하였다. 이에 정조가 다시 서유린, 홍양호, 김상집(金尙集), 서유방(徐有防), 정지검, 김희(金憙), 이곤수(李崑秀), 윤행임(尹行恁), 박우

원(朴祐源), 심풍지(沈豊之), 이시수(李時秀) 등과 칠언율시 1수를 연구(聯句)로 짓고, 홍양호에게 이를 1부 쓰게 하였다.

25. 화하관풍첩(華夏觀風帖)

계묘년 청나라로 사행을 다녀온 후 요동에서 지은 시를 쓴 것이다.

홍경모의 〈선세수목〉에 이것에 대한 자세한 기록이 실려 있다. 1782년 사신으로 중국에 갔을 때 요동에서 쓴 시 중에서 수십 수를 따로 써서 첩으로 만든 것으로, 초서와 반행서로 되어 있다.

26. 한중희묵(閑中戲墨)

갑진년(甲辰年, 1784) 여름 한가하게 지낼 때의 글씨이다.

홍경모의 〈선세수목〉에 이것에 대한 자세한 기록이 실려 있다. 홍양호가 서예 이론을 개진한 〈답송덕문논서서(答宋德文論書書)〉 《이계집》)를 인용하면서, 진(晉)나라와 당나라의 필법을 따른 것이라고 하였다.

27. 필원진결(筆苑眞訣)

을사년(乙巳年, 1785) 중추(中秋)에 쓴 것이다.

홍경모의 〈선세수목〉에 이것에 대한 자세한 기록이 실려 있다.

1785년 홍양호가 〈필원진결〉 1첩을 써서 홍경모에게 준 것으로, 마지막에 "이계노초가 겸산루에서 써서 명손에게 주다(耳溪老樵書于兼山樓以贈明孫)"라고 되어 있다. 겸산루는 우이동에 있던 홍양호의 별서 이름이며, 명손은 홍경모의 자(字)이다.

28. 대자족(大字簇) 이본(二本)[50]

29. 출사표(出師表)
육순 이후의 글씨이다.

홍경모의 〈선세수목〉에 이것에 대한 기록이 실려 있다. 이것은 서법에 대한 이론과 홍양호의 글씨에 대한 찬양의 글이다. 제갈량(諸葛亮)의 〈출사표〉를 쓴 것으로 추정된다.

30. 청추희묵(清秋戲墨)
〈출사표〉와 함께 이 둘은 육순 이후의 글씨이다.

홍경모의 〈선세수목〉에 이것에 대한 기록이 실려 있다. 홍경모는 조선의 서법이 세 번 변했다고 하였다. 국초에는 촉체(蜀體)를 배우고, 선조와 인조 이후에는 한유를 배우다가 말기에는 미불과 동기창(董其昌)을 배우지만 홍양호는 진(晉)나라와 당나라를 배웠다고 하였다. 이 필첩은 작은 해서와 가는 초서로 되어 있다고 하는데, 그 내용은 알 수 없다.

31. 한묵청완(翰墨淸玩)

기유년(己酉年, 1789)의 글씨이다.

홍경모의 〈선세수목〉에 이것에 대한 자세한 기록이 실려 있다. 홍
양호는 1787년 모친상을 당하여 벼슬에 나가지 않았는데, 이 필첩
은 1789년 여름에 쓴 것이다. 홍경모가 홍양호를 모시면서 이때
쓴 글씨를 첩으로 만들어 올리자 홍양호가 '한묵청완'이라는 제목
을 썼다고 한다.

32. 패강선유첩(浿江仙遊帖)

임자년(壬子年, 1792) 평양감사(平壤監司) 때의 글씨이다.

홍경모의 〈선세수목〉에 이것에 대한 자세한 기록이 실려 있다. 홍
양호가 1792년 평안도관찰사로 있을 때 7월 16일 소식의 〈적벽부〉
풍류를 배워 평양 대동강 부벽루(浮碧樓)에서 노닐며 칠언율시 1수
를 지었다.[59] 자리를 함께한 사람들이 차운하는 시를 지었고, 기생
들에게 〈적벽부〉를 노래하게 하여 한때를 즐겼다. 다음 날 다시
연광정에 나가 소식의 〈적벽부〉 전편과 후편의 칠언율시를 직접
써서 홍경모에게 주었다. 홍경모가 이를 첩으로 만든 것이 〈패강
선유첩〉이다.

33. 이계구곡(耳溪九曲) 대자(大字)

임자년의 글씨이다.

이계는 홍양호의 별서가 있던 우이동 계곡을 가리키는데, 그곳에 만경폭(萬景瀑), 적취병(積翠屛), 찬운봉(攢雲峰), 진의강(振衣岡), 옥경대(玉鏡臺), 월영담(月影潭), 탁영암(濯纓巖), 명옥탄(鳴玉灘), 재간정(哉澗亭) 등의 구곡이 있어 홍양호가 두루 시와 문을 지은 바 있다. 홍경모의 〈선세수목〉에 〈이계구곡〉에 대한 자세한 기록이 실려 있다. 홍양호는 평안도관찰사로 있을 때 이계에 작은 정자를 짓고 살 생각으로 구곡과 여러 정자의 편액을 써두었다. 관찰사를 마치고 정자를 지었지만 이계의 바위에 그 이름을 새기지는 못하였다. 홍경모가 나중에 이 글씨를 찾아 첩으로 만들고, 훗날 이 글씨를 새기고자 하였다. 그러나 지금 우이동에 바위글씨가 없는 것으로 보아 새기지 못한 것으로 보인다.

34. 을랍수묵(乙臘手墨)

을묘년(乙卯年, 1795)의 글씨이다.

홍양호가 73세인 1795년 12월에 쓴 글씨이다. 홍경모의 〈선세수목〉에 이것에 대한 기록이 실려 있다. 용필(用筆), 근골(筋骨), 생활(生活) 등의 용어로 서예 이론을 개진하였다고 한다. 〈을묘수묵〉은 현재 전하지 않아 자세한 내용을 확인할 수 없다.

35. 만세천문(萬歲千文)

을묘년의 글씨이다.

홍경모의 〈선세수목〉에 이것에 대한 기록이 실려 있다. 1795년 6
월 홍경모가 아들을 낳자 홍양호가 기뻐하며 이듬해 증손자의 첫
돌을 기념하기 위하여 홍경모에게 주흥사(周興嗣)의 〈천자문(千字
文)〉을 모방하되 삼대(三代)부터 명나라에 이르기까지 중요한 사
건을 모아 이 책을 만들게 하였다고 한다.

36. 만리초정(萬里初程)

무오년(戊午年, 1798)의 글씨이다.

홍경모의 〈선세수목〉에 이것에 대한 기록이 실려 있다. 1798년 10
월 홍양호가 증손자 익주(翼周)의 첫돌을 기념하여 홍경모에게 매
일 쓰이는 글자 1,000자를 모아 책을 만들게 하였는데, 20년 후인
1817년 익주가 다시 아들을 낳자 그 이듬해 첫돌에 홍경모가 이
책을 개장하였다고 한다.

37. 두남신교첩(斗南神交帖)

병진년(丙辰年, 1796)의 글씨이다.

홍경모의 〈선세수목〉에 이것에 대한 기록이 실려 있다. 홍양호가

만년에 기윤(紀昀)과 뜻이 통하여 매번 사신 편에 편지와 시를 주고받았는데, 이를 함께 묶어 〈두남신교첩〉이라고 한 것이다.

38. 임장조석고가(臨張潮石鼓歌) 부(附) 숙흥야매잠(夙興夜寐箴)

만년 이후의 글씨이다.

홍경모의 〈선세수목〉에 이것에 대한 기록이 실려 있다. 청나라 사람 장조(張潮)가 한유의 〈석고가(石鼓歌)〉를 썼는데, 동기창의 글씨를 본으로 삼았고 글자 크기가 가묘(家廟)의 비석만하였다. 그 탑본이 조선에 들어와 홍양호가 그것을 보고 임서한 것이라고 한다. 〈숙흥야매잠〉은 남당(南塘)의 진백(陳栢)이 지은 것인데, 이황의 〈성학십도(聖學十圖)〉에 수록되어 있다. 홍양호가 이것을 직접 써서 〈석고가〉 뒤에 붙였다. 이 필첩은 현재 확인되지 않고 있다.

39. 어제서산대사영당명(御製西山大師影堂銘)

갑인년(甲寅年, 1794)에 왕명을 받들어 쓴 것이다. 이하는 모두 인본이다.

홍경모의 〈선세수목〉에 이것에 대한 자세한 기록이 실려 있다. 서산대사 휴정(休政)의 영정이 묘향산 보현사에 있었는데, 1791년 평안도관찰사로 있을 때 그 사당을 확장하여 봉안하려 하였으나 해직되어 마무리를 짓지 못하였다. 1794년 후임 관찰사 이병모가 이를 다시 청하여 정조가 수충사(酬忠祠)라는 이름을 내리고, 홍양 호에게 편액 및 어제 서문과 명(銘)을 쓰게 하였다. 홍양호가 이것 을 인본으로 만든 것이다. 현재 국립중앙도서관에 〈서산대사고적 기(西山大師古蹟記)〉가 소장되어 있는데, 이것은 1792년 홍양호가 쓴 것의 인본이다.

40. 화성장안문상량문(華城長安門上樑文)
갑인년에 왕명을 받들어 짓고, 쓴 것이다.

화성의 북문(北門)인 장안문의 상량문이다. 홍경모의 〈선세수목〉 에 이것에 대한 자세한 기록이 실려 있다. 화성을 건설할 때 정조 가 문신에게 상량문을 짓거나 편액을 쓰게 하였는데, 이때 홍양호 가 상량문을 쓰고 이를 인본으로 만들었다. 현재 규장각에 8첩으 로 된 인본이 전한다. 표지는 '장안문상량문(長安門上樑文)'이라고 되어 있다.

41. 어제신덕왕후사제구기비(御製神德王后私第舊基碑)
기미년(己未年, 1799)에 왕명을 받들어 쓴 것이다.

홍경모의 〈선세수목〉에 수록되어 있는 〈어제상산비인본(御製象山 碑印本)〉에 이것에 대한 자세한 기록이 실려 있다. 해서의 곡산(谷 山) 동쪽 5리 용봉(龍峰) 아래에 상산부원군(象山府院君) 강윤성(姜

允成)의 집터가 있는데, 태조의 비인 신덕왕후(神德王后)가 태어난 곳이다. 전하는 말에 의하면 태조가 왕위에 오르기 전 용연(龍淵)에서 목이 말라 물을 마시고자 할 때 신덕왕후가 개울에서 바가지로 물을 떠 버들잎을 띄워 바쳤다고 한다. 정조는 1799년 그 터에 비석을 세워 앞면에 '성후사제구기비(聖后私第舊基碑)'라고 전서(篆書)로 새기고, 음기(陰記)를 정조 자신이 직접 짓고[32] 홍양호의 글씨로 새겼다. 정약용의 〈발신덕기적비첩(跋神德紀蹟碑帖)〉(《여유당전서》)도 이것에 대한 과정을 기록한 글이다.

42. 어제만천명월주인옹자서(御製萬川明月主人翁自序)
무오년(戊午年, 1798)에 왕명을 받들어 쓴 것이다.

정조가 자신의 호를 '만천명월주인옹'이라 하고 그에 붙인 서문을 탑본한 것이다. 그 서문에 따르면[33] 하나의 달이 만 개의 강물에 비치는데 물은 세상의 사람이요, 달은 태극으로 곧 임금이라 하였다. 홍경모의 〈선세수목〉에 이것에 대한 자세한 기록이 실려 있다. 정조는 1798년 12월 홍양호에게 이 서문을 나무에 써서 새기게 하여 벽에 걸었는데, 탑본을 홍양호에게 하사하였다고 한다. 성대중의 〈어제자서첩발(御製自序帖跋)〉(《청성집》)에 따르면 정조가 탑본을 신하들에게 하사하려 하였으나 갑작스러운 죽음으로 인하여 미루었다 탈상 후에 나누어주었다고 한다. 현재 규장각에 이 탑본이 전한다.

43. 선세비지(先世碑誌)

홍경모의 〈선세수목〉에 이것에 대한 자세한 기록이 실려 있다. 안동 신성포(申城浦)에 풍산 홍씨 선영이 있는데, 시조에서부터 13대에 이르기까지의 분묘가 실전되어 1746년 조각난 지석(誌石)을 찾아 봉분을 새로 만들고 석물을 세우고, 또 고양(高陽) 성동(城洞)의 선영을 정비하였다. 이때 쓴 홍양호의 글씨를 탑본한 것이라고 한다.

44. 우이천갈(牛耳阡碣)

홍경모의 〈선세수목〉에 이것에 대한 자세한 기록이 실려 있다. 우이동에 있는 홍만회의 묘비를 탑본한 것이다. 홍양호는 심육(沈錥)에게 묘지명을 부탁하였지만, 심육이 명만 짓고 서문은 완성하지 못한 채 세상을 떠나자 홍양호가 서문을 대신 짓고 심육의 명을 붙여 바위에 새겼다. 전서는 조윤형의 글씨라고 한다.

45. 귀만천갈(龜灣阡碣)

홍경모의 〈선세수목〉에 이것에 대한 자세한 기록이 실려 있다. 홍중성의 묘가 진천(鎭川) 귀만에 있는데 홍봉한(洪鳳漢)이 글을 짓고 홍양호가 썼으며, 전서는 조윤형이 썼다고 한다.

46. 호암천갈(虎巖阡碣)

이상 4첩은 선산의 비갈이다.

홍경모의 〈선세수목〉에 이것에 대한 자세한 기록이 실려 있다. 홍
양호의 부친 홍진보(洪鎭輔)의 묘는 처음 우이동에 있었으나, 나중
에 진천의 호암동으로 옮겼는데, 금천석(金川石)으로 비를 다시 세
우고 홍중일(洪重一)이 지은 글을 홍양호의 글씨로 새겼다고 한다.

47. 낙랑승관첩(樂浪勝觀帖)

평양감사로 있을 때 누각에 이름을 붙인 시의 목판이다.

송하(松下) 조윤형(曹允亨)의 서후(書後)

관서(關西)의 누대에는 전대의 한묵(翰墨)이 정말 많지만, 그 중에
걸출하여 특별히 볼 만한 것은 대개 손으로 꼽을 것이 많지 않다.
이제 이 첩을 보니 시와 글씨가 독특한 자태로 함께 아름다워 실로
쌍절(雙絶)이라 하겠다. 페르시아 시장의 옥구슬이 눈길을 빼앗는
것과 같아 이를 보느라 틈이 없을 정도이다. 하늘이 준 재능에다 인
간의 힘이 겸하지 않으면 어찌 이러한 경지에 이를 수 있겠는가? 심
히 성대하고 성대하도다.

대개 겸산(兼山, 홍양호의 호)의 필법은 비록 대가(大家)라 자처하
지는 않았지만 진(晉)나라, 당나라, 송나라, 명나라 등의 여러 대가
의 솜씨를 힘들여 축적한 공부를 하지 않음이 없다. 자체(字體)나

필세(筆勢)를 구차하게 모방하려 하지 않았지만, 홀로 그들이 말하고 웃는 자태를 터득하고 있으니 정말 눈으로 직접 보아서 도가 존재하게 된 것[3]이라 하겠다.

저 백하 윤순의 오묘함으로도 아름다움을 취하여 속기가 있다는 혐의가 있었고, 원교 이광사의 위대함으로도 옛글을 따른 것이 중도를 넘었다는 병통이 있었다. 이제 겸산은 많이 축적하고 넓게 펴내어 절로 손무(孫武)와 오기(吳起)의 병법과 암합하는 곳이 있다. 그 칼끝의 광채 안으로 온축하여 속된 안목에 예쁘게 보이려 하지 않았다. 이 때문에 근래 세상에 붓으로 이름을 날린 한두 사람들 또한 뛰어난 공인(工人)이 고심한다는 사실을 알지 못하고 문득 외면을 들어 성글다고 홀대하니 정말 탄식할 만하다.

저 겸산의 글은 사람들이 모두 알아주지만, 그 글씨에 있어서 나는 당대의 양웅(揚雄)이라 하여야 옳을 것이라고 생각한다. 송하거사 윤형이 보고 쓰다.

홍경모의 〈선세수목〉에 이것에 대한 자세한 기록이 실려 있다. 1791년 홍양호가 평안도관찰사로 재직할 때 매일 이름난 누각을 찾아 시로 회포를 풀고 이를 직접 써서 걸었으며, 공무로 여러 곳을 다니면서 이름난 글씨에 제발을 붙였다. 이것을 모아 첩으로 만들고, 조윤형에게 발문을 받은 다음 표지에 '낙랑승관'이라고 썼다. 이 인본(印本)이 현재 국립중앙도서관에 소장되어 있는데, 마지막 조윤형의 발문까지 온전하게 붙어 있다.

〈강동만류제비〉 탑본, 서울대학교 규장각

48. 만류제비(萬柳堤碑)

신해년(辛亥年, 1791)의 글씨이다.

홍경모의 〈선세수목〉에 이것에 대한 기록이 실려 있다. 비석 앞에
는 만류제(萬柳堤)라 쓴 대자가 실려 있고, 이어서 강동만류제기(江
東萬柳堤記)가 소자로 실려 있다. 강동현(江東縣) 남쪽 시냇물이 해
마다 범람하여 백성들을 괴롭히자 강동현감으로 부임한 홍양호가
1759년에 백성들과 제방을 쌓고 버드나무를 심은 다음 그 이름을
'만류제'라 하고 이를 기념하는 비를 세웠다. 그 후 33년 뒤에 홍
양호가 평안도관찰사가 되어 다시 만류제를 찾아보니 비석에 이
끼가 끼고 글자도 마모되어 1791년 가을에 다시 비를 세웠다. 현
재 국립중앙도서관에 인본이 전하는데, 8첩으로 되어 있다. 규장
각에도 소장되어 있다.

49. 만퇴홍공신도비(晩退洪公神道碑)

무자년(戊子年, 1768)의 글씨이다.

홍경모의 〈선세수목〉에 이것에 대한 자세한 기록이 실려 있다. 숙
종 때의 문인 홍만조(洪萬朝)의 신도비를 탑본한 것이다. 권이진
(權以鎭)의 글을 홍양호가 써서 새겼다고 한다.

50. 동한승관(東韓勝觀)

평양감사로 있을 때의 누각과 문의 편액 및 주련(柱聯)으로서, 인본이다.

홍경모의 〈선세수목〉에 이것에 대한 자세한 기록이 실려 있다. 홍양호가 평안도관찰사로 재직할 때 도내의 문과 누각의 편액 및 주련을 두루 써서 붙였는데, 이것을 모아 4첩으로 만든 것이다. 홍경모는 이 글에서 우리나라 편액이 대체로 설암[42]의 글씨를 본받을 만하지 못하다고 하며, 강선루와 연광정의 편액에 대하여 평가를 하였다. "성천의 강선루는 옹정춘(翁正春)과 미만종(米萬鍾)[55]의 글씨라 다소 낫지만 아름답지 못하다. 평양의 연광정에 붙은 '제일 강산(第一江山)'은 미불의 석각을 탑본한 것인데, '강(江)' 자가 없기 때문에 주세훈(朱世勛)이 보충한 것으로, 균형이 맞지 않아 백하 윤순이 스스로 써서 바꾸었으나 도리어 그보다 못하다. 석봉 한호는 설암의 글씨체에 얽매여 좋지 못하고, 원교는 스스로 구애됨이 없다고 하였지만 부족하다."

51. 제이직공도(諸夷職貢圖)

송나라 원풍(元豊) 2년(1079) 8월 4일 용면거사(龍眠居士) 이공린

42_ 원나라의 승려로 현오대사(玄悟大師)라고 부른다. 속명은 이박광(李溥光), 자는 현휘(玄暉)이다. 어려서 중이 되었는데 서법에 능하였다. 그가 주방(酒坊)에 쓴 글씨를 보고서 조맹부가 발탁하였다. 《성호사설》에 이것에 대한 기록이 실려 있다.

〈만이직공도〉 주방,
당나라시대, 대북고궁박물관

(李公麟)이 그렸다. 규장각 감서박사(監書博士) 단구(丹邱) 가구사(柯
九思)가 표제(標題)를 썼다.[43]

　이중빈(李仲賓)의 〈직공도 뒤에 쓰다(題職貢圖後)〉[44]

　세상에서 이마에 문신을 새기고 변발(辮髮)을 하며 가슴에 구멍
을 뚫고 발을 모아서 걷는 사람 등[45]은 이루 다 기록할 수 없지만, 직

43_ 이공린은 송나라의 이름난 화가로, 용면거사는 그의 호이다. 가구사는 원나라의 문
　　인으로, 자는 경중(敬仲), 호는 단구생(丹邱生)이다. 시문과 산수화, 금석학(金石學)
　　에 뛰어났다.
44_ 이중빈은 이간(李衎)으로, 중빈(仲賓)은 자이며, 식재도인(息齋道人)은 그의 호이다.
　　묵죽(墨竹)으로 문징명(文徵明)과 이름을 나란히 하였다. 조맹부와도 절친하였다.

방(職方)⁴⁶이나 지도에 대한 일을 맡은 사람이라 하더라도 더욱 하나하나 그 형태의 비슷함을 그려낼 수 없는 법이다. 그런데 용면거사는 먼 이역(異域), 궁벽진 땅을 두루 다 취하여 10종으로 나누어 그렸다. 이는 마땅히 송나라 왕실이 다른 나라와 화평하게 지내어 제후국에서 천자의 나라에 조회를 하여 그 형상을 고하였을 것이요, 이 때문에 이처럼 정밀할 수 있었던 것이다. 이를 보는 사람들은 심상하게 여기지 말고 늘 뛰어난 보배로 여겨야 옳을 것이다. 식재도인(息齋道人)이 쓰다.

> 직공도는 중국에 조공을 바치는 여러 외국과 이민족의 풍속이나 용모 등에 대하여 적은 책인데, 청나라 건륭제(乾隆帝) 때 제작된 〈황청직공도(皇淸職貢圖)〉가 유명하다. 그러나 송나라 때 이공린이 그린 것은 전혀 알려져 있지 않다. 원나라의 화가 이간(李衎)의 제발까지 붙어 있었음을 알 수 있다. 중국에도 이 문헌에 대한 기록은 보이지 않는다.

52. 하량읍별도(河梁泣別圖)

송나라의 평산(平山) 장로(張路)가 그린 그림을 족자로 만든 것이다.⁴⁷

45_ 문신을 새기고 변발을 하며 가슴에 구멍을 뚫고 발을 모아서 걷는 것 등은 변방 오랑캐의 풍속을 이르는 말이다.

46_ 각 지방의 일을 맡아 보는 주(周)나라 때의 관직으로, 여기서는 지리에 대한 직책을 가리킨다.

표암 강세황의 〈하량읍별도에 쓰다(題河梁泣別圖)〉®

내가 예전에 평산이 그린 〈해신도(海神圖)〉를 보니 필력이 웅장
하면서도 빼어나 고개지(顧凱之)와 육탐미(陸探微)⁴⁸의 뜻이 있었다.
대개 대문진(戴文進)과 오소선(吳小仙)⁴⁹을 배운 것으로 그 정신과
골수를 가장 잘 터득하였다. 이제 〈하량읍별도〉를 보니 붓을 놀린
솜씨가 굳세고 호탕하다. 인물과 금수를 그린 것은 비단과 먹 사이
에서 생동감이 뛰어나다. 북인(北人)의 그림이라 하여 이것이 지극
한 보배가 된 것이겠는가? 후대 산수를 그린 사람들은 장평산과 장
삼송(蔣三松)⁵⁰의 무리가 사악한 마도에 빠졌다고 욕을 하지만, 이는
그들의 산수가 방종(放縱)이 너무 심하여 남종(南宗)과 상반되기 때
문일 뿐이다. 편벽된 말은 정말 믿을 것이 못 된다. 을미년(1787) 겨
울날 표암이 쓰다.

> 이릉(李陵)은 한(漢)나라 장수로 흉노(凶奴)와 싸우다가 항복하였는
> 데, 그의 친구 소무(蘇武)가 흉노에 억류되었다가 돌아올 때 서로

47_ 장로는 명나라 때의 절파(浙派)를 대표하는 화가로, 평산은 그의 호이다. 여기서 송
나라의 인물이라고 한 것은 잘못이다.

48_ 고개지는 동진(東晉)의 문인으로 그림에 뛰어났고, 육탐미는 남송(南宋)의 문인으로
산수초목(山水草木)의 그림에 능하였다.

49_ 대문진은 명나라의 화가 대진(戴進)으로, 문진(文進)은 그의 자이다. 임모(臨摹)가
명대 최고로 평가되었다. 오소선은 명나라의 화가 오위(吳偉)로 소선(小仙)은 그의
호이며, 자는 사영(士英) 혹은 차옹(次翁)이다.

50_ 명나라의 화가 장숭(蔣嵩)을 가리킨다. 삼송(三松)은 그의 호인데, 산수와 인물을 초
묵(焦墨)으로 그리는 데 능하였다.

하량(河梁)에서 작별하며 시를 지어 "손을 잡고 하량에 올랐는데, 나그네는 저무는 날 어디로 가시는가?(携手上河梁, 遊子暮何之)"라고 하였다. 이 그림에 정수강(丁壽崗)과 주세붕(周世鵬)이 붙인 시가 전하는데, 정수강이 본 그림은 누가 그린 것인지 알 수 없고, 주세붕이 본 그림은 이공린이 그린 것으로 추정된다. 중국에서도 장로가 그린 〈하량읍별도〉는 확인되지 않고 있다. 장로의 〈설경첩(雪景帖)〉과 〈신장용마도(神將龍馬圖)〉가 조선에 들어와 있었음은 유숙(柳潚)의 〈제고화첩(題古畫帖)〉《취흘집》과 박제가의 〈장평산신장용마도가(張平山神將龍馬圖歌)〉《정유각집》에서 확인할 수 있지만, 이 그림에 대한 중국와 우리나라에서의 다른 기록은 보이지 않는다.

53. 석양정(石陽正) 화죽(畫竹)⁵⁷

만력(萬曆) 을묘년(1615)에 석양정 이정(李霆)이 광해군의 명에 의하여 그림으로 장황하여 병풍으로 꾸몄다. 곧 내사본(內賜本)이다.

54. 춘유방초도(春遊芳草圖)

백릉(白綾)에 수를 놓은 것인데, 장황하여 족자로 만들었다.⁵⁸

55. 난정수계도(蘭亭脩稧圖)

용면거사 이공린이 그린 그림의 인본이다.

〈우죽도(雨竹圖)〉
이정, 1622년,
국립중앙박물관

미불의 〈난정도 뒤에 쓰다(題蘭亭圖後)〉

오른편에 있는 것은 당나라 중서령(中書令)을 지낸 하남공(河南公) 저수량의 글씨를 탑본한 것이다. 〈진우장군왕희지난정연집서(晉右將軍王羲之蘭亭宴集序)〉와 간의대부(諫議大夫) 유공권이 얻은 여러 현자들의 시, 어사검법(御史檢法) 이공린이 만든 그림은 모두 부마(駙馬) 왕진경(王晉卿)의 집안에서 소장하고 있는 것으로, 이른바 삼절(三絶)[51]이다. 숭녕(崇寧) 3년 6월 15일 양양(襄陽) 미불이 쓰다.

중국의《육예지일록(六藝之一錄)》등에 미불의 이 발문이 수록되어 있다. 조선시대 〈난정도〉가 여러 종 있었는데, 이공린의 〈난정도〉 이외에 조선 화가가 그린 〈난정도〉도 여럿 있었다. 이익의 〈난정도발(蘭亭圖跋)〉과 〈서난정도(書蘭亭圖)〉《성호집》에 이공린이 그린 〈난정도〉에 대한 기록이 실려 있다.

51_ 시, 글씨, 그림이 모두 빼어난 것을 삼절이라고 한다.

우리 집은 심원(沁園)¹으로부터 재산을 나누어 따로 살았는데, 기물 중에 보배가 참으로 많았다. 그러나 이제 100여 년 사이에 남은 것은 이뿐이다. 또 근세에 문헌공 부군께서 소장한 문방의 여러 물건들이 있는데, 비록 기묘하거나 진귀한 기물은 없지만 자손에게 보배가 되는 것은 왕전(王氈)²이나 위홀(魏笏)³과 다름이 없다. 무릇 나의 후손들은 감히 열 번 포장하고 깊이 보관하여 잃어버리지 않을 수 있겠는가?

1. 현학금(玄鶴琴)

대모(玳瑁)로 장황을 하고 앞뒷면에 금으로 포도를 그렸다. 양옆에는 하은(霞隱)❶이 금으로 명(銘)을 쓰고, 뒷면에 '남록거사현학금(南麓居士玄鶴琴)'이라고 일곱 글자를 새겼다.

하은의 〈현학금명〉

아름다운 거문고,

백아(伯牙)의 마음.

종자기(鍾子期)가 비로소 지음이 되었으니,

1_ 한나라 명제(明帝)의 딸 심수공주(沁水公主)가 소유한 정원으로, 후대에는 공주의 원림을 가리킨다.

2_ 왕헌지가 소유한 담요라는 뜻으로, 대대로 전해오는 가보를 가리킨다.

3_ 위징(魏徵)이 쓰던 홀(笏)이라는 뜻이다. 당나라의 덕종(德宗)이 이를 승상 위모(魏謨)에게 내려주고 손초(孫樵)로 하여금 명을 짓게 한 바 있는데, 선조의 절의를 높게 여겨 후손이 닮은 것을 가상히 여긴 것이다.

한 번 타고 다시 한 번 시를 읊네.

시원한 허공의 소리가 먼 산에서 일어나고,

강물 위의 고운 달빛 강물은 깊구나.❷

계유년(癸酉年, 1693) 하은이 남록(南麓) 홍 아무개❸를 위하여 쓰다.

홍경모의 〈가장기완명〉(《관암전서》)에 이 현학금에 붙인 명과 양사언의 시에 차운한 시가 실려 있다. 그 서에 따르면 5대를 내려온 오래된 물건이라 하고, 위의 글과 같은 내용을 기록하고 있다.

2. 자명종(自鳴鐘)

서양에서 만든 것이다.

조선시대 자명종은 일월의 고도를 측정하는 동시에 저울추와 시계침이 달려 있어 정확한 시간을 알려주고, 천문관측을 겸하게 되어 있었다. 속에 바퀴를 만들어 추를 달아 왔다 갔다 하게 하고는 침을 실로 매달아 시계의 기능을 하게 하였다. 인시와 신시에는 일곱 번, 오시에는 아홉 번 울게 장치가 되어 있었다. 홍경모의 〈가장기완명〉에 이 자명종에 붙인 명이 실려 있는데, 크기는 한 길이 되지 못한다고 하였다.

3. 서각(犀角)

황색으로 위가 뾰족하고 아래가 풍성하다. 명곡(明谷) 최석정(崔

자명종, 조선 후기, 서울대학교 박물관

錫鼎) 공이 명을 짓고, 동강(東崗) 조상우(趙相愚) 공이 서각 위에 금으로 글씨를 썼다.

명곡의 〈서각명(犀角銘)〉
검은 뿔 누른 뿌리 하늘이 내린 아름다움,
사악함을 막고 심기를 눌러줄 수 있다네.
시대를 뛰어넘은 보배가 홍씨에게 돌아갔으니
명을 지은 자는 누구인가, 존소자(存所子)'라네.

홍경모의 〈가장기완명〉에 이 서각의 명은 실려 있지 않고, 서문만 실려 있다. 나중에 덧붙여 쓴 글에 정명공주로부터 물려받은 것이라고 하였다.

4. 석웅황(石雄黃) 괴석(怪石)
지금은 없다.

석웅황은 약용으로 사용되는 광물로, 뱀이나 귀신을 물리치는 효
과가 있다. 우리나라의 서산, 대흑산도, 대청도 등지에서 생산되
었으나, 연행 도중에 들르는 청석령(靑石嶺)에서 많이 생산되었으
므로 그곳에서 가져왔을 가능성도 크다. 김창업의 《연행일기》와
박지원의 《열하일기》에 따르면 붓을 꽂는 한 자 남짓 높이의 석웅
황으로 된 필산(筆山)을 보았다고 한다. 홍경모의 〈가장기완명〉에
이 괴석에 대한 내용은 실려 있지 않다. 홍경모 대에 소장하지 않
은 것은 여기에 적지 않았다.

5. 청강석(靑剛石) 괴석(怪石)
지금은 없다.

청강석은 비취석(翡翠石)이라고도 하는데, 벽옥(碧玉)의 한 종류이
다. 청강석(靑矼石)이라고도 쓴다. 여러 연행록(燕行錄)에 청강석으

---

4 존소자는 최석정의 호이다. 최석정(1646~17154)은 조선 후기의 문인으로, 본관은 전
주, 초명은 석만(錫萬), 자는 여시(汝時) 혹은 여화(汝和), 호는 명곡(明谷)이 가장 널
리 알려져 있으나, 존소자, 존와(存窩) 등도 사용하였다. 벼슬은 성균관대사성, 홍문
관대제학 등을 역임하였다. 문집으로 《명곡집(明谷集)》이 전한다. 《명곡집》에 〈서각
명(犀角銘)〉이라는 제목으로 실려 있는데, "위홍여곽만회작(爲洪汝廓萬恢作)"이라
는 주석이 달려 있다.

〈기명절지도〉 이한복, 1917년, 국립고궁박물관

로 만든 석가산(石假山)이 청나라 황궁에 있었다고 한다. 이것으로 필산도 만드는데, 《열하일기》에 따르면 고급품은 화은(花銀) 30냥에 이르렀다고 한다.

6. 화류연갑(樺榴硯匣)

화류(樺榴)[5]로 만들었는데, 3층으로 되어 있다. 아랫부분과 받침은 종려나무로 수식하였다. 근세 나누어 연갑 둘로 만들어 하나는 집에 두고, 하나는 계부(季父)의 방에 두었다.

홍경모의 〈가장기완명〉에 이것에 대한 명과 서문이 실려 있는데, 그 내용은 같다.

7. 화류필통(樺榴筆筒)

화류로 만들었는데, 형체는 둥글고 크다. 높이는 5촌 남짓, 넓이는 3촌으로 기이함이 있다.

홍경모의 〈가장기완명〉에 이것에 대한 명이 실려 있다. 그 서에 따르면 기이한 붓을 두는 용기로는 격(格), 병(屛), 통(筒), 가(架), 상(床), 선(船), 세(洗), 점(覘) 등 여덟 가지가 있는데, 모두 서안 위에 올려놓게 되어 있다고 한다. 서유문의 《무오연행록》에 중국에서

5_자단(紫檀)의 목재. 붉은빛을 띠며 단단하여 공예품을 제작하는 데 자주 쓰인다.

나무 필통, 조선 후기, 서울대학교 박물관

화류필통을 본 일을 적고 있다.

8. 군자배(君子杯)

도자기를 구워서 만든 것으로 높이는 3촌, 넓이는 2촌 남짓 되며, 깊이도 높이와 같지만 조금 작다. 가운데 신선이 사는 박산(博山)을 놓았는데 화초의 모습을 잡다하게 새겼다. 박산 안에는 가운데 구멍을 만들어 아래로 밑바닥과 통하게 되어 있다. 술이 반쯤 차면 새지 않고 술이 완전히 차면 아래로 새어나간다. 마시는 사람으로 하여금 잔을 가득 채우지 않도록 하는 것이다.

홍경모의 〈가장기완명〉에 이것에 대한 명과 서문이 실려 있는데, 그 내용은 같다.

9. 마류배(瑪瑠杯)

자황색(雌黃色)으로 크기가 종지처럼 조그마하다. 양 귀의 손잡이에 원숭이의 형상을 새겼다.[6]

> 홍경모의 〈가장기완명〉에 이것에 대한 명과 서문이 실려 있는데, 그 내용은 같다.

10. 옥적(玉笛)

옥으로 만든 피리로, 길이가 2척 4촌이다. 윗부분에 취공(吹孔)과 황공(簧孔)[7]이 각기 하나씩 있고, 가운데에 손가락으로 막게 되어 있는 구멍 6개가 있다. 아래에는 작은 구멍이 있는데 가로와 세로로 된 것이 넷, 대나무 마디를 자른 것이 셋이다.

> 홍경모의 〈가장기완명〉에 이것에 대한 명이 실려 있다. 그 서에 따르면 경주에 예전 옥적이 있었는데 혁거세(赫居世)의 유물이라 하고, 세상에서는 조령(鳥嶺)을 넘으면 소리가 나지 않는다고 하였다. 또 홍양호가 경주부윤으로 있을 때 옥으로 만든 것으로 소리가 매우 맑았다고 한다.

6_마류는 옥의 일종으로 장신구 등을 만드는 데 사용하였다. 경주나 안주 등지에서 소량이 생산되었다.
7_취공과 황공은 피리를 불기 위하여 뚫어놓은 구멍이지만, 자세한 것은 알 수 없다.

11. 숙신씨(肅愼氏)의 석노(石砮)와 석부(石斧)

석노는 위를 날카롭게 하고 아래를 뾰족하게 하며 색은 청색인데, 지금의 쇠 화살촉보다 길다. 석부 역시 청색으로 쇠처럼 단단하다. 그 끝을 갈아서 나무를 자를 수 있다.

문헌공의 〈석노기(石砮記)〉❹

《산해경(山海經)》의 〈대황북경(大荒北經)〉❺에 "대황(大荒)⁸의 땅 가운데 산이 있는데 불함산(不咸山)이라 하고 숙신씨의 나라가 있다"고 하고, 그 주석에서 "불함산은 곧 장백산(長白山)⁹인데 요동(遼東)에서 3,000여 리 떨어져 있다. 그곳의 사람은 동굴에서 생활하고 동물의 가죽으로 옷을 지어 입으며 모두 활에 능하다. 화살은 고(楛)나무를 사용하여 만드는데 길이가 1척 5촌이며, 석청(石青)¹⁰으로 살촉을 만든다"고 하였다. 역사에서는 주나라 무왕(武王) 때 숙신씨가 고시(楛矢)와 석노(石砮)를 공물로 바쳤다고 하였고,❻ 춘추시대 매가 진(陳)나라 임금의 뜰에 나타나자 고시를 쏘아 맞추고 이 일을 공자(孔子)에게 물었다❼고 하였다. 지금의 철령(鐵嶺) 이북 장백산 이동은 모두 숙신의 옛 땅이다.

내가 을유년(1771) 북쪽 변방으로 나가❽ 청해(青海)¹¹의 고을을

8_ 해외의 먼 변방을 이르는 말.

9_ 백두산의 다른 이름.

10_ 편청(扁青)이라고도 하는데, 갈아서 그림물감의 재료로 만든다. 《산해경》의 주석에는 청석(青石)으로 되어 있다.

11_ 함경북도 북청의 옛 이름.

지나니 숙신의 고성(古城)이 나왔는데, 관아에서 북쪽으로 30리 떨어져 있었다. 들판에 흙으로 쌓았는데 누호(壘壕)의 형상이 있었다. 그 땅을 파보면 석촉(石鏃)이 나오기도 한다. 3년 후 봄에 내가 남쪽으로 돌아가다 청해에 머물렀는데, 하루는 숙신의 골동품을 찾다가 석촉 하나와 석부 하나를 얻게 되었다. 모두 청색이고 쇠처럼 단단하였다. 그 끝을 뾰족하게 갈아 나무를 벨 수 있게 되어 있었다.

옛 기록에 "우리나라 동북에 석노가 나오는데 이를 가져다가 반드시 신에게 먼저 제사를 올렸다"고 하였다.❾ 저 숙신씨는 어느 시대에 세워졌는지 알 수 없지만 그때 동굴에서 살며 동물 가죽으로 옷을 해 입었고, 철을 단련하여 병기를 만들 줄 몰라서 나무를 휘어 살을 만들고, 돌을 갈아 살촉을 만들어 이것을 가지고 사슴과 멧돼지를 쫓고 노략질에 대비하였을 뿐이니 그 순박하기가 이와 같았다. 그 후세에 이르러 숙신은 물길(勿吉)이 되고 물길은 말갈(靺鞨)이 되고 말갈은 여진(女眞)이 되었다. 여진이 더욱 강대해져 금(金)나라가 되고 청(淸)나라가 되었으니 두 번 중국을 차지하였다. 석촉과 석부를 지금까지 바꾸지 않고 사용하였다면 단지 동북지방의 한 작은 오랑캐로 남았을 것이니, 어찌 중국을 차지하고자 마음을 먹을 수 있었겠는가? 아, 정교함과 소박함의 변화와 강함과 약함의 차이는 마침내 천하의 큰 근심이 되었으니, 어찌 온 천하 만국으로 하여금 다 그 도끼와 살촉을 돌로 만들게 할 수 있겠는가?

홍경모의 〈가장기완명〉에 이것에 대한 명이 실려 있다. 그 서에 숙신에 대한 정보와 함께 홍양호가 숙신의 도끼와 살촉을 구하게 된 경위가 자세히 기록되어 있다. 허침(許琛)의 〈송노선성출진영안도용신차소운(送盧宣城出鎭永安道用申次韶韻)〉(《동문선》)에서 숙신의 석노를 언급한 것으로 보아 이미 조선 초기부터 숙신의 석노가 널리 알려진 듯하다.

17세기 허목은 숙신의 석노에 대한 관심이 높아 〈득석도설(得石刀說)〉(《기언》) 등을 지었으며, 이익의 《성호사설》에 〈고시석노(楛矢石砮)〉라는 항목을 두어 이 문제를 다루기도 하였다. 성대중의 〈숙신씨토성기(肅愼氏土城記)〉(《청성집》)에서도 이와 유관한 문제를 다루고 있다. 김정희 역시 석노에 관심이 높아 장편 〈석노시(石砮詩)〉에서 이것에 대하여 자세히 다룬 바 있다. 이덕무는 그 부친이 구한 석노를 반정균(潘庭筠)과 이조원(李調元)에게 보낸 바 있다. 이규경도 《오주연문장전산고》에서 〈고시노촉(楛矢砮鏃)〉을 한 항목으로 다루었다. 석부는 석노를 논할 때 함께 다루고 있다.

12. 송전(宋錢)

동전 넷이 있는데 하나는 황송통보(皇宋通寶), 하나는 경덕원보(景德元寶), 하나는 원풍통보(元豊通寶), 하나는 원우통보(元祐通寶)이다. 광곽(匡郭)과 육호(肉好)[12]가 옛날의 오수전(五銖錢)[13]과 같은데, 전서나 예서로 되어 있고 자획은 모두 알아볼 만하다.

문헌공의 〈송전기(宋錢記)〉

오국성(五國城)은 송나라의 두 황제가 구류된 곳이다.[14] 고려시대 북방의 여러 도(道)가 예전에는 여진 땅이었다. 지금 회령부(會寧府)의 보라진(甫羅鎭)에 오래된 산성이 있는데, 그곳 사람들은 오국성이라 한다. 내가 정유년 관북에서 벼슬살이를 할 때 회령 땅을 지나게 되었는데, 이른바 오국성이라는 곳을 찾아보았다. 서쪽으로 20리 떨어진 곳에 산기슭이 두만강에 붙어 우뚝 솟아 있는 모습이 보이는데, 민간에서는 유단(游端)이라고 한다. 그 아래 수십 리 떨어진 곳에 왕릉과 같은 큰 봉분이 있는데 황제총(皇帝塚)이라 하고, 그 곁에 있는 작은 무덤 100여 기는 시신총(侍臣塚)이라고 한다.⑩ 농부들이 땅을 갈면 간혹 송나라 때의 동전을 얻는다고 하였다. 고을 사람에게 부탁하여 4매를 얻었다. 하나는 황송통보, 하나는 경덕원보, 하나는 원풍통보, 하나는 원우통보인데,[15] 광곽과 육호가 고대의 오수전과 같았다. 어떤 것은 전서로, 어떤 것은 예서로 되어 있는데 자획을 모두 알아볼 만하였다.

내가 이를 어루만지면서 탄식하였다. "이는 조씨(趙氏) 송나라의

12_ 광곽은 윤곽(輪廓)이라고도 한다. 동전 바깥의 둥근 테두리와 안쪽의 네모난 구멍을 가리키는 말이고, 육호 역시 바깥쪽의 테두리와 안쪽의 구멍을 이르는 말이다.

13_ 한나라 무제(武帝) 때 주조한 동전으로 무게가 오수(五銖)이고, 전서로 '오수(五銖)'라는 두 글자를 새겼다.

14_ 금나라에서 송나라의 휘종(徽宗)과 흠종(欽宗)을 오국성에 잡아두었다.

15_ 황송통보는 송나라 인종 때이고, 경덕원보는 송나라 진종 때, 원풍통보는 송나라 신종 때, 원우통보는 송나라 철종 때의 화폐이다. 후대 중국에서도 화폐에 새긴 글씨에 대하여 관심이 높았다.

옛 동전이다. 송나라가 망한 후 이제 500여 년이 되었다. 중원의 주인은 이미 세 번 성이 바뀌었으니, 천하에 다시 송이 있음을 어찌 알겠는가? 옛 동전이 영락한 상태로 해동의 한 귀퉁이에 머물러 있으니 슬프다. 악비(岳飛)가 살해되고 진회(秦檜)가 전횡을 하면서부터❶ 북쪽의 수레가 다시는 남쪽으로 갈 수가 없어서 구구하게 고려에 길을 빌려 두 황제에게 소식을 통하게 하려고 하였으니,❷ 어찌 그리 어리석은가? 내가 이 동전을 보고 거듭 감개하는 마음이 들었다."

저 송나라의 재앙은 실로 원풍(元豐, 신종)에서 터가 잡혔으니 원우(元祐, 철종)의 여러 현자들[16]이 일어났지만 구할 수가 없었다. 송나라로 하여금 원풍이 없게 하였더라면 어찌 오국성의 변고가 있을 수 있었겠는가? 황위를 이은 임금이 원우의 정치를 늘 따랐더라면 비록 지금까지 나라를 보존할 수 있었을 것이다. 저 두 원풍과 원우 임금은 송나라 흥망의 조짐이라 하겠다. 훗날 천하의 국가를 소유한 자가 이 동전을 보고 가릴 바가 있을 것이니, 만대의 귀감으로 삼더라도 옳을 것이다.

홍경모의 〈가장기완명〉에 이것에 대한 명이 실려 있다. 그 서에 홍양호의 글과 비슷한 내용이 수록되어 있다. 이 무렵 조선 문인들 사이에서는 중국 고대 동전에 대한 관심이 높았다. 원풍통보는 성대중이 상인에게 구입해 소장하여 〈기원풍통보(記元豐通寶)〉《《연경

16_ 왕안석(王安石)의 신당(新黨)에 반대한 사마광(司馬光), 정이(程頤), 문언박(文彦博) 등을 이르는 말이다.

재집》)를 남긴 바 있다. 이유원은 《임하필기》에서 홍양호가 송나라 때의 동전을 얻게 된 경위를 적은 다음 자신은 숙신의 유물을 소장하였지만 동전은 소장하지 못한 것을 안타깝게 생각하였다. 또 김광수(金光遂)의 손자 김노종(金魯鍾)이 그의 형 태인군(泰仁君) 김만종(金萬鍾)을 장단(長湍)의 산속에서 장사 지내려 묘를 파다가 옛날 사람의 순장물과 송나라 때의 동전인 원풍통보 수백 개와 "호주진정석념이숙조자감인면청여명(湖州眞正石念二叔照子鑑人面淸如明)"이라는 명이 새겨진 팔각경(八角鏡)을 찾았다고 하였다.

13. 안환(雁丸)

크기가 게의 눈 정도이고, 색은 검으면서 윤기가 있다.

문헌공의 〈안환기(雁丸記)〉[13]

두만강 물가에서 사냥을 하는 이가 기러기 한 마리를 잡아 껍질을 벗기니 작은 탄환 하나가 껍질과 살 사이에 있었다. 검으면서 윤기가 있고 크기는 게의 눈만한데, 던져보니 쟁그랑 쇳소리가 났다. 여러 노인들에게 물어보니 어떤 아는 이가 있어 "이는 소인국의 유물입니다. 기러기가 그 땅을 지나다가 사람이 조그마한 것을 보고 쉽게 여겨 가까이 접근하다가 탄환에 맞았는데 죽지 않고 탄환이 박힌 채 날아온 것이지요. 이곳 주민들이 종종 얻곤 합니다. 그 탄환을 보건대 소인국의 사람을 알 만합니다"라고 하였다. 그 말이 정말 황당하다. 아무 근거도 없이 이런 말을 만들어낸 것인가? 내

송전. 송나라의 다양한 엽전들이다.

가 지리지(地理志)⑭를 보니 대인국과 소인국이 동해 가운데 있는데, 고려시대 긴 팔을 가진 사람이 몇 길 길이의 옷을 입은 채 해변에 떠내려왔다고 하고, 서한(西漢) 때 초요국(僬僥國)¹⁷에서 공물(貢物)을 바쳤는데 키가 석 자라 하였다. 어찌 그 지방이 이곳에서 가까운 것이 아니겠는가? 아, 세상에 고시(楛矢)를 변론한 성인이 없으니,¹⁸ 장차 누구에게 물어보아야 할 것인가? 이 때문에 짐짓 상자에 넣어두고 박학한 군자를 기다린다.

　　홍경모의 〈가장기완명〉에 이것에 대한 명이 실려 있다. 그 서에
　　소인국에 대한 자세한 기록이 보인다.

14. 옥서안(玉書案)

성도(成都)에서 나는 백옥으로 겉면을 만들고, 자작나무로 네 모서리를 치장한 다음 고목의 뿌리로 아래를 받쳐놓았다. 뿌리 안을 파내어 물건을 담을 수 있게 하였다.

　　홍경모의 〈가장기완명〉에 이것에 대한 명과 서문이 실려 있는데,
　　그 내용은 같다.

17_ 소인국을 말한다. 《국어》에 이 기록이 보인다.
18_ 춘추시대 매가 진나라 임금의 뜰에 나타나 고시(楛矢)를 쏘아 맞추고, 이 일을 공자에게 물으니 공자는 매가 멀리서 온 것이며 화살은 숙신씨의 것이라고 하였다. 여기서는 기이한 물건에 대하여 물어볼 사람이 없다는 뜻이다.

15. 옥향로(玉香爐)

옥으로 만든 것으로, 귀 둘에 다리가 셋이다. 가운데를 파내었고 바깥은 풍성하게 되어 있다. 목과 배 부분의 사면에 발톱이 아홉 있는 용을 새기고, 사이사이에 우레 문양과 도철(饕餮)[19]을 새겼다. 위에 박산을 깎아 덮개를 만들었다. 네 모서리에는 '유주용정(有周龍鼎)'[20]이라는 글씨를 새겼다. 배 부분에는 예서로 한유의 〈석정연구(石鼎聯句)〉[15]를 새겼다. 첫 번째 다리에는 "당(唐) 원화(元和) 7년[16] 이후 981년이 지난 임자년(1792) 맹하 조선(朝鮮) 조윤형(曺允亨)이 쓰다"라는 뜻의 22자를 새기고, 두세 번째 다리에는 "이계(耳溪, 홍양호)가 꿈에 원교(이광사)를 만나 글씨를 논하고[17] 〈석정연구〉에 대하여 이야기를 나누었는데 솥의 배에다 이를 새겨 문방(文房)의 기완(奇玩)으로 삼는다. 성도의 백옥으로 주나라의 용정을 본뜨고, 그 시를 새겨 고인의 말씀을 실천한다. 이계의 손자 조영(祖榮)[21]이 삼가 쓴다"는 뜻의 글자 52자를 새겼다.

> 홍양호의 〈몽중논서기(夢中論書記)〉에 따르면 1791년 평안도관찰사로 있을 때 성천(成川)의 백옥(白玉)으로 정(鼎)을 만들었는데, 주나라의 용정(龍鼎) 모양으로 만들어 조윤형에게 청하여 예서로 〈석

19_ 중국 고대 전설에 나오는 탐학한 괴물로, 종과 솥 등의 기물에 많이 새겼다.
20_ 주나라의 용정이라는 뜻으로, 용 문양을 새긴 주나라 때의 솥이 골동으로 인기가 높았다.
21_ 조영은 곧 홍경모의 어릴 때 이름이다. 조부 홍양호가 중국의 문인 기윤(紀昀)과 교유하였는데, 홍경모가 중국에 오가면서 심부름을 하였다.

백자박산향로, 12세기, 간송미술관

정연구)를 새겨 향로로 삼았다고 하였다. 명문의 성도는 중국 성
도가 아니라 평안도 성천을 말한다. 홍경모의 〈가장기완명〉에 이
것에 대한 명이 실려 있다. 그 서에서 고대에는 향을 태우지 않아
향로가 없었으므로 후대의 향로는 모두 종묘의 제기로 술잔을 삼
은 것인데, 노(爐)는 예전의 술잔인 작(爵)이라 하였다. 또 박산향
로(博山香爐)가 한나라 태자의 궁에서 쓰던 것이므로, 이때부터 향
로가 만들어진 것이라고 하였다.

16. 선덕연(宣德硯)

정수리에 묵지(墨池)[22]를 파고 입술에 구름 속의 달과 누운 소의
형상을 새겼으며, 사면에는 인물과 산수를 새기고 배 부분에 작은

22_ 벼루에서 물을 담는 부분을 이르는 말.

젖 2개가 아래로 매달린 모습을 새겼다. '신유송년(臣劉松年)'[23]이라는 네 글자를 관지(款識)[24]로 새기고, 배에다 2개의 조그마한 젖꼭지를 깎아 붙여 아래로 드리워지게 하였다. 중간에 '어부지인(御府之印)'[25]이라는 네 글자의 인기(印記)가 새겨져 있었다. 외갑(外匣)은 강진향(降眞香)[26]을 사용하고, 위에 옥 한 조각을 붙였다.

효람(曉嵐) 기윤(紀昀)[27]의 〈소지(小識)〉

이 벼루의 관지와 인기는 모두 여구(黎邱)[28]의 기술이지만 선덕(宣德)[29] 연간의 옛 돌은 없어졌다. 아마도 이것을 가지고서 진실을 가리지는 못할 것이다. 건륭(乾隆) 갑인년(1794) 5월 효람이 기록한다.

문헌공의 〈선덕연가(宣德硯歌)〉⑱

흡주(歙州)⑲의 돌로 만든 선덕연은

검은 옥 한 조각 쪼개 만들었다네.

명나라 성세에 그 땅에서 진상한 것이라,

23_ 유송년은 송대의 이름난 화가로, 그의 그림이 조선 문인의 집에 여러 점 소장되어 있었다.
24_ 종정이기(鐘鼎彝器) 등의 기물 위에 새기는 문자나 그림을 이르는 말.
25_ 중국 황실에서 소장하고 있다는 뜻의 도장이다.
26_ 향나무의 일종으로, 중국에서 사치품을 장식하는 데 사용하였다.
27_ 기윤(1724~1805)은 청나라의 문인으로, 자는 효람 혹은 춘범(春帆)이며, 호는 관혁도인(觀弈道人). 기윤은 《사의당지》에 모두 기균(紀勻)으로 되어 있다. 우리나라의 다른 문헌에도 기균으로 된 곳이 많지만, 중국에는 기윤으로 되어 있어 이를 따른다.
28_ 중국의 지명인데, 자세한 것은 알 수 없다.
29_ 명나라 선종(宣宗)의 연호. 1426~1435년까지 이 연호를 사용하였다.

무지갯빛이 반짝반짝 황금 대궐에 올랐네.

황실의 뛰어난 기술자가 벼루를 만드니

초승달과 늙은 소가 드러날 듯 숨은 듯.

동관(彤管)[30]을 따라 보탑(寶榻)[31]에서 모시고

매번 얼음같이 흰 비단을 쓸면서 잔치자리에 올랐네.

곤명지(昆明池)의 석어(石魚)[32]는 재로 변해버렸고

미앙궁[33]의 금기와도 싸라기눈처럼 흩어졌지.

하간(河間)의 종백(宗伯)[34]이 옛것에 벽이 있어

오래된 물건을 학사원(學士院)[35]에서 구하였지.

선덕의 어보(御寶)로 유송년(劉松年)의 그림이라고

전각(篆刻)이 돌 위에 분명하게 새겨져 있네.

열 번 싸 깊이 보관하여 서안(書案)에 두고

몇 개의 성만큼이나 귀중하게 여겼다네.[20]

30_ 붉은 옻칠을 한 붓이라는 뜻으로, 대궐에서 여사(女史)가 역사를 기록하는 데 사용하였다.

31_ 고급스럽게 치장한 탑상. 주로 대궐 등에 있는 탑상을 가리킨다.

32_ 장안의 서남쪽에 있는 큰 못으로, 한나라 무제가 곤명지를 만들어 물고기를 길렀는데 자꾸 새로 변하여 날아가자 나중에 돌로 경어(鯨魚)를 만들어 못 가운데 두었더니 소리 내어 울며 꼬리를 움직였다고 한다.

33_ 한나라 고조가 세운 궁전의 이름. 미앙궁의 기와는 황금이 아니라 구리로 만들었는데 홍양호가 착각한 듯하다.

34_ 한나라 경제의 셋째 아들인 하간헌왕(河間獻王) 유덕(劉德)을 가리킨다. 실사구시(實事求是)의 학문을 바탕으로 좋은 글씨를 보면 반드시 임모해두고, 또 옛것을 좋아하여 금백(金帛)으로 고서를 많이 구입하였는데, 무제가 그의 유행(儒行)을 칭찬하고 종정(宗正)에 제수하였다.

35_ 당나라 때의 학술기관으로 한림원(翰林院)이라고도 한다.

삼한(三韓)의 사신이 황제의 수도에 이르니

오문(午門)에서 한 번 접하고 나를 만나주었네.

문장으로 대우함은 예로부터 어려운 일인데

뜻이 맞아 나를 찾은 것❹ 내 자랑거리 아니라네.

나의 글이 정맥(正脈)에 가깝다 허여하였으니

어찌 중국의 선비에게 이런 대접 받는가?

온 세상 문자를 같이 써[36] 내외(內外)의 구분 없으니

말세의 번잡한 소리가[37] 한 번 바뀌기를 바라노라.

홍농(弘農)의 석우(石友)[38]를 다시 주었으니

우전(虞典)과 주고(周誥)❹의 연찬을 기약하겠네.

만 리 먼 곳에 들고 오니 공벽(拱璧)[39]과 같은데

심획(心劃)[40]이 간절하여라, 손때까지 묻은 것이니.

가르침을 베푸시니 몽매함을 깨치겠고

바로잡아주시니 거친 것을 다스리겠네.

매끄럽지만 먹을 밀지 않고 껄끄럽지만 붓을 잡지 않으니

백 장의 비단인들 붓 한 번 휘두름에 어려울 것 있으랴?

36_ 온 세상이 같은 문자를 사용한다는 뜻. 《중용》에서 "今天下, 車同軌, 書同文, 行同倫"이라고 하였다.

37_ 문자는 같지만 글자의 음이 중국과 달라진 것을 말한다.

38_ 글씨에 능하였던 장백영(張伯英)을 가리키는데, 홍농(弘農) 사람이다. 석우는 벼루를 일컫는 말이다.

39_ 한 아름이나 되는 큰 옥. 진귀한 보물을 이르는 말이다.

40_ 말은 마음의 소리라 하고, 글은 마음의 획이라 한다. 양웅(揚雄)의 《법언(法言)》에 나오는 말이다.

뱃속에는 응당 하늘의 정기를 품고 있으리니
물 한 방울 부어 열흘 가도 마르지 않는다네.
문사가 이로부터 절로 용솟음쳐 나오리니
노부가 이를 씀에 지겨운 줄 모른다네.
공이여 내게 어찌 이런 정중한 은혜 베푸셨나?
한밤중 그리움이 사라지지 않는다네.
아, 천년의 지음과 이제 같은 세상에 있건만
산과 바다 아득하여 만날 수는 없구나. ㉓

문헌공의 〈선덕연기(宣德硯記)〉㉔

선종황제(宣宗皇帝)는 대명(大明)의 성대한 천자(天子)이다. 처음
성조황제(成祖皇帝)께서 꿈에 고황제(高皇帝)[41]를 알현하니 고황제께
서 대규(大珪)[42]를 내려 자손에게 전하여 영원히 창성하라 하였다.
얼마 후 장태후(張太后)가 황손(皇孫)을 낳았다. 성조께서 이를 보고
크게 기뻐하여 "아름다운 기운이 낯에 넘쳐나니 짐의 꿈과 부합한
다"고 하고, 영락(永樂)[43] 연간에 황태손(皇太孫)으로 세우고는 매번
인종(仁宗)에게 "훗날 태평시대의 천자가 될 것이라"고 하였다.

일찍이 황손이 성조를 좇아 금원(禁苑)에서 노니는데 인종이 뒤
를 따라가니 황손의 몸이 비대하여 걸음걸이가 가끔 조금씩 비틀

41_ 명나라를 개국한 고조 주원장(朱元章)을 이른다.
42_ 옥으로 만든 큰 홀을 이른다.
43_ 명나라 성조의 연호. 1403~1424년까지의 기간이다.

거렸다. 한왕(漢王) 고후(高煦)[44]가 뒤에서 웃으면서 "앞서 가는 수레가 넘어지면 뒤에 가는 수레가 경계로 삼는다"고 하였다. 황손으로 있던 선종이 목소리를 가다듬어 "또 뒤에서 의논하는 자가 있소이다"라고 하였다. 고후가 마음속으로 꺼림칙하게 여겼다.

선덕 원년(1426) 고후가 반역을 꾀하니, 황제가 친히 육사(六師)[45]를 이끌고 예기치 못한 방식으로 정벌을 하였다. 고후는 세력이 궁하여 나와 항복을 하니, 선종이 주살(誅殺)하지 않고 담장 안에 금고(禁錮)하였다. 3년 후 선종이 변방을 순수하다가 올량합(兀良哈)[46]이 회주(會州)에서 노략질을 한다는 말을 듣고 정병(精兵) 3,000명을 직접 인솔하여 석문(石門)의 험준한 지역을 뚫고 희봉(喜峰)[47] 입구로 나와서 직접 활을 쏘아 그 선봉에 서서 세 사람을 쏘아 죽였다. 오랑캐들이 황룡기(黃龍旗)를 바라보고 말에서 내려 영준(英俊)한 무용(武勇)에 절을 하고 항복하였으니,❷ 하늘이 내린 사람이라 하겠다.

정치를 함에 오로지 문덕(文德)을 숭상하였는데, 일찍이 〈초은가(招隱歌)〉[48]를 지어 천하에서 쓰이지 못한 사람을 구하니 뛰어난 인재들이 왕성하게 일어나게 되었다. 선덕 연간의 다스림이 태평성

44_ 명나라 성조의 둘째 아들이며 인종의 아우로, 선종 때 모반을 꾀하였다가 황제의 친정에 의하여 잡혀 죽임을 당하였다.
45_ 천자의 군대를 이르는 말.
46_ 만주에 있던 몽골의 한 종족.
47_ 석문과 희봉은 계주(薊州)에 있는 지명이다.
48_ 은자를 부르는 노래라는 뜻이다.

세라는 일컬음을 얻게 되었다. 번국(藩國)⁴⁹에게 내리는 조칙(詔勅)이 대부분 어제에서 나왔으니 문장이 찬란하였다. 더욱이 우리나라는 예의를 지키는 나라인지라 은혜와 대우가 특별히 융성하였다. 우리 강정왕(康靖王)㉖ 때 조환(條環)과 도검(刀劍), 채대(綵帶)를 하사하고, 다시 오경(五經)과 사서(四書)를 내리고 하유(下諭)하였다. "왕은 공손하게 중국 조정을 섬겨 우뚝 뛰어난 임금이라 하겠소. 특별히 세자의 조근(朝覲)⁵⁰을 면제하겠소." 전후로 조칙을 받들어 우리나라에 전한 것이 거의 열 차례였다. 우리나라 사람들이 지금도 칭송하고 있다. 아, 명나라의 성대한 일이 아득히 옛일이 되었다.

갑인년(1794) 내가 공물을 바치는 사신으로 뽑혀 연경에 가게 되었다. 예부상서(禮部尙書) 기윤이 오문(午門)⁵¹에서 하사품을 내리는데 멀리서 바라만 보고 자리를 넘어가서 말을 나눌 수 없었다. 물러나 있으니, 사람을 보내어 은근한 정을 표하고 나의 시문을 보고자 하였다. 취향이 서로 통함이 나라가 안팎으로 다르다 하여 막힘이 없었다. 마침내 글을 써서 연행 도중의 시문 수십 편⁵²을 보내었다. 기공이 각기 두 편의 서문을 지어 분에 넘치게 추켜세워 고문(古文)의 정맥을 터득했다고 하였다. 돌아올 때 오래된 벼루 하나를 주었는데, 선덕황제가 예전에 쓰시던 것으로 도장(圖章)이 완연하였다.

49_ 천자에게 공물을 바치는 제후국을 이르는 말.
50_ 신하가 군주를 알현하는 일.
51_ 오조문(午朝門)으로, 청나라 황궁의 정문이다.
52_ 북경으로 갈 때 쓴 시집 〈연운기행(燕雲紀行)〉을 가리킨다.

네 귀퉁이에 유송년의 그림이 새겨져 있었는데 정교하고 관지가 분명하였다. 상전벽해(桑田碧海)의 파란을 겪고 나서 민간에 떠돌았는데, 기공이 이를 얻어 보배로 삼은 것이었다. 지금 나를 한 번 만나보고 지음(知音)으로 여기어, 세상에 드문 보배를 아까워하지 않고 이국의 사람에게 던져주니, 정말 성심으로 돈독한 우의가 아니라면 능히 이와 같을 수 있겠는가? 게다가 우리 동방은 명나라의 재조지은(再造之恩)[53]을 입었으니 만세가 가도록 잊을 수 없는데, 이제 400년 후에 이렇게 대궐 안에 소장하고 있던 진품까지 얻게 되었다. 수택(手澤)이 아직 남아 있고, 천향(天香)[54]이 여전히 촉촉하다. 황홀하게도 이몽양(李夢陽)과 하경명(何景明) 등 여러 학사와 함께 오운(五雲)과 화전(花甎) 사이에 돌아다니는 듯하니[55] 어찌 기이하지 않겠는가? 이에 경건하게 문방에 소장하고 감히 함부로 쓰지 않아, 비풍(匪風)과 열천(洌泉)❼의 사모하는 뜻을 부치고자 한다.

홍경모의 〈가장기완명〉에 이것에 대한 서문과 함께 명이 실려 있다. 이유원의 《임하필기》에 기윤이 홍양호에게 준 선덕연, 붉은 빛깔의 벼루 받침돌, 정군방(程君房)의 먹, 옥으로 만든 여의주(如意

53_ 임진왜란 때 명나라가 구원병을 보내 왜적을 물리쳤는데, 이를 부모의 은혜에 비겨 재조지은이라고 한다.
54_ 아름다운 향, 특히 궁중에서 임금이 쓰는 향을 이르는 말이다.
55_ 이몽양과 하경명은 명나라의 문인으로, 복고주의적 문학이 조선에 큰 영향을 끼쳤다. 화전은 오화전(五花甎)이라고도 하는데, 당나라 때 대궐의 길에 꽃문양을 장식한 벽돌을 깔았다.

珠), 다리미처럼 생긴 위두(威斗), 호로박 모양의 찻주전자 등을 들고, 모두 문방의 좋은 물품들이라고 하였다.

17. 단연(端硯)

유호록(鈕祜祿)[56] 제부(制府)[57]에서 새로 만든 단연(端硯)[58]은 색깔이 푸르면서도 붉은빛을 띠고 재질은 강하면서도 매끈하다. 정수리에 묵지를 뚫었는데 면은 네모반듯하고 평평하게 바르다.

효람 기윤의 명(銘)

새로운 벼루도 아름다운데, 어찌하여 가짜 옛것이라 하는가?
진짜 송원(宋元)의 시는 모의한 악부(樂府)보다 나은 것을.
정사년(1797) 칠석(七夕)에 효람이 명을 짓다.

> 홍경모의 〈가장기완명〉에 이것에 대한 명이 실려 있다. 그 서에 《동천청록(洞天清錄)》[59]을 인용하여 단계연(端溪硯)에 대하여 자세히 적고 있다. 자신의 집안에 소장된 벼루가 정말 단계에서 나온 것인지는 알 수 없으며, 기윤이 의심을 품기는 하였지만 우리나라

56_ 청나라 때 만주족의 성으로, 청나라 인종(仁宗)의 황후가 이 성의 여인이다.
57_ 제부는 총독(總督)을 이르는 말이다.
58_ 중국 단계(端溪)에서 나는 명품 벼루를 이르는 말이다.
59_ 송나라의 조희곡(趙希鵠)이 편찬한 잡록으로, 기물과 서화에 대하여 자세히 적고 있다.

조선시대 유행하던 연잎 모양의 벼루와 먹을 갈 때 사용하는 물을 담는
용기인 연적. 모두 국립고궁박물관에 소장되어 있다.

벼루보다는 훨씬 낫다고 하였다.

조선시대 단계연에 대한 기록이 자주 보인다. 효종이 중국에서 숭정제(崇禎帝)의 단계연을 얻어 대궐에 소장하였다가 나중에 허격(許格)에게 주었고 후에 성해응의 집안으로 넘어왔다. 이를 두고 성해응이 〈숭정황제단연명(崇禎皇帝端硯銘)〉(《연경재집》)을 쓴 바 있다. 유금(柳琴)도 단계연을 소장하여 유득공(柳得恭)이 〈기하실장단연가(幾何室藏端硯歌)〉(《영재집》), 박제가(朴齊家)가 〈유기하영지단연명(柳幾何靈芝端研銘)〉(《정유각문집》) 등을 지었다. 이유원의 《임하필기》에는 김정희가 자그마한 단계연을 중국의 옹방강에게서 얻었는데, 나중에 세도가로 넘어갔다고 하였고, 또 북경의 시장에서 단계연이 가장 고가라고 하였다.

18. 수중승(水中丞)

백자(白磁)로 구운 것으로 높이는 3촌 남짓인데, 배에는 물 한 홉을 담을 수 있다. 배 부분에는 입이 묶여 있고 다리는 없다. 둘레에 두 마리 청룡이 가늘게 그려져 있고, 밑에 '대청강희(大淸康熙)'라는 글자가 새겨져 있다.[28] 곧 강희제(康熙帝)의 어요(御窯)에서 만든 것이다.

효람 기윤의 〈수중승(水中丞)〉
커다란 배가 있어 물이 쉽게 담기고
좁은 입이 있어 먼지에 더럽혀지지 않는다.

오래 담아두면 맑은 샘이 되나니

군자가 그 검속(檢束)을 깨닫는다네.

　　수중승은 벼루에 따르기 위하여 물을 담아두는 수주(水注, 硯滴)이
　　다. 홍양호의 〈여기상서서(與紀尙書書)〉에 함께 실린 기윤의 편지
　　에 홍양호에게 선물로 보낸 수와(水蛙), 백마노(白瑪瑙), 소배(搔背),
　　낭요수중승(郞窯水中丞), 갈운첨다주(葛雲瞻茶注) 등을 적고 있다.
　　홍경모의 〈가장기완명〉에 이것에 대한 명이 실려 있다. 그 서에
　　따르면 예전에는 수주가 없어 새벽에 일어나면 하루치의 묵즙을
　　갈아서 벼루에 채워두고 먹물을 다 사용하면 다시 갈았으므로 물
　　사발만 있었다고 하였다. 또 《동천청록》을 인용하여 수주와 특히
　　중승주에 대하여 자세히 적고 있다. 이어 거북이 뱀을 지고 있는
　　형상의 연적, 두꺼비 모양의 섬주(蟾注), 복숭아 모양의 도주(桃注)
　　등을 들었다. 이유원의 《임하필기》에 따르면 옹방강에 의하여 조
　　선으로 건너온 물품 중에도 수중승이 있었다고 한다.

19. 연산(硏山)

신주(辰州)의 단사(丹砂)로 만든 상(床)이다. 연산(硏山)[60]은 색이
푸르스름하고 반점이 있으며, 5개의 작은 봉우리를 깎아 만들고 그
사이에 단사가 찍혀 있다. 높이는 3촌 남짓, 길이 5, 6촌 정도로 화

60_ 산 모양으로 된 벼루를 이르는 말.

류상(樺榴床) 위에 올려놓았다.

문헌공의 〈연산명(研山銘)〉❷⑨
하늘을 막고 남은 재질인데❸⓪ 베틀을 괴느라 정기가 상하였지.❸①
기운이 엉기어 단사가 되어 그림자가 수정처럼 맑다네.
비뚤지도 기울지도 않고 산 같기도 하고 병풍 같기도 하다네.
중산(中山)의 호걸이 관성(管城)에서 밥을 먹는데[61]
도홍(陶泓)과 진현(陳玄) 그리고 저선생(楮先生)[62]이
문원(文苑)에 나란하니 마치 형제와 같다네.
종횡으로 변화무상하여 만 가지 형상으로 나타나는데
어둑하여 귀신을 할퀼 듯 훤하여 해와 별처럼 밝다네.

　　　　홍경모의 〈가장기완명〉에 이것에 대한 명이 실려 있다. 그 서에
　　　　따르면 연산은 미불이 남당(南唐)의 보석으로 처음 만든 것인데,
　　　　나중에 이를 모방하여 만들었다고 한다. 그 제작방법에 대해서도
　　　　자세히 적고 있다.

61_ 중산은 붓의 명산지로, 붓을 의인화한 것이다. 관성자(管城子)는 한유의 〈모영전(毛
　　穎傳)〉에서 붓을 의인화한 말인데, 관성은 붓의 성이라는 뜻으로 사용한 말이다.
62_ 도홍은 벼루를, 진현은 먹을, 저선생은 종이를 의인화한 것으로 모두 한유의 〈모영
　　전〉에 나온 말이다.

20. 묵상(墨床)

백옥으로 겉면을 만들고 화류목(樺榴木)으로 대를 만들었는데, 길이가 1촌 남짓이고 너비가 3촌이다. 이무기와 표범을 옥에다 가늘게 새겨놓았는데, 기이하고 교묘한 솜씨가 마치 살아 있는 듯하다.

> 홍경모의 〈가장기완명〉에 이것에 대한 서문과 함께 명이 실려 있는데, 그 내용은 같다. 이유원의 《임하필기》에 따르면 옹방강에 의하여 조선으로 건너온 물품 중에도 묵상이 있었다고 한다.

21. 옥여의(玉如意)

강진향으로 자루를 만들었는데, 길이가 2척이며 머리와 허리, 꼬리에 옥을 붙이고 이무기와 표범을 새겼으며, 황색의 유소(流蘇)를 늘어뜨렸다.[63]

> 문헌공의 〈옥여의가(玉如意歌)〉[62]
> 옥여의는 군자가 지니는 기물이라,
> 붉은 계수나무로 자루를 만들고
> 구슬을 아로새겨 고리를 만든다네.
> 늘 여러 패물과 함께 몸을 떠나지 않고

63_ 옥여의는 소원을 이루게 된다는 채를 이르는 말인데, 서호수는 《연행기》에서 청나라의 대궐에서 옥여의를 본 적이 있다고 하였다.

좌우에 두면서 손가락의 부림을 받는다네.

효람 선생은 문장의 종백(宗伯)인데

문형(文衡)이 되어서 강당(講堂)에 나아갔네.

단출한 수레로 별들의 근원까지 멀리 올라서[64]

한눈으로도[65] 석거각(石渠閣)[66]을 두루 보았지.

미친 물결 바로잡아 넘치지 못하게 하였고[33]

정맥을 부여잡아 사도를 물리쳤네.

우리 동방에서 옥백(玉帛)[67]을 받들어 가니

공은 남궁(南宮)[68]에서 규서(圭瑞)[69]를 내리셨네.

감히 자리를 넘어 말을 주고받지 못하였는데도

오히려 요행이 사람을 통하여 글을 보려 하였지.

두 편의 글로 긴 평을 달아 은혜를 베풀었으니

분에 넘치게 추켜세워 정말 부끄러웠다네.

위로 전모(典謨)를 따라 올라 본말을 탐색하고[34]

아래로 문호에 이르러 진위를 구분하였지.[70]

64_ 조정의 높은 벼슬을 두루 하였다는 뜻이다.

65_ 원문의 '척안(隻眼)'은 견식이 매우 뛰어난 것을 비유하는 말이다.

66_ 한나라 때 황실에서 책을 소장하던 곳. 여기서는 기윤이 《사고전서》를 편찬하기 위하여 황실의 도서를 두루 참고한 일을 가리킨다.

67_ 고대에 조빙을 할 때 예물로 가져가던 옥과 비단을 이르는 말이다.

68_ 예부 혹은 예조를 이르는 말이다. 기윤이 예부상서를 지냈다.

69_ 고대 황제의 조빙 의식에 사용하던 예기.

70_ 문호는 학문으로 들어서는 문경(門經)을 이른다. 이 구절은 고대 서적의 진위를 분별하는 고증학에 능하였음을 가리킨다.

비유하면 가벼운 수레가 넓은 길에 나서서

고삐를 단정히 잡고 우아하게 몸을 돌려가는 듯.

또 오정(五鼎)[71]에 희생을 진열하고서

절로 시고 단맛을 맞추어 큰 고기를 맛보는 듯.

분분하게 오초(吳楚)의 땅에 참람함이 많건만,[72]

우뚝 높은 단에 서서 붉은 깃발을 들고 선 듯.[73]

내가 거친 무쇠라 모래가 많이 붙었다고 여기면서도

근실하게 솜씨 있게 좋은 쇠로 단련시켜주셨다네.

헤어짐에 이를 주어 유별난 뜻을 보였으니

내 아홉 길 산을 위하여 한 삼태기 흙을 더하게 권하였네.㉟

옥은 군자의 덕에 비하는 지라.

군자가 성(誠)을 잘 보존함은 딴마음 먹지 않아야 한다네.

여의(如意)여 정말 내 뜻과 같으니

늘 나를 따라다님에 이롭지 않음이 없으리라.

홍경모의 〈가장기완명〉에 이것에 대한 명이 실려 있다. 그 서에 따르면 옥여의는 오(吳)나라 때 말릉(秣陵)에서 발굴되었는데, 전국시대 때부터 비롯된 것이라고 하였다. 이유원의 《임하필기》에

71_ 중국 고대에는 5개의 솥에 다섯 종의 희생을 담아서 제사를 지냈다.

72_ 중국 남방의 오나라와 초나라 땅에서 항우(項羽)가 참람하게 황제의 예를 행한 일을 가리킨다.

73_ 한나라는 붉은 깃발을 사용하였는데, 한신(韓信)이 조(趙)나라를 치고 그 깃발을 뽑아 한나라의 붉은 깃발을 세웠다.

따르면 옹방강에 의하여 조선으로 건너온 물품 중에 천연여의옥(天然如意玉)이 보이는데, 김정희가 소장하다가 장몽초(張夢樵)라는 사람의 여의실(如意室)로 넘어갔다고 하였다.

22. 투호(投壺)

구리로 틀을 만든 것으로, 왜국(倭國)에서 주조하였다. 온몸에 꽃을 세워놓았으며, 투호의 배에는 불상을 새겼는데 지금은 없어졌다.

홍경모 당대에 이미 없어진 것이라 〈가장기완명〉에는 실려 있지 않다.

23. 마노배(瑪瑙背)

오목(烏木)으로 몸통을 만들고 흰 마노[74]를 깎아 만든 것으로, 손가락과 손톱이 모두 갖추어져 있다. 다섯 번째 손가락의 손톱은 봉선화로 물을 들였다. 몸통 끝도 마노가 함유되어 있다. 제작이 매우 기묘하여 등을 긁기에 알맞다.

효람 기윤의 〈소배(搔背)〉
손톱은 마고(麻姑)[75]를 본뜬 것,

74_ 옥의 한 종류로 고급 그릇이나 장식의 재료로 사용되었다.
75_ 전설에 나오는 선녀로, 손톱이 매우 길어 그를 만난 채경(蔡經)이라는 사람이 손톱으로 등을 긁기에 알맞다고 하였다.

〈투호〉 신윤복, 18세기, 간송미술관

이것으로 가려운 등을 긁을지니.

날카롭게 긁는 일은 그가 능한 것

조종하는 일은 내 손에 달렸다네.

홍경모의 〈가장기완명〉에 이것에 대한 명과 서문이 실려 있는데,

그 내용은 같다.

24. 다주(茶注)

의흥(宜興)의 명공(名工) 갈운첨(葛雲瞻)[35]이 제작한 것으로, 흙을 쳐서 만든 것이다. 색깔은 누르고 새의 형상을 본떴다. 배에 1홉의 물을 담는데 뚜껑으로 덮게 되어 있다. 제품이 절묘하여 《다경(茶經)》에서 이른 숙우(熟盂)라 할 만하다.[37]

효람 기윤의 〈다주(茶注)〉 시
늙어 제일 좋은 옷을 걸친들
공문서의 수고로움 없어지랴?
향긋한 차를 한 번 따르면
족히 번뇌를 씻을 수 있다네.

홍경모의 〈가장기완명〉에 이것에 대한 명과 서문이 실려 있는데, 그 내용은 같다.

25. 호로완(葫蘆盌)

호로완(葫蘆盌) 하나와 호로호(葫蘆壺) 하나는 강희제 때 복제한 것이다. 호로완은 황색이고, 모양은 둥글며 우레 문양을 새겼다. 호로호 또한 황색으로 네모나며 네 귀퉁이에 '하늘에서부터 복을 내린다(自天申福)'라는 네 글자를 새기고 뚜껑으로 덮게 되어 있다. 뚜껑에는 작은 덩굴풀이 드리워지게 새겨져 있다. 모두 화류상 위 대에 올려놓는데, 대 또한 화류목을 아로새겼다. 제작이 기묘하다.

문헌공의 〈호로완명(葫蘆盌銘)〉[38]

호로완의 배는 술을 받아들이고

호로호의 입은 끓인 차를 붓는다.

너의 바탕 본디 둥그스름하고,

너의 머리 본디 기다랗건만,

기다란데 어찌하여 짧은가?

둥근데 어찌하여 네모난가?

하늘이 만든 것이니

뛰어난 사람 솜씨 빌 것 있겠나?

아로새길 것 없어도

문양이 이루어져 있다네.

머물러 움직이지 않으니

군자의 떳떳함이 있구나.

신선처럼 이슬을 마신다면

내 폐와 장을 맑게 하겠네.

홍경모의 〈가장기완명〉에 호로완과 호로호에 대한 명과 서문이
실려 있는데, 그 내용은 같다.

26. 위두(威斗)

구리를 주조하여 만든 인두처럼 생긴 것으로 청록색이며, 자루의
길이는 7, 8촌이다.

문헌공의 〈위두명(威斗銘)〉^㉝

하늘에서 본떠 만들었으니
북녘의 북두성이 그것이라네.
인간세상에서 기물을 만드니
그 운용은 손에 달려 있다네.
경외하는 마음이면 길하나니^㊵
속을 비워 받아들일 것 있다네.
사해(四海)가 한가지라
널리 베풀고 적게 취하라.
효자가 이로써 술을 따르고
이로써 장수를 기원하네.
봉녀(縫女)^㊶가 불을 관장하니
찬 덮개를 따스하게 데우네.
금도(金刀) 때 나온 것이라^㊷
고운 옥처럼 보배롭네.
벗이 마음을 주신 것이라
굳세면서도 오래가리라.

홍경모의 〈가장기완명〉에 이것에 대한 명이 실려 있다. 그 서에 따르면 위두는 한나라 때였었지만 안두로 쓰인 적이 없고, 후대에 청동으로 옛 모양과 같이 주조한 것인데, 술이나 차를 담는 것이 아닌지 의심스럽다고 하였다.

18세기의 주전자와 잔. 왼쪽부터 은 주전자, 녹색 유리병, 귀 달린 옥잔. 황유옹주묘 출토 유물로 국립고궁박물관에 소장되어 있다.

27. 백우선(白羽扇)

학의 깃털을 엮어 나무자루에 꽂은 다음 철사로 묶었다. 자루의 조각이 자못 기이하다. 곧 중국인이 만든 것이다.

홍경모의 〈가장기완명〉에 이것에 대한 명이 실려 있다. 그 서에 따르면 둥글부채는 얼굴을 가릴 수 있어 편면(便面)이라고도 하는데, 깃으로 만든 부채는 은(殷)나라에서 비롯되었다고 하였다.

미주

서설

❶ 이들 집안의 전장 경영에 대해서는 졸저 《조선의 문화공간 3》(휴머니스트, 2006)에서 다룬 바 있다.

❷ 이 글은 조선시대 널리 읽힌 《산당사고(山堂肆考)》(권26)의 〈진송괴석(珍松怪石)〉에 보인다.

❸ 서유구(徐有榘), 〈시태손(示太孫)〉《풍석전집》288: 345). 이하 특별히 밝히지 않은 문집류는 한국고전번역원의 《한국문집총간》을 따른다. 조선 후기 경화세족의 도성 대저택에 대해서는 안대회, 〈18, 19세기의 주거문화와 상상의 정원〉《진단학보》97호, 2004)에서 다룬 바 있다.

❹ 송시열에 앞서 경천대(擎天臺)에 무우정(舞雩亭)을 짓고, 대명일월(大明日月)의 의리를 내세운 채득기(蔡得己)의 유적을 기려 후손 채휴징(蔡休徵)이 18세기에 〈자천동산수록(自天洞山水錄)〉을 지은 것도 '지'를 표방하지는 않았지만 내용이 크게 다르지 않다. 〈자천동산수록〉, 《청량지》, 《화양지》 등에 대해서도 필자의 앞의 책에서 자세히 다룬 바 있다.

❺ 이에 대해서도 필자의 앞의 책에 자세히 밝혀놓은 바 있다.

❻ 홍경모의 생애와 저술에 대해서는 이군선의 〈관암 홍경모의 시문과 그 성격〉(성균관대학교 박사학위 논문, 2003)에 자세히 나와 있다.

❼ 김양근(金養根)이 김상용(金尙容)이 살던 청풍계(靑楓溪)에 대하여 기록한 〈풍계집승기(楓溪集勝記)〉《동야집》, 규장각 소장본)도 내용이 이와 유사하다.

❽ 이하 사의당의 연혁은 《사의당지》 앞에 붙인 홍경모의 〈원서〉와 〈당우〉 앞에 실린 서문을 정리한 것이다.

❾ 어유봉(魚有鳳), 〈일가정기(一架亭記)〉《기원집》184: 224).

❿ 사의정에 관한 기록은 김양근의 〈풍계집승기〉《동야집》)에 보이고, 사의재에 관한 기록은 정약용의 〈사의재기(四宜齋記)〉《여유당전서》281: 294)에 보인다.

⓫ 홍세태(洪世泰)의 〈징회각에서 눈을 마주하고 주인이 귀곡의 시에 차운한 시에 답하다(澄懷閣對雪和主人用龜谷韻)〉, 〈징회각에 올라 이일원과 함께(登澄懷閣同李一源)〉 등으로 보아 홍세태, 이병연(李秉淵) 등 당대 이름난 문인들이 징회각에서도 시회를 열었음을 알 수 있다.

⓬ 윤동석에 대해서는 황정연의 〈18세기 경화사족의 금석첩 수장과 예술향유 양상〉《문헌

과해석》 35호, 2006년 여름)에서 다룬 바 있다.《오운낙사》 원본은 캘리포니아 버클리대
학에 소장되어 있다.

⑬ 홍경모의 문집《관암전서》의〈동국묵적인〉에 이들 자료 하나하나에 붙인 제발들이 모두
수록되어 있다.

⑭《사의당지》에 실려 있는 정두경의〈대동필종시서〉에 이렇게 되어 있다. 정두경의 문집에
는 이 글이 보이지 않는다. 관련 자료가 송시열의〈서조미백소장명필첩후(書曹美伯所藏
名筆帖後)〉(《송자대전》 권146), 송준길의〈답이자고(기직)(答李子固(基稷))〉(《동춘당집》
권14) 등에는 이 책의 편찬과 관련한 기록이 보인다.

⑮《사의당지》에는 홍양호가 필첩에 붙인 상당수의 제발이나 후서가 수록되어 있지만, 그
밖에 여러 사람들의 서예와 관련한 글이 함께 수록되어 있어 서예사 연구에 매우 소중한
자료로 평가된다. 이들 자료 중 상당수가 문집에 보이지 않는 것이 제법 있다.

⑯ 정조,〈일득록(日得錄)〉(《홍재전서》 267: 188).

⑰ 홍경모는 이들 기물 하나하나에 대하여 명(銘)을 짓고, 서문을 함께 지었다. 이 글들은 모
두《관암전서》에〈가장기완명(家藏器玩銘)〉으로 묶여져 있다.

⑱ 기윤에게서 받은 물품에 대한 홍양호의 글은 모두 그의 문집《이계집》에도 수록되어 있다.

⑲ 홍양호의《이계집》(권14)에 경흥부사로 있을 때 수집한 자료에 대한 기문이 수록되어
있다.

⑳ 홍한주,《지수염필(智水拈筆)》, 아세아문화사 영인, 435~436쪽.

㉑ 이선의《한국 전통 조경 식재》(수류산방중심, 2006)에 옥호정의 조경에 대한 분석이 이루
어져 있다.

㉒ 정민,〈18~19세기 문인 지식층의 원예취미〉(《한국한문학연구》35, 2005).

㉓ 이현일,〈자하시 연구〉(성균관대학교 박사학위 논문, 2007).

㉔ 이유원은 홍경모의 집에 소장된 기물이나 서첩도 잘 알고 있었다.《임하필기》에 이들에
대한 기록이 보인다.

㉕ 주거공간과 관련하여《임원경제지》와《숙수념》의 의미에 대해서는 안대회의《산수간에
집을 짓고》(돌베개, 2005)와〈18, 19세기의 주거문화와 상상의 정원〉(《진단학보》 97호,
2004)이 크게 참조가 된다.

원서제일(原敍第一)

❶《서경》〈대고(大誥)〉에 "若考作室, 旣底法, 厥子乃弗肯堂, 矧肯構"가 보인다.

❷ 이 고사는《안자춘추(晏子春秋)》에 보인다.

당우제이(堂宇第二)

❶《관암시유집》에는 선조 때라고 되어 있다.《관암전서》는《관암시유집》보다 7년 후에 다시 수정한 것이다. 그래서《관암시유집》과《관암전서》에 실린《사의당지》에 다소 차이가 나는데, 여기서는 온전한《관암전서》를 따랐다.

❷ 하간왕(河間王) 효공(孝恭)이 한 말로,《신당서(新唐書)》의〈열전(列傳)·종실(宗室)〉에 보인다.

❸ 두보의〈모옥이 가을바람에 부서져서 부른 노래(茅屋爲秋風所破歌)〉에서 "安得廣厦千萬間, 大庇天下寒士俱歡顏. 風雨不動安如山, 嗚呼何時眼前突兀見此屋, 吾廬獨破受凍死亦足"이라고 하였다.

❹ 한유의〈시아(示兒)〉에서 "始我來京師, 止攜一束書. 辛勤三十年, 以有此屋廬"라고 하였다.

❺ 원문에 결(缺)로 되어 있는데, 협적(叶適)의〈치정통직전공만가사(致政通直錢公挽歌詞)〉에서 "盡與詩書癖, 勿令紈綺攀"라 하였고, 문징명(文徵明)의〈제월중광매화잡영(題越仲光梅花雜詠)〉에서 "有王孫風度, 而無紈綺故習"이라 한 것으로 보아 부정의 뜻이 있는 글자가 누락된 듯하다.

❻《시경》〈상체(常棣)〉에 "常棣之華, 鄂不韡韡. 凡今之人, 莫如兄弟"가 보인다.

❼《시경》〈상체〉에 "脊令在原, 兄弟急難"이 보인다.

❽ 원문의 '고당(高堂)'은 부모를 가리킨다. 위응물(韋應物)의〈송려륙랑부양적소부(送黎六郞赴陽翟少府)〉에 "秪應傳善政, 日夕慰高堂"이 보인다. 훤당은 모친을 이르는 말이다.

❾ 정곡은 한나라 성제(成帝) 때 운양(雲陽)의 산골에 숨어 농사를 짓고 살아 곡구자진(谷口子眞)으로 불렸다. 정곡의〈행화(杏花)〉에 "香屬登龍室, 煙籠宿蝶枝, 臨軒須貌取, 風雨易離披"가 보인다.

❿ 동진(東晉) 사안(謝安)이 조카 사현(謝玄)에게 원하는 바를 물었더니, 사현이 "지란(芝蘭)과 옥수(玉樹)를 뜰에 가득히 심은 듯 사씨 집안에 훌륭한 자제가 나는 것입니다"라고 하였다.

⓫ 장공예는 9대의 자손이 함께 살았는데 고종(高宗)이 태산(泰山)에 봉선(封禪)하고 돌아가는 길에 그 집에 들러 그 사정을 물어보자 장공예가 참을 인(忍) 자 100여 자를 써서 올렸다.

⓬ 하간왕(河間王) 효공(孝恭)이 자신의 집이 화려한 것이 본의가 아니므로 땅 한 구역을 경영하면 족하다고 한 고사가 있다.

⓭《상서》〈대전(大傳)〉에서는 "사람을 사랑하는 자는 그 사람 지붕 위의 까마귀까지 사랑

한다"라고 하였다.

⑭ 원문에 "可無(缺)頌"으로 되어 있는데, 여타 상량문에 비추어 '선(善)', '단(短)' 정도의 글자가 빠진 듯하다.

⑮ 장서가 이필(李泌)이 업현후(鄴縣侯)에 봉하여졌는데, 후대에는 주로 장서가의 뜻으로 쓰인다.

⑯ 원문에 '람(嵐)' 다음에 결자가 있는데, 염광(藍光), 염기(藍氣) 정도로 추정된다.

⑰ 도연명의 〈귀거래혜사(歸去來兮辭)〉에 "門三逕就荒, 松菊猶存"이 보인다.

⑱ 원문의 '신명사(神明舍)'는 마음을 의인화한 말로 마음이 사는 집. 조식(曺植) 등 조선의 선비들이 그림으로 그려 마음을 다스리는 도구로 삼은 바 있다. 《사기》에 이 말이 보이지만, 중국에서는 신명사에 대한 글이 거의 없는 것에 비하여 조선에서는 매우 활발하게 기문이 제작된 바 있다.

⑲ 한나라 우정국(于定國)의 부친 부우(父于)가 공정한 판결을 내려 마을사람들이 생사당을 세웠다. 그의 집 문이 부서지자 마을사람들이 고치려 할 때 큰 대문을 세워 네 필의 말과 큰 수레가 들어오게 하는 것은 옥사를 다스릴 때 음덕이 많고 원한을 맺은 일이 없으므로 자손이 반드시 흥기할 것이라 한 고사가 있다.

⑳ '학발'과 '태문'은 모두 노인을 가리킨다. 《시경》〈행위(行葦)〉에 "黃耈台背"가 보이는데, 정현(鄭玄)의 전(箋)에 "크게 늙으면 등에 복어 문양을 둔다"고 하였다.

㉑ 도연명의 〈음주(飮酒)〉에 "採菊東籬下, 悠然見南山"이라 하였고, "結廬在人境, 而無車馬喧"이라 하였다. 원문의 '과축(薖軸)'은 《시경》〈고반(考槃)〉의 "考槃在阿, 碩人之薖. 獨寐寤歌, 永矢弗過. 考槃在陸, 碩人之軸"에서 나온 말이다. 안정복은 왕융(王融)의 〈곡수시서(曲水詩序)〉의 "과축의 병이 이미 사라졌다(薖軸之疾已消)"를 들어 '과'는 굶주린다는 뜻이니, 배가 부르지 않은 것이고, '축'은 '축(蹙)'과 통하니 얼굴을 찡그린다는 뜻으로 마음이 편치 못한 것이라 풀이한 바 있다.

㉒ 당나라의 재상 배도(裵度)는 벼슬에서 물러나 동도(東都)에 녹야당(綠野堂)을 짓고 백거이(白居易), 유우석(劉禹錫) 등과 함께 시를 읊으면서 지냈다. 원문의 '반선(盤旋)'은 한유의 〈송이원귀반곡서(送李愿歸盤谷序)〉의 "是谷也宅幽而勢阻, 隱者之所盤旋"이라는 데서 나온 말이다.

㉓ 왕유의 별서가 망천에 있었는데 의호(欹湖), 죽리관(竹里館), 신이오(辛夷塢) 등 아름다운 20경이 있었다.

㉔ 송나라의 재상 사마광이 벼슬에서 물러난 뒤 낙양(洛陽)에 독락원을 세우고 은거하였다. 소식(蘇軾)의 〈사마군실독락원(司馬君實獨樂園)〉에 "花香襲杖履, 竹色浸盞斝. 樽酒樂

餘春, 棊局消長夏"가 보인다. 〈독락원기(獨樂園記)〉에서는 "畦北植竹, 方徑文, 狀若棊局"이라고 하였다.

㉕ 왕발(王勃)의 〈등왕각서(滕王閣序)〉에서 "閭閻撲地, 鐘鳴鼎食之家"라고 하였는데, 곧 종을 치고 시각을 알려 밥을 먹는다는 말로 부호한 집을 가리키는 말이다.

㉖ 삼각산에 있는 봉우리 이름으로, 문필이 문장에 뛰어난 사람을 가리키므로 문필가가 그곳에 많이 산다는 뜻도 함께 담았다. 이 구절은 이정귀(李廷龜)의 〈명륜당상량문(明倫堂上樑文)〉의 "三山鼎峙, 秀出文筆之峯, 二水環流, 自成泮璧之制"에서 나온 듯하다.

㉗ 《시경》〈사간(斯干)〉에서 "風雨攸除, 鳥鼠攸去, 君子攸芋"라고 하였는데, 여기서는 집이 낡아 새의 둥지와 쥐구멍이 위험해진다는 뜻으로 쓰였다.

㉘ 원문의 '암장(巖墻)'은 《맹자》의 "知命者 不立乎巖墻之下"에서 나온 말로, 위태한 담장이라는 뜻이다.

㉙ 《자치통감(自治通鑑)》에 주(周)나라 현왕(顯王) 35년에 "恤民之急而顧益奢, 此所謂時詘舉贏者也"라고 하였는데, 그 주에 "시대가 쇠미한데도 도리어 사치하는 것이다"라고 하였다. 채유후(蔡有後)의 〈희정당상량문(熙政堂上樑文)〉에 "如存苟完之念, 焉有時屈之嫌"이라 하여 비슷한 표현을 사용한 바 있다.

㉚ 원문의 '이정(鯉庭)'은 《논어》의 "嘗獨立鯉趨而過庭"에서 나온 말로, 부친의 말씀을 이른다.

㉛ 《주역》〈계사〉에 "上古穴居而野處, 後世聖人易之以宮室, 上棟下宇, 以待風雨, 蓋取諸大壯"이 보인다. 대장(大壯)의 괘는 위에 뇌우(雷雨)의 형상이 있고, 아래에 비를 막는 둥근 뚜껑의 형상으로 되어 있는데 이와 같은 모습으로 집을 지었다는 뜻이다.

㉜ 《시경》〈사간〉에서 "秩秩斯干, 幽幽南山. 如竹苞矣, 如松茂矣"라고 하였다. 새집을 지은 기쁨을 노래한 것으로, 후대에는 검소한 궁실을 비유한다.

㉝ 《시경》〈사간〉에서 "如矢斯棘, 如鳥斯革"이라고 하였다. '혁(革)'은 '익(翼)'의 뜻이다. 원문의 여휘여혁(如翬如革)은 서유구(徐有榘)의 〈독서재상량문(讀書齋上樑文)〉에서도 "廼捄廼陾, 如翬如革"이라 하여 유사한 표현이 보인다.

㉞ 원문의 '긍구긍당(肯構肯堂)'은 《서경》〈대고〉의 "若考作室, 旣底法, 厥子乃弗肯堂, 矧肯構"에서 나온 말이다.

㉟ 원문의 '장수(藏修)'는 《예기》〈학기(學記)〉의 "君子之於學也, 藏焉脩焉息焉遊焉"에서 나온 말로, 학문을 익힌다는 뜻이다.

㊱ '청아'는 《시경》의 〈청청자아(菁菁者莪)〉를 일컫는 말이다. 그 서에 "菁菁者莪, 樂育材也, 君子能長育人材, 則天下喜樂之矣"라고 하였기에 후대에는 인재를 기른다는 뜻으로

쓰인다.

㉗ 《시경》〈하인사(何人斯)〉에 "伯氏吹壎, 仲氏吹篪"라고 하였는데, 형제의 화락함을 노래한 것이다.

㉘ 원문의 '유담(孺湛)'은 《시경》〈상체지화(常棣之華)〉에서 "兄弟旣具, 和樂且孺. 妻子好合, 如鼓瑟琴. 兄弟旣翕, 和樂且湛"이라고 하였는데, 곧 형제의 즐거움을 이른다.

㉙ 안지추(顔之推)는 《안씨가훈(顔氏家訓)》을 지었고, 여조겸(呂祖謙)은 《여씨가훈(呂氏家訓)》을 지었다. 조선시대 대표적인 윤리서로 읽혔다.

형승제삼(形勝第三)

❶ 《시경》〈공류(公劉)〉에 "于胥斯原, 旣庶旣繁"이 보이는데, 공류가 그 언덕을 보고 백성을 살게 하였다는 뜻이다.

❷ 《시경》〈공류〉에서 "相其陰陽, 觀其流泉"이라 하였다.

❸ 산천이 옷깃과 허리띠처럼 둘러 있다는 말로, 요충지를 이른다. 장형(張衡)의 〈동경부(東京賦)〉에 "苟民志之不諒, 何云巖險與襟帶"가 보인다.

❹ 《예기》〈월령(月令)〉에 "仲夏之月是月也, 毋用火南方, 可以居高明, 可以遠眺望, 可以升山陵"이라 하였는데, 원문의 '고명(高明)'은 누관(樓觀)을 이른다.

❺ 한유(韓愈)의 〈연희정기(燕喜亭記)〉에 "吾州之山水, 名天下, 然而無與燕喜者. 比經營於其側者相接也, 而莫直其地. 凡天作而地藏之以遺其人乎"라고 하였다.

❻ 원문의 '일절(一節)'은 풍수에서 용맥을 이루는 여러 산줄기를 이른다. 원문의 '사병방(巳丙方)'은 남남동 방향을 가리킨다.

❼ 원문의 '1궁(弓)'은 1보와 같다. 그 길이는 시대에 따라 조금 다른데 대략 1.6m 정도이다. '도두(到頭)'는 머리에 이르렀다는 뜻으로 혈을 맺는 근처에 바짝 와서 길기(吉氣)가 밑에서 밀어 올리는 것을 이른다. 산세가 정남에서 약간 동쪽 방향에서 솟구친다는 뜻이다.

❽ 원문의 '입수(入首)'는 머리를 넣었다는 뜻으로, 혈이 맺혀지는 현상을 이르는 말인 듯하다. 산세가 정남 방향으로 뻗어 약간 서쪽 방향에서 수렴된다는 뜻이다.

❾ 혈자리에 바짝 붙은 곳 좌우에 흰 모래가 있다는 뜻인 듯하다.

❿ 풍수에서 지형을 이르는 말인 듯하다. 천마(天馬)는 우뚝 솟은 쌍봉(雙峰)이 한쪽은 높고 한쪽은 조금 낮아 마치 말의 등과 같은 지형을 이른다.

⓫ 원문에 '선관기무지상(仙官起舞之狀)'으로 되어 있는데, 풍수에서 지형을 이르는 말이다.

⓬ 풍수에서 지형을 이르는 말로, 수성(水星) 아래에 목성(木星)이 있는 형상을 가리킨다. 원문의 '임병방(壬丙方)'은 남남동에서 북북서 방향으로 향하는 것을 이른다.

⑬ 이 부분은 문맥으로 보아 결락이 있는 듯하다. 원문의 '묘방(卯方)'은 정동 방향을 이른다.

⑭ 진전필(進前筆)은 붓 모양으로 끝이 뾰족한 지형을 이르는 풍수 용어이다. 옥대(玉帶)는 띠처럼 감싸안은 형국을 이르는 용어인 듯하다. 또한 축방(丑方)은 북북동 방향을 이른다.

⑮ 관성(管星)과 우각(牛角)은 모두 풍수에서 별과 관련된 용어로 보이지만 자세히 알 수 없다.

⑯ 풍수에서 혈이 있는 자리에 게의 눈이나 가재의 수염 모양으로 물길이 갈라서 흘러내리는 것을 이르는 말이다.

⑰ 풍수에서 용의 코나 이마 부분에 혈(穴)을 하면 좋다고 한다.

⑱ 이식의 〈계산지(啓山志)〉에 지사(地師) 이의신(李懿信)이 "형세가 용이 서린 것과 같고 안산이 옥대와 같으며, 조용히 처녀가 들어앉은 듯한 가운데 형국이 야자(也字)를 이루고 있다. 감좌(坎坐)의 혈(穴) 하나가 가장 기걸찬데, 그 우측으로 두세 개의 지맥(支脈)도 모두 쓸 만하다"고 하였다.

⑲ 간파(艮破)는 풍수에서 물이 북쪽을 감싸안고 흘러 북쪽과 서쪽으로 갈라져 물길이 보이지 않는 것을 이르는 말이다.

조망제사(眺望第四)

❶ 사령운은 산수를 좋아하여 수백 명의 백성을 동원하여 시녕(始寧)의 남산(南山)에서부터 임해(臨海)까지 나무를 베어내고 곧바로 길을 내자, 임해 태수 왕수(王琇)가 크게 놀라 산적(山賊)이라 하였다. 허사는 유비(劉備)와 함께 유표(劉表)의 집에 있으면서 호사(豪士) 진등(陳登)을 평하여 "내가 난리를 만나 하비(下邳)를 지나다가 진등을 찾았는데, 진등은 손님 대접을 하지 않고 자기는 높은 상에, 손님은 낮은 상에 눕게 하였다"라고 평하자, 유비는 "그대는 고사(高士)라는 명망이 있으면서 나라에 충성할 마음은 갖지 않고 농토나 구하고 집터나 물었기 때문에 진등이 이처럼 박대하였던 것이다"라고 하였다.

❷ 처음부터 여기까지는 이제현(李齊賢)의 〈운금루기(雲錦樓記)〉 "山川登臨之勝, 不必皆在僻遠之方, 王者之所都, 萬衆之所會, 固未嘗無山川也. 爭名者於朝, 爭利者於市, 雖使衡廬湖湘列于趺步俯仰之內, 將邂逅而莫之知有也. 何者, 逐鹿而不見山, 攫金而不見人, 察秋毫而不見轝薪, 心有所專, 而目不暇他及也. 其好事而有力者, 踰關津卜田里, 規規於丘壑之遊, 自以爲高. 康樂之開道, 小民之所驚, 許汜之問舍, 豪士之所譏. 又不若不爲之爲高也"를 그대로 가져다 쓴 것이다.

❸ 《맹자》 〈이루(離婁)〉의 "좌우에서 취하여 그 근원을 만난다(取之左右逢其源)"라고 한 구절을 인용한 것이다. 비근한 곳에서 취하여 쓸 때 그 근원을 만날 수 있다는 말로 일상생

활에서 스스로 진리를 터득할 수 있다는 뜻이다.

❹ 풍호는 주나라 문왕(文王)의 도읍지이고, 임치는 제나라의 수도이다. 우한은 땀을 뻘뻘 흘리는 것을 이르는 말이다. 제나라 수도인 임치가 번화하여 수레가 사람의 어깨를 치고 행인의 옷이 이어져 장막을 이루며 흘리는 땀이 비가 오는 듯하다고 하는 말에서 나온 것이다. 언영은 초나라의 수도이며, 운몽택은 초나라 땅에 있던 거대한 늪 이름이다.

❺ 이 대목은 신유한(申維翰)의 〈목멱산기(木覓山記)〉에서 일부를 바꾸어 차용하였다. 참고로 같은 대목을 아래에 보인다. "登木覓山, 山高數千仞, 西北望白岳三角仁王諸山, 崔萃穹盤, 若拱若抱, 東得白雲枝籠, 宛延而下, 與南山合. 環山之脊, 而爲雉堞譙樓, 鍾皷之音相聞, 是其城中地勢, 衡可十餘里, 縱三之二, 於焉而立廟社宮闕倉廩府庫壁雍苑囿, 外爲三公六卿百官衙寮, 其餘爲萬人屋百貨肆十街市, 歷歷在指掌間, 卽亡論帝京豐鎬, 其視史傳所稱臨淄雨汗鄢郢雲夢, 吾惧其辟三舍矣."

❻ 구양수(歐陽脩)의 〈유미당기(有美堂記)〉에서 "蓋錢塘兼有天下之美, 而斯堂者又盡得錢塘之美焉, 宜乎公之甚愛而難忘也"라고 하였다. 소동파는 구양수의 잘못이다.

❼ 이상은 이숭인(李崇仁)의 〈추흥정기(秋興亭記)〉에서 대부분 가져와 일부를 변형하여 구성하였다. 참고로 같은 대목을 아래에 보인다. "春日載陽, 東風扇和, 林花野草, 紅鮮綠縟. 於是浩歌俏佯, 悠然有吾與點也之氣像矣. 畏景流空, 銷金爍石, 大地烘爐, 於是蔭佳木乘淸飆, 披襟散步, 汗漫若御寇之游矣. 朔氣疑沍, 孤鴻叫雲, 滕六效技, 江天一色. 於是扁舟往來, 高懷雅致, 髣髴剡中之行矣. 祕監獨何秋興之取哉, 蓋夏炎而冬刻, 人皆苦之矣. 唯春之和秋之淸宜於人也. 雖然, 和之氣使人易入於怠惰矣. 至若蓐收司令, 淸商報律, 乾端坤倪, 澄明軒豁, 其氣之着於人也, 雖功名富貴之所以熱夫中者, 亦變而爲淸涼矣. 四時之景莫宜於秋, 秋之景莫勝於玆亭, 祕監之命名, 其在此歟."

화석제오(花石第五)

❶ 정동유(鄭東愈)는 《주영편(晝永編)》에서 측백의 일종인 원백(圓柏)이라 하였다.

❷ 《국조보감(國朝寶鑑)》을 가리킨다. 《국조보감》 1692년 10월의 기사에 "상이 후원에 심었던 종려나무를 뽑아서 민가의 본주인에게 돌려주라고 명하였다. 상이 일찍이 종려나무를 구하였는데, 전 안악군수 홍만회의 집에 있다는 소문을 듣고 액정서의 하례를 시켜 구해오게 하였다. 이는 홍만회가 바로 영안위 홍주원의 둘째 아들로서 외척이 되기 때문이었다. 이에 홍만회가 뜰에 내려와 엎드려 말하기를, '이마에서 발끝까지 국가의 은덕을 입은 처지에 머리털과 피부라 할지라도 감히 아끼지 못할 터인데 하물며 꽃나무이겠습니까. 다만, 나라의 외척이라고는 하여도 소원한 외방의 신하이기에 꽃나무를 드리는 것은

죄스러워 감히 하지 못하겠습니다. 신의 집에도 또한 그대로 둘 수 없습니다' 하고는 즉
시 뽑아버렸다. 액정서의 하례가 그 상황을 아뢰니, 상이 훌륭하다 칭찬하고 드디어 이와
같은 명을 내렸다"라고 하였다.

❸ 이규보의 〈논지당화기이소경(論地棠花寄李少卿)〉(《동국이상국집(東國李相國集)》)에 보
인다.

서화제육상(書畵第六上)

❶ 한유의 〈석고가(石鼓歌)〉 "故人從軍在右輔, 爲我量度掘臼科"를 가리킨다.

❷ 조함의 《석묵전화》(《한서악화산묘비》)에는 "漢魏碑, 例不著書刻人姓名, 獨此題郭香察書
爲異. 洪适隸釋云, 東漢循王莽禁無雙名, 郭香察書者察, 苕他人之書, 及唐徐浩古迹記, 以
爲蔡中郎書"라고 되어 있다.

❸ 홍양호의 문집에 〈제이북해사라수비(題李北海娑羅樹碑)〉라는 제목으로 실려 있다. 《사
의당지》에 실린 글과 비교할 때 한두 곳을 제외하고는 완전히 일치한다.

❹ 송나라 태종 순화 3년에 새로 만든 왕희지의 서첩으로 화재로 소실되고, 후에 반사조(潘
師朝)가 임모한 강본(絳本)과 희백(希白)이 임모한 담본(潭本) 등이 유통되었다. 이익의
부친이 중국에서 구입해온 바 있다. 이익의 《성호사설》에 이것에 대한 기사가 보인다.

❺ 《산해경(山海經)》에서 단혈에 오색찬란한 새가 있는데, 이름을 봉황(鳳皇)이라 한다고 하
였다.

❻ 원래 제목은 〈증비서감강하이공옹(贈秘書監江夏李公邕)〉이다. 이옹의 글을 비에 새겨
그 글에 산악의 예리한 기운이 실려 있다는 뜻이다.

❼ 북경으로 갈 때 쓴 시집 〈연운기행(燕雲紀行)〉에서 두 편을 뽑아 보인 것으로 추정된다.

❽ 대구형의 호는 동원(東原), 자는 연사(蓮士)이다. 그는 중국에 온 홍양호를 위하여 문방구
를 선물하고, 또 시를 지어준 바 있다. 박지원의 《열하일기》에 당시 중국의 명사로 대구형
과 그의 형 대심형(戴心亨), 그리고 양국치(梁國治), 팽원서(彭元瑞), 기윤(紀昀), 오성흠
(吳聖欽), 축덕린(祝德麟), 이조원(李調元) 등을 들고, 대심형이 쓴 주련(柱聯) 하나를 자
신이 소장하고 있다고 하였다.

❾ 홍양호의 《이계집》에 〈제한창려서이제독서처대자(題韓昌黎書夷齊讀書處大字)〉라는 제
목으로 실려 있다. 《사의당지》에 실린 것과 대부분 같지만, 마지막 대목이 《이계집》에서
는 축약되어 있다.

❿ 조정의 논의에서 왕안석(王安石)이 책을 읽지 않은 것을 들어 남들을 공박하자 조열도가
이를 꾸짖으면서 요순 임금 시절에 무슨 책을 보았겠는가 하여 왕안석을 무안하게 한 고

사가 있다.

⑪《서경》의 편명으로, 이윤(伊尹)의 말을 기록한 것이다.

⑫《서경》〈열명(說命)〉에서 은(殷)나라 고종(高宗)의 재상 부열이 "임금께서 견문이 많은 사람을 구하는 것은 사업을 세우기 위함이니, 옛 가르침을 배워야 얻음이 있을 것이다(王人求多聞, 時惟建事, 學于古訓, 乃有獲)"라고 하였다.

⑬《이계집》에 〈제여진인유피첩(題呂眞人榴皮帖)〉이라는 제목으로 실려 있다.

⑭ 원나라의 진수민(陳秀民)이 소동파의 일화를 모아 편찬한 책으로, 일부 명대의 시가 수록되어 있으므로 위서라고도 한다. 이 책은 고려대학교에 필사본이 전한다. 조선 후기 널리 읽힌《설부(說郛)》에 수록되어 있다.

⑮ 홍양호의《이계집(耳溪集)》에는 〈제평제탑(題平濟塔)〉이라는 제목으로 실려 있다. '능주(淩州)'가 '능주(陵州)'로, '하수량(賀邃良)'이 '하수량(賀邃亮)'으로 되어 있는데, 하수량(賀邃亮)이 옳지만 저수량(褚邃良)과 혼동하여 우리 문헌에는 하수량(賀邃良)으로 된 곳도 제법 있다. 하수량(賀邃亮)은 당나라의 이름난 문인으로, 여러 편의 비문이 전한다.

⑯ 홍양호의《이계집》에는 〈제신라태종왕릉비(題新羅太宗王陵碑)〉라는 제목으로 실려 있다.

⑰ 조맹부의 글은 지금 전하지 않는 듯하다. 서거정의《필원잡기》에 "近見趙學士子昂昌林寺碑跋尾曰, 右唐新羅僧金生所書其國昌林寺碑, 字畫深有典刑, 雖唐人名刻, 未能遠過之也"라고 인용되어 있는 것이 가장 빠르다.

⑱ 비문이 훼손되어 글을 지은 사람의 이름은 확인할 수 없다. 한눌유도 신라의 문인인 듯하나 그 이력을 알 수 없다.

⑲ 홍양호의《이계집》에는 〈제신라문무왕릉비(題新羅文武王陵碑)〉로 되어 있다.

⑳ 홍양호는 1760년 잠시 경주부윤을 지냈다.

㉑《춘추좌전》소공(昭公) 7년에 옛날 순(舜) 임금이 우(禹)의 부친으로 치수(治水)에 실패한 곤(鯀)을 우산(羽山)에서 죽였는데, 곤의 혼령이 황웅(黃熊)으로 변하여 우연(羽淵)에 들어갔다는 기사가 보인다.

㉒ 노(魯)나라의 공우애(公牛哀)가 병이 든 지 이레 만에 범으로 변하였다는 전설이《회남자》에 보인다.

㉓《논어》〈술이(述而)〉에 "공자께서는 괴이한 힘이나 어지러운 귀신에 대해서는 말하지 않으셨다(子不語怪力亂神)"라는 글이 보인다.

㉔ 홍양호의《이계집》에는 〈제백월사비(題白月寺碑)〉라는 제목으로 실려 있다.

㉕ 송나라 휘종(徽宗)의 연호로, 1102~1106년까지이다.

㉖ 서거정의 《필원잡기》에 이 고사가 보인다. "宋崇寧中, 高麗學士洪灌入宋, 翰林待詔楊球 李革奉帝勅書圖簇, 灌以金生行草一卷示之, 二人大駭日, 不圖今日得見右軍眞跡. 灌日, 此乃新羅人金生書也. 二人笑日, 天下除右軍, 焉有妙筆如此哉. 灌卜之終不信"이라고 하였다.

㉗ 김생 사후에 그의 글씨를 집자하거나 임모한 것으로 추정되지만 자세한 것은 알 수 없다. 규장각에 《김생필(金生筆)》이라는 서첩이 있는데, 이차돈(異次頓)의 행적을 김생이 적은 것으로, 818년에 새긴 것으로 되어 있다.

㉘ 홍양호의 《이계집》에는 〈제신라진흥왕북순비(題新羅眞興王北巡碑)〉라는 제목으로 실려 있다.

㉙ 홍양호의 《이계집》에는 〈제김각간묘비(題金角干墓碑)〉라는 제목으로 실려 있다.

㉚ 홍양호는 1780년 병조참판을 지냈다.

㉛ 중국 고대 하우씨(夏禹氏)가 9년 홍수를 다스릴 때 썼던 석각(石刻)으로 중국에서 가장 오래된 것이라고 하지만 위작이라는 설도 있다. 이 필첩은 이른 시기 조선에 들어온 것으로 보인다. 허목의 〈형산신우비(衡山神禹碑)〉와 〈형산비기(衡山碑記)〉에 따르면 낭선군 이우가 중국에 가서 형산신우비 탑본을 구해와 허목에게 보냈다고 하였는데, 곧 구루비이다. 이익의 집안에도 이 필첩이 있어 형 이해(李瀷)가 〈구루비가(岣嶁碑歌)〉를 짓고, 이익은 〈구루비문(岣嶁碑文)〉을 지은 바 있다. 이광사의 〈서결(書訣)〉에서도 젊은 시절 이 필첩을 보았다고 하였다. 이규경의 《오주연문장전산고》에도 〈하우구루산비변증설(夏禹岣嶁山碑辨證說)〉이 실려 있다.

㉜ 홍양호의 《이계집》에는 〈제무장사비(題鍪藏寺碑)〉라는 제목으로 실려 있다.

서화제육하(書畵第六下)

❶ 이민구의 《동주집》에는 〈홍법사비가(興法寺碑歌)〉로 실려 있는데, 그 서문과 시를 인용한 것이다.

❷ 이제현의 《역옹패설》을 인용한 것이다. 현규(玄圭)는 검은빛의 홀(笏)이고, 적석(赤舃)은 바닥이 두 겹으로 된 붉은 신으로 관료를 이르는 말이다.

❸ 원래 이름은 《경덕전등록(景德傳燈錄)》으로 불법의 계보를 적은 책인데, 송대에 편찬되어 고려시대 우리나라에 들어온 이래 불교에서 가장 중요한 책의 하나로 읽혔다.

❹ 고려 태조가 그의 자손들에게 귀감으로 남긴 열 가지의 유훈(遺訓)을 적은 훈요십조(訓要十條)를 가리키는데, 불법을 숭상할 것을 첫째 항목에서 다루었다.

❺ 《익재난고》에서 이 비문을 세상에 드문 보배라고 하였다.

❻ 과법은 글씨를 쓸 때 '도(刂)' 획을 쓰는 것을 가리킨다.《선화서보(宣和書譜)》에 따르면 당나라 태종이 우세남의 글씨를 배우는데 과법이 공교롭지 못할까 우려하여 '전(戩)'자를 쓰다가 '과(戈)' 부분을 빼뜨리고 우세남으로 하여금 이를 대신 쓰게 한 후 위징(魏徵)에게 보였다. 이에 위징이 '전' 자의 과법(戈法)이 핍진하다고 하여 태종이 위징의 감식안을 크게 칭찬하였다.

❼ 조선 초기의 문인 서거정이 〈송민정부임원주(送閔貞赴任原州)〉에서 한 말이다. 전체 시는 "雉嶽山中讀書寺, 少遊歷歷記前時. 法泉庭下詩題塔, 興法臺前墨打碑. 當日行裝驢不滿, 至今歸路夢先知. 白頭未遂重遊興, 送別悠悠攪我思"로 되어 있다.

❽ 진(秦)나라의 이사(李斯)가 소전(小篆)으로 쓴 역산비(嶧山碑)를 백성들이 불태워 없애버렸다. 두보(杜甫)가 이 일을 두고 〈이조팔분소전가(李潮八分小篆歌)〉를 지어 "역산의 비를 들불이 소각시키니, 대추나무에 옮겨 새긴 것 살쪄서 참을 잃었네(嶧山之碑野火焚, 棗木傳刻肥失眞)"라고 한 바 있다.

❾ 기원(祇園)으로 적는 것이 옳다. '기수급고독원(祇樹給孤獨園)'을 음역한 것으로, 급고독장(給孤獨長)이 황금으로 기타태자(祇陀太子)의 정원을 구입하여 사찰을 지어 석가모니에게 설법을 청한 곳이다. 일반적으로 사찰을 비유한다.

❿ 서거정의《필원잡기》에 "김관의(金寬毅)와 민지(閔漬)가 고려의 세계를 논하면서 용손(龍孫)이라 이르고, 당나라의 귀한 성이다"라고 한 것이 보인다. 여기서는 태조가 지은 비문을 두루 이른 말인 듯하다.

⓫ 당나라 장열(張說)의 소설《규염객전(虯髥客傳)》이 있는데, 규룡(虯龍)과 같은 수염을 가진 어떤 사람이 이세민(李世民)을 만나 영주(英主)가 될 것을 알고 자기 집과 재산을 주고 떠났다고 한다. 여기서는 당나라 태종 이세민의 글씨를 집자한 것을 비유한 말이다.

⓬ 한나라의 초성(草聖) 장지(張芝)가 글씨를 익히느라 못물이 모두 새까맣게 되었다는 고사가 있다. 원문의 '임지(臨池)'는 여기서 유래한 말로 글씨 연습을 이르는 말로 쓰인다.

⓭ 이제현의《역옹패설》에서 이 비를 칭송하여 "사의(辭義)가 웅장하고 깊고 거룩하고 아름다워 현규에 적석을 신고 조정에서 읍양(揖讓)하는 것 같으며, 크고 작은 글자와 해서, 행서가 알맞게 배열되어 난새와 봉새가 물 위에 떠서 초연한 기상을 머금고 있는 듯하니, 참으로 천하의 보물이라 하겠다"라고 한 말을 끌어들인 것이다.

⓮ 이규경의《오주연문장전산고》에 〈태봉경문(泰封鏡文)〉을 수록하였는데, "三水中, 四維下, 上帝降子於辰馬, 先操雞後縛鴨, 此謂運滿一三甲"이라 하였다. 닭을 잡는 것은 계림을 장악한다는 뜻이고, 오리를 잡는 것은 압록강까지의 강역을 차지한다는 비유이다.《고려사절요》에도 "닭을 잡고 오리를 잡는다(操鷄搏鴨)"는 비유가 보인다. 고려가 건국한 것

을 이르는 말로 쓰인다. 이 구절은 고려 태조의 공덕을 칭송한 것이다.

⑮ 원문의 '일각(日角)'은 이마 중간 부분이 해처럼 불룩 튀어나온 것을 이르는 말인데, 한나라 광무제(光武帝)의 상이 그러하였다고 한다.

⑯ 홍양호의 《이계집》에는 〈제원주반절비(題原州半折碑)〉라는 제목으로 실려 있다.

⑰ 〈삼장성교서(三藏聖教序)〉를 가리킨다. 이에 대해서는 앞에서 다루었다.

⑱ 한유(韓愈)의 〈여최군서(與崔羣書)〉에 "봉황새와 지초는 똑똑하든 어리석든 모두 아름답고 성스러움을 알며, 푸른 하늘의 밝은 해는 노비들도 그것이 밝고 맑음을 안다(鳳凰芝草, 賢愚皆以爲美瑞, 靑天白日, 奴隸亦知其淸明)"라고 한 말을 가리킨다.

⑲ 홍양호의 《이계집》에는 〈제인각사비(題麟角寺碑)〉라는 제목으로 실려 있다.

⑳ 〈삼장성교서〉를 가리킨다. 앞에서 다루었다.

㉑ 홍양호의 《이계집》에는 이 글이 보이지 않는다.

㉒ 《고려사절요》의 강감찬 졸기에 이 말이 보인다. 문곡성은 문창성(文昌星)이라고도 하는데, 문재(文才)를 주관한다는 별이다.

㉓ 원문에는 '찬(贊)'으로 되어 있으나, 문맥으로 보아 찬(瓚)이 옳다.

㉔ 당시에는 강감찬의 문집이 전하였던 듯하지만, 지금은 확인되지 않는다.

㉕ 한유는 〈쌍조시(雙鳥詩)〉에서 "아, 나는 옛것을 좋아하지만 괴롭게 늦게 태어나, 이를 마주하니 두 줄기 눈물이 펑펑 쏟는다(嗟予好古生苦晚, 對此涕淚雙滂沱)"라고 하였다.

㉖ 송시열의 〈서조미백소장명필첩후(書曹美伯所藏名筆帖後)〉에 정두경의 이 시를 인용하면서 홍계화(洪季和)의 필첩에 쓴 시라고 하였다. 홍계화는 홍만희(洪萬熙)로 곧 홍만회의 형이다. 홍만회의 생질 조하언(曹夏彦, 曹文秀의 증손) 역시 김생으로부터 시작하는 필첩을 만들어 소장하였다고 한다. 원문은 "金生去千載 筆跡見今朝, 龍虎相拏獲 江山自搖動, 其餘皆氣力 已久尙風飇, 隱几常披翫 渾忘晝與宵"으로 되어 있다.

㉗ 송시열의 《송자대전》에는 〈서홍만회소집고금명필첩후(書洪萬熙所集古今名筆帖後)〉라는 제목으로 실려 있다.

㉘ 합포에서 구슬이 생산되었는데, 탐관오리가 수령으로 많이 오면서 잠시 구슬이 나오지 않다가, 맹상(孟嘗)이 태수로 부임하여 청렴한 정사를 행하자 구슬이 다시 나기 시작하였다는 고사가 《후한서》에 보인다. 여기서는 금상첨화임을 비유한 것이다.

㉙ 송준길의 《동춘당집》에는 〈답이자고기직(答李子固基稷)〉이라는 제목으로 실려 있는데, 마지막 대목의 "謹復戊申元月十九浚吉"이라는 부분은 빠져 있다. 두 번째 편지는 《동춘당집》에 보이지 않는다. 이 두 편지 모두 《대동필종》에 함께 붙어 있던 것으로 추정된다.

㉚ 한호의 〈쌍벽첩〉에 대한 다른 기록은 보이지 않는다.

㉛ 원문에는 '삼섭부(三涉府)'로 되어 있으나 잘못이다.

㉜ 홍양호의 《이계집》에는 〈제척주동해비(題陟州東海碑)〉라는 제목으로 실려 있다.

㉝ 주나라의 태사 주(籒)가 대전(大篆)을 만들었다. 진(晉)나라의 이사(李斯)가 만든 것을 소전(小篆)이라고 한다.

㉞ 번암(樊巖) 채공은 채제공(蔡濟公)인데, 채제공은 1760년 도승지로 있었다. 지신(知申)은 도승지를 가리키는 말이다.

㉟ 중국 고대 학생들이 배워야 할 여섯 가지 과목으로 예(禮), 악(樂), 사(射), 어(御), 서(書), 수(數)를 가리킨다.

㊱ 홍양호의 《이계집》에 〈제윤백하서축(題尹白下書軸)〉이라는 제목으로 실려 있다.

㊲ 원문에 "姿媚之機"로 되어 있으며, 문집에는 "趁姿媚之識"로 되어 있는데 문집이 옳다.

㊳ 《맹자》에서 "유하혜는 성인 중의 온화한 분이다(柳下惠, 聖之和者也)"라고 하였는데, 유하혜는 청절만을 고집하는 백이와 달리 시속의 흐름을 따르면서도 바른 처신을 잃지 않았다. 여기서는 시속을 따라 자연스러운 글씨를 쓴다는 뜻이다.

㊴ 현전하는 강세황의 《표암유고(豹菴遺稿)》에는 이 글이 수록되어 있지 않다.

㊵ 《열성어제》에 〈인목왕후어필인본시(仁穆王后御筆印本詩)〉라는 제목으로 실려 있다.

㊶ 《열성어제》에 〈정명공주소서대자찬(貞明公主所書大字贊)〉이라는 제목으로 실려 있다.

㊷ 남구만의 《약천집》에 〈정명공주필적발(貞明公主筆蹟跋)〉이라는 제목으로 실려 있다.

㊸ 원문에 '대희(大姬)'로 되어 있으나 태희(太姬)가 옳다. 주나라 무왕의 딸이며 성왕(成王)의 누이다. 무왕이 원녀(元女)인 태희를 우알보(虞閼父)의 아들인 호공만(胡公滿)의 배필로 삼아 진(陳)나라에 봉하였는데, 무당과 가무를 좋아하였다고 한다.

㊹ 원문은 "才婦女愛弟子之逼者"로 되어 있으나, 남구만의 문집에는 "才婦女憂弟子之逼者"로 되어 있다.

㊺ 복사꽃과 오얏꽃이 농염하다는 것과 봉황새가 화평하게 운다는 것은 아름다운 부인이 남편과 정실이 좋다는 것을 비유한 말이다. 《시경》 〈하피농의(何彼襛矣)〉에서 "何彼襛矣, 華如桃李"라 하였고, 〈권아(卷阿)〉에서 "鳳凰鳴矣, 于彼高岡"이라고 하였다.

㊻ 정명공주의 제문이나 묘지에 이 구절이 있는 듯하지만, 남아 있지 않아 확인할 수 없다.

㊼ 홍양호의 《이계집》에는 1780년으로 되어 있으나, 《홍재전서》에는 1781년의 일로 되어 있다.

㊽ 《홍재전서》에 〈시찬집제신(示纂輯諸臣)〉이라는 제목으로 시와 그 서문이 실려 있다.

㊾ 《홍재전서》에 〈장행납일대향재숙우망묘루시야념인자운부시재연제신잉허보차(將行臘日大享齋宿于望廟樓是夜拈釐字韻賦眎在筵諸臣仍許步此)〉라는 제목으로 실려 있다.

(50) 아무런 정보가 없어 그 내용을 알 수 없다.

(51) 홍양호의 《이계집》에는 〈칠월기망범주패강소상부벽루(七月旣望泛舟浿江泝上浮碧樓)〉라는 제목으로 실려 있다.

(52) 《홍재전서》의 〈상산부신덕성후사제구기비명(象山府神德聖后私第舊基碑銘)〉이 바로 이 글이다.

(53) 《홍재전서》에 〈만천명월주인옹자서(萬川明月主人翁自序)〉라는 제목으로 실려 있다.

(54) 《장자》에 "눈이 닿기만 하면 도가 있다(目擊而道存矣)"는 말이 보인다. 눈에 들어오는 자연의 온갖 경관이 도를 지니고 있는 것으로 보인다는 뜻인데, 전대의 뛰어난 글씨를 두루 보아 절로 도가 통하였다는 의미로 쓴 것이다.

(55) 옹정춘과 미만종은 명나라의 문인으로 조선에 사신으로 왔다가 편액을 쓰게 된 것이다. 이것에 대한 내용은 《해동역사》에 보인다.

(56) 이 글은 《표암유고》에 수록되어 있지 않다.

(57) 석양정의 대나무 그림이 유명하다. 그가 그린 대나무 그림이 많이 있지만, 이 집안에 전하는 것이 어떤 것인지는 알 수 없다.

(58) 관련 자료가 없어 내용을 알 수 없다.

기완제칠(器玩第七)

❶ 하은은 어떤 사람인지 확인하지 못하였다.

❷ 이 시는 봉래(蓬萊) 양사언(楊士彦)이 김윤복(金胤福)을 위하여 지은 시로, 그의 집이 있던 영평(永平)의 금수담(金水潭) 앞 바위에 새겨져 있다.

❸ 협주에 "판결사공표덕(判決事公表德)"이라고 하였는데, 표덕은 별호나 자를 이르는 말이다. 거문고에 "하은위남록홍여곽(霞隱爲南麓洪汝廓)"이라고 썼다는 뜻이다. 여곽은 판결사를 지낸 홍만회의 자이다. 남록은 홍만회의 호로 보인다.

❹ 홍양호의 《이계집》에는 〈숙신씨석노기(肅愼氏石砮記)〉라는 제목으로 실려 있다.

❺ 중국 고대의 산천, 도리, 부족, 물산, 초목, 조수, 제사, 풍속 등 백과사전적인 내용을 담고 있으며, 그 안에 기괴한 전설 등도 많이 수록하고 있다. 편찬자는 알 수 없고, 진(晋)나라의 곽박(郭璞)이 주석을 달았다.

❻ 《사기》, 《한서》 등에 보인다.

❼ 《국어》에 보인다.

❽ 이해에 홍양호가 경흥부사로 나갔다.

❾ 옛 기록은 정확히 무엇을 가리키는지 알 수 없다.

⓾ 홍양호는 〈북관고적기(北關古蹟記)〉에서 오국성과 황제총 등에 대하여 적고 있다. 이익의 〈오국성(五國城)〉과 정약용의 〈경흥송제로변(慶興宋帝爐辨)〉에서도 이 문제에 대하여 다루고 있는데, 특히 정약용은 황제총이 잘못된 전설임을 고증하였다.

⓫ 송나라의 휘종과 흠종이 금나라의 포로가 되고, 나머지 신하와 백성들이 양자강 남쪽으로 도망가서 휘종의 작은 아들 강왕(康王)을 황제로 세웠다. 이때 금나라의 사주를 받은 진회가 강왕으로 하여금 항복하게 하고, 이에 반대하는 악비를 죽였다.

⓬ 《동사강목》에 따르면 송나라 고종이 즉위하여 금나라 오국성에 구류되어 있던 휘종, 흠종과 소식을 통하기 위하여 고려에 길을 빌고자 하였다는 기사가 보인다.

⓭ 홍양호의 《이계집》에 같은 제목으로 실려 있다.

⓮ 어떤 지리지인지 알 수 없다.

⓯ 한유가 도사 헌원미명(軒轅彌明), 유사복(劉思服), 후희신(侯喜新) 등의 인물과 함께 지은 시로, 조선에 널리 알려져 있어 이익이 《성호사설》에서 이 시에 대하여 고증한 바 있다.

⓰ 한유의 〈석정연구〉가 원화 7년에 제작된 것이기에 이른 말이다.

⓱ 홍양호의 《이계집》에 실려 있는 〈몽중논서기(夢中論書記)〉가 바로 이 글이다.

⓲ 홍양호의 《이계집》에 같은 제목으로 실려 있다.

⓳ 흡주에서 나는 용미석(龍尾石)은 벼루의 재료로 유명하다.

⓴ 전국시대 때 조(趙)나라의 혜문왕(惠文王)이 화씨벽(和氏璧)을 얻었는데, 진(秦)나라 소왕(昭王)이 15개의 성과 바꾸려 하였다.

㉑ 《주역》의 〈건괘(乾掛)〉에서 "同聲相應, 同氣相求"라고 하였다. 취향을 함께하는 사람끼리 서로 응한다는 뜻이다.

㉒ 우전은 《서경》의 〈우서(虞書)〉를 가리키고, 주고는 〈주서(周書)〉의 〈대고(大誥)〉, 〈강고(康誥)〉, 〈주고(酒誥)〉, 〈소고(召誥)〉, 〈낙고(洛誥)〉 등을 가리키는 말이다. 고대 문헌을 통괄하여 이른 말이다.

㉓ 이 시의 서문에서 "기공(紀公)이 시문에 두 서(序)를 주시고 다시 선덕연 하나와 옥여의(玉如意) 하나를 선물로 주셨다. 선덕연은 사방에 산수와 인물을 새겼다. 관지는 '신유송년(臣劉松年)'이라 새겼다. 정수리에 묵지(墨池)를 파고 입술에 구름 속의 달과 누운 소의 형상을 새겼으며, 그 배를 파서 '어전지인(御前之印)' 네 글자를 새겼다. 아래에 효람의 소지가 있다. 선덕의 옛 물건인데 바깥에는 강진향을 사용하고, 위에는 옥정(玉珵)을 새겨 붙였다. 옥여의는 강진향 나무로 몸체를 만들었는데 테두리의 길이가 2척이고, 머리와 허리, 고리에 새긴 옥을 붙였다. 모두 문방구 중 진품이다. 이에 장편을 지어 사례한다"라고 하였다. 원문은 "宣德硯歙州 烏玉剖一片, 有明盛時厥土貢 虹光隱約上金殿, 內府

巧匠鑿墨池 纖月老牛半藏現, 曾隨彤管侍寶楊 每拭冰繭登曲宴, 昆明石魚化刧灰 未央金
瓦成飛霞, 河間宗伯癖於古 舊物得自學士院, 宣德御寶松年畫 篆刻分明留石面, 什襲珍藏
置文几 重之不啻連城卞, 三韓使者赴王會 午門一接回英眄 文章契遇自古難 同氣相求非我
衒, 許我門路近正脈 何以得此中州彦 四海同文無內外 叔季繁音庶一變 弘農石友更持贈
虞典周誥期鑽研 携來萬里如拱璧 丁寧心畫況手抴 鞭錘可以破荒蒙 繩削可以裁狂狷 滑不
拒墨兮澀不留筆 一揮何難掃百絹 腹裏應抱天一精 勺水經句猶餘瀋 文思自此同泉湧 老夫
用之氣不倦 公乎惠我何鄭重 中夜思之空嬋媛 嗚呼千載知音今並世 山海迢迢獨不見"이다.

㉔ 홍양호의《이계집》에는 이 글이 실려 있지 않다.

㉕《명사》에는 오랑캐들이 이를 보고 항복을 청하였다는 대목이 이어진다

㉖ 조선 성종의 휘호(徽號). 재위 기간이 1469~1494년까지이므로, 명나라 선종의 재위 기간
1426~1435년까지와 맞지 않다.《세종실록》(1450년 2월 22일)에 따르면 선종이 원년에 채
폐(綵幣)를 내리고 얼마 후 다시 오경과 사서,《성리대전(性理大全)》,《통감강목(通鑑綱
目)》을 하사하는 등 해마다 여러 물품을 하사하였다. 특히 5년 5월에는 보장조환(寶裝條
環), 도검(刀劍), 은폐(銀幣) 등 여러 물건을 내렸고, 또 8년 11월에는《오경사서대전(五經
四書大全)》과《성리대전》,《통감강목》을 하사하였다. 이 글에서 강정왕이 받았다는 조환
등은 세종 12년의 일을 가리키고, 사서와 오경을 받은 것은 세종 15년의 일이며, "왕이 조
정을 공경하여 섬기니, 가히 뛰어나게 어진 왕이다"라고 한 선종의 조칙은 세종 14년의
일이다. 또 세자에게 조근을 면하게 한 조칙은 세종 9년의 일이다.

㉗ '비풍'은《시경》〈회풍(檜風)〉의 편명으로, 소국 회나라가 정사가 문란하여 주나라 도
(道)를 그리워한 시이고, '열천'은《시경》〈조풍(曹風)〉의 〈하천(下泉)〉을 이른다. 〈하천〉
에서 '열피하천(洌彼下泉)'이라 하였기에 별칭이 된 것이다. 진후(晉侯)가 조(曹)나라에
들어와 그 임금을 잡아가니 조나라의 신하들이 주나라 왕실에 왕이 있어 패자를 제어하
지 못함을 슬퍼한 작품이다. 모두 소국이 대국을 경모하는 뜻을 드러낸 것으로, 여기서는
중국에 대한 사대의 뜻을 말한 것이다.

㉘《사의당지》에 6자가 아닌 '대청강회' 4자만 실려 있다.

㉙ 홍양호의《이계집》에는 〈단사연산명(丹砂研山銘)〉이라는 제목으로 실려 있다. 서에서
"연산은 진주(辰州)의 단사석(丹砂石)을 가지고 봉우리 다섯을 새겼는데 색이 푸르고 반
점이 있다. 단사는 봉우리 사이에 찍혀 있다. 높이는 3촌쯤 되고 길이는 5~6촌이며 화류
상에 놓아둔다"라고 하였다.

㉚ 중국 고대 신화에 여왜(女媧)가 오색의 돌을 구워 구멍 난 하늘을 메웠다고 한다.

㉛ 중국 고대 신화에 어떤 사람이 은하수의 근원을 찾아가다가 한 부인이 비단을 빠는 것을

보고 물어보니 그곳이 은하수라 하면서 돌을 하나 주면서 천상의 직녀가 베틀 아래를 괴던 돌이라 하였다고 한다.

㉜ 홍양호의 《이계집》에는 같은 제목으로 실려 있다.

㉝ 한유의 〈진학해(進學解)〉에서 이른 말을 사용한 것이다.

㉞ 《서경》의 여러 편명으로, 이 구절은 고대의 문장을 깊이 탐색하였다는 뜻이다.

㉟ 《서경》 〈여오(旅獒)〉에 소(召) 공이 무왕(武王)에게 "아홉 길의 산을 만드는 데 한 삼태기의 흙이 모자라 공이 무너지는 것과 같다"고 하였다.

㊱ 어떤 사람인지 확인할 수 없다.

㊲ 《다경》은 당나라의 육우(陸羽)가 차에 대한 자료를 모아 편찬한 책으로, 〈구다지략(九茶之略)〉에 숙우가 소개되어 있다.

㊳ 홍양호의 《이계집》에는 〈호로다주명〉이라는 제목으로 실려 있는데, 그 앞에 서문이 실려 있다. 그 내용은 같다.

㊴ 홍양호의 《이계집》에는 같은 제목으로 실려 있는데, 그 서문에서 "효람 기공이 선덕연과 단사연, 산정군방묵(山程君房墨), 옥여의(玉如意), 위두(威斗), 호로(葫蘆), 다주(茶注)를 보내주었는데 모두 문방의 가품이다. 선덕연과 옥여의에 대해서는 장편의 시로 읊었고, 위두와 연산 등에 대해서는 명을 붙였다. 편지를 함께 동봉하여 사례하였다"라고 하였다.

㊵ 《주역》 〈대유(大有)〉에서 "厥孚交如, 威如, 吉"이라고 하였는데, 곧 경외하는 마음을 가지면 길하다는 뜻이다.

㊶ 《주례(周禮)》에 봉인(縫人)은 침선의 일을 담당하는 벼슬로, 여성이 이 일을 맡았으므로 봉녀(縫女)라고 한 것이다. 침선의 일을 맡으면 다림질이나 인두질을 하여야 하므로 여기서 다림질이나 인두질을 하기 때문에 불을 관장한다고 한 듯하다.

㊷ 《한서》 〈왕망전(王莽傳)〉에 따르면 왕망이 구리로 북두칠성 모양의 위두를 주조하였는데, 자신의 위엄을 드러내기 위한 것이다. 금도는 곧 묘금도(卯金刀)로 유(劉)를 파자한 것이다. 위두는 곧 한나라를 창건한 유씨(劉氏) 때 나온 것이라는 말이다. 홍양호의 〈태사씨자서(太史氏自序)〉에서는 이 위두를 서경(西京), 곧 서한(西漢) 때의 것이라고 하였다.

四宜堂志

1. 原敍第一

惟我五代祖考判決事府君, 以永安尉文懿公之第四男, 將析產分居, 占基
於木覓山下. 顯宗辛亥, 營宅舍, 凡幾月而成, 卽南部薰陶坊泥峴也. 燠
室凉軒, 樓寮門廊之制, 秩然具備, 而背負崇邱, 松檜森立, 門臨大道, 高
柳成行, 儘南麓之甲第也. 府君以公主在堂, 家雖成而未嘗異居. 公主教
曰, "何不念眷集, 而長侍我乎." 對曰, "幹家之日長, 侍親之日短, 其何
忍暫離乎?" 與仲氏白川公, 共守一室者, 四十餘年. 至丁卯制闋, 而始入
處, 杜門養閑, 以花石琴棋自娛. 曁我高祖考芸窩府君, 雅尙淸苦, 棲心
澹泊, 脩然隱几, 以文史爲事, 而尤長於詩. 與趙后溪裕壽李槎川秉淵金
三淵昌翕趙鶴巖文命尹白下淳洪滄浪世泰, 結爲詩社, 分日實酒, 唱酬於
守約堂, 風流文彩, 爲世所慕, 慕比之香山東洛盛事. 英宗乙卯丙辰高祖
考曾祖考, 相繼捐背, 時我王考文獻公府君, 年甫十三, 纍然重衰, 若不
保朝夕, 而上奉慈闈, 府育二弟, 艱難成立, 克紹先業, 然自經喪禍以來,
家益旁落, 不得已權賣於人. 癸亥盡室下湖鄉, 追故人耕讀之工, 拊先聖
堂搆之訓, 蚤夜劬業, 遂成大儒. 丁卯小成後, 奉慈闈還京, 贖入舊第. 越
六年壬申, 擢魁科, 出而事君, 自此身名榮顯, 門閭高大, 秉文衡而掌銓
柄, 周流乎外內, 而文章事功, 宗匠於世. 嘗處四宜堂, 痛刮侈靡之習, 而
常有山林之韻, 遊藝翰墨之場, 而不離法度之內, 左右圖書, 蕭然淸坐,

至晚暮不輟讀書. 時與名公魁士, 鳴琴賦詩, 逍遙乎園林之間, 韶顏華髮, 照映簾閣. 位登孤卿, 年至耆耋, 而平居朴素, 窓眼屢補, 坐席無華, 几案上惟有牙籤香爐而已. 人之登門者, 不知爲宰相之家也. 厥享年七十有九歲, 傳之于小子, 小子不肖不孝, 早抱失恃之痛, 遽承傳世之業. 惟孤蒙之眇眇, 惟恐不克其負荷, 可不懼哉. 噫是宅也, 傳世則已至六世矣, 歷年則今爲一百五十有三年矣. 俯仰今古, 悲歡嬗變, 梁山之風雨屢經, 平泉之物色無改, 處是宅而登是堂者, 能不愾然以感乎? 竊觀夫世之營第宅者, 務從宏麗華侈, 複樓重閣, 繚繞數里, 而或有工纔畢, 而不得入處者, 或有歷一世, 而爲勢所奪者, 不能保有以傳世, 無如我家之爲此. 蓋侯所謂, 如傳舍之所闊多者也. 惟我家堂無飛翬, 庭容旋馬, 低檐疎牖, 僅蔽風雨, 而爰居爰處, 歌哭於斯, 垂百餘年. 得免隆棟之患, 尙傳安宅之吉, 玆豈非我先祖克勤克儉之德, 垂裕于後者乎? 昔齊景公, 使更晏子之宅, 晏子辭曰, "臣之先臣, 居此宅焉, 臣不足以嗣之. 於臣侈矣." 誠以是語, 庸詔我萬子孫, 无斁保守罔缺.

2. 堂宇第二

宅在漢城之南部坊, 曰薰陶洞, 曰泥峴, 卽木覓山下麓, 而明禮宮舊基也. 家舍竝坐爲五百三十間. 仁廟朝買於李策, 賜與於貞明公主, 而公主移給判決事府君, 使治第以居之. 迺於辛亥三月, 營建宅舍, 迺左迺右, 百堵皆興. 內而爲正寢者一, 爲翼室者一, 爲下堂者二, 後而爲堂者一, 外而爲堂者一, 爲閣者一, 暨夫門廊廚庫之制, 階庭園圃之所, 罔不具備, 凡百有餘架也. 坐之三分二在門外, 爲奴僕之所居, 今爲閭里之家. 宅之制, 大約如是, 而木石曼碩, 輪奐牢實. 坐山之陽, 而有高明壤堘之勝, 處地之高, 而無宏崇華侈之觀, 審容膝之易安, 而苟完苟美, 實合君子之攸芋也. 堂皆堘乎中以宜冬, 豁其軒以宜夏, 而軒之敞倍於堘, 古制也, 而皆反乎是, 宜於今也. 不建祠宇, 序非長房也, 而今奉於守約之廳事, 別設

廚房, 法乎宮家也, 而今廢而室處者後堂也. 澄懷閣之變舊改新, 下二堂
之減軒添堗, 適今之宜也. 棟楹樑桷之撓折者, 盖瓦級甆之穿缺者, 時以
繕修, 無侈舊觀, 遵先志也. 是固可以庇吾身, 而遺後昆, 古人有言曰, "吾
沒後, 子也才易守, 不才不爲他人所有." 吾於是宅亦云.

正堂. 丁坐癸向, 堂之制, 七樑二十間半, 溫堗三間, 洞房半間, 廳事六間,
前後設分閤. 北退爲軒者四間, 具平欄, 而一間追作溫堗之洞房. 南退爲
軒者亦四間, 前設重階, 階西有小角門, 連於守約堂之階, 由此而出于四
宜堂之前庭. 溫堗之東, 爲樓者二間半, 樓之下爲廚, 廚之南有門, 通于
後庭. 樓之北連以層樓五間, 外設平欄, 梯以升降. 樓下廊爲二間, 庫爲
三間.
上樑文 "安得千萬間厦屋, 久切杜陵之歎, 不待三十年辛勤, 遂成昌黎之
什. 經營心上, 突兀眼前, 主人業傳詩書, 習□紈綺, 名高國子, 人謂橡樟
美材, 地貴王孫, 世稱豊山奕葉, 咏棣華於大雅, 歡深鶺鴒之情, 奉春萱
於高堂, 喜溢龜鶴之算. 甍連鄭谷煙霧, 庭列謝家芝蘭. 張公藝之同居, 非
止百口, 王孝公之雅趣, 別營一區. 於是受命庭闈, 于以築室環堵, 瞻城南
之賜地, 猶帶舊恩, 連巷北之通衢, 且喜孔邇. 大者細者, 長者短者, 各適
其宜, 藏焉修焉息焉遊焉, 爰得我所. 若夫榱題數尺, 假使得志而不爲, 至
於茅茨短椽, 雖欲庇身而太溢, 所以不奢不儉實合, 攸芋攸寧不減. 昔時
丈人風流, 堪比愛烏之屋, 此爲他日宰相廳事, 僅容旋馬於庭, 將擧脩樑,
可無□頌. 抛樑東, 曉起晴窓日已紅. 惟有鄴侯千萬軸, 卷舒聊復資新工.
抛樑南, 嵐□□□翠滴簾. 門外不曾開捷徑, 夜窓松月興方酣. 抛樑西, 鞍
峴峰頭夕照低. 遙指未央宮殿處, 啼鴉爭趁上林棲. 抛樑北, 龍飛遠勢蟠
三角. 葵心自向日邊傾, 仰視星辰環斗極. 抛樑上, 雲影天光佳氣象. 粉
堞逶迤□□□, 欣瞻閶闔□□□. 抛樑下, 靜裏琴書極蕭灑. 屋漏何曾愧
此心, 一塵不到神明舍. 伏願上樑之後, 門宜容駟, 里爲鳴珂. 在堂鶴髮鮐
文, 長年不老, 滿床猩袍象笏, 永世其昌. 辛亥三月三日, 完山李知白撰,
李翊書."

正堂之西爲守約堂. 有溫堗一間, 東牕通於正堂之南退軒, 西牕之外, 有
小軒一間, 北連廳事三間, 繚以分閤, 而東接於正堂之廳事, 隔以障子, 下
半通於廳事之北退軒, 西隣於小軒. 南有花階, 北西爲四宜堂之南庭. 外扁
守約堂同春宋公浚吉書, 內扁默窩東岡趙公相愚書也. 廳事今奉祠宇.

正堂之北爲北下堂. 有溫堗二間, 廳事一間, 南設分閤, 西接於西下堂之
廳, 北有板門, 通於澄懷閣之南階. 溫堗之東有樓一間, 相接于正堂層樓
之西. 樓下爲廊, 廊北有門, 通於外. 自廳事折而南, 爲西下堂, 有溫堗二
間, 廳事一間, 西設分閤, 附以翼廊三間, 繚之以垣. 北有角門, 通于澄懷
閣之南階. 溫堗之南, 有樓一間, 樓下爲廚, 樓之南端有角門, 接於正堂.
階西之門, 通于四宜堂之庭, 而以板墻遮之.

正堂東層樓之後爲後堂, 有溫堗二間, 折而西南, 有廳事二間, 西接於層
樓之下庫廊, 而南連於庫, 庫爲二間. 庫端有門, 通于正堂之庭, 附以廊
遮之. 正堂之廚, 環接於廚之南小門. 溫堗之東, 有廚一間, 廚後築小垣,
連於園之東墻. 溫堗之北壁後, 接以翼廊二間, 折而東有中門, 門連庫舍
二間, 遮之北下堂之廊. 北小門庫端, 有厠一間, 直接於澄懷閣書樓之後.

四宜堂, 癸坐丁向, 肅宗戊子重修. 堂之制, 五樑十一間, 溫堗三間, 廳事
四間, 東南三面設分閤, 退軒二間, 附於堂之南扁. 堂之西有樓一間半, 樓
下爲廚, 廚之西繚以垣, 東南環之以墻. 東墻之端廳事之隅, 設板墻, 墻
之東樹中門, 下有五層石墭. 門之傍築小垣, 接于澄懷閣之西角門. 西南
有花砌, 東有松墭, 扁曰四宜堂, 尤庵宋公時烈書, 內揭淸疎閣扁, 文獻公
府君手書也.

附翼廊. 堂之北, 遮以翼廊, 凡六間, 東之一間, 設出入之門, 門外設層
階, 次一間爲庫舍, 次三間爲馬廊, 次一間爲厠.

澄懷閣在四宜堂之東, 閣之制五樑六間, 溫堗二間, 東附小樓, 是爲書樓,

而樓之南壁後, 繚以曲垣周遮. 溫堗東牖之外, 連于厠門. 自溫堗折而西南, 有廳事二間, 其端有溫堗一間, 又折而南設小角門, 相接於四宜堂之門. 東小垣西階, 有松二株, 與四宜堂東階之松, 牢架爲門. 外揭澄懷閣扁額, 谷雲金公壽興以隸書之. 英宗癸巳重修, 而新之先府君撰上樑文, 手書於樑上.

上樑文 "探景選勝之人, 蓋多卜居之趣, 全名樂道之士, 或有隱市之稱. 是以南山結廬, 陶處士之藹軸, 東都治第, 裴令公之盤旋. 竹塢魚潭, 輞川之淸興不淺, 棋局鳩杖, 樂園之幽情正深. 雖云取舍之不同, 率皆優間而自愜. 顧玆泥厓之屋宇, 實惟城市之山林, 怪石蒼松, 秀出於欄下, 名花修竹, 環列於庭除, 萬井棋羅, 盡是鳴鍾之宅, 三山鼎峙, 依然文筆之峰. 墻連守約, 甍接四宜. 寔處中央之奧, 前對白岳, 後臨紫閣, 爰得高明之居. 第緣六十年星霜屢移, 奄見三四間榱桷將橈, 旁風上雨, 未免鳥鼠之憂, 傾棟圯堵, 殆有巖墻之患. 如存苟完之計, 寧拘時屈之嫌, 於是受命鯉庭, 爰拓舊址, 涓吉龜筮, 聿營新規. 聚石鳩材, 不可勝用, 陳圭置臬, 各適其方. 載鋸載斤, 欂櫨根閞之制俱備, 酒尺酒墨, 規矩曲直之度斯存. 上棟下軒, 皆取諸大壯, 竹苞松茂, 允合於斯干. 酌古今體勢之異同, 參前後損益之便否, 築之百堵, 橐橐其聲, 環以一區, 噲噲其正. 因地而起, 寧勞心上之經綸, 不日其成, 居然眼前之突兀, 如翬如革, 頓覺棟宇之改觀, 肯構肯堂, 今喜藏修之有所. 闢前庭而稍敞, 實合攸芋攸躋, 比舊制而無加, 允矣不侈不儉. 東窓日永, 開向陽於今朝, 北閣風生, 疑淸秋於五月. 遂有賓朋之雅集齊騰, 燕雀之賀聲爰擧. 脩樑恭伸善頌. 兒郞偉, 拋樑東, 五雲多處氣蔥籠. 憑軒俯瞰長安道, 萬戶千門次第通. 兒郞偉, 拋樑西, 螺鬢森擁入簾低. 爰居爰處堪容膝, 閣是澄懷洞是泥. 兒郞偉, 拋樑南, 滿城楊柳綠毿毿. 嬌鶯囀出繁陰裏, 欄外春風度兩三. 兒郞偉, 拋樑北, 三角嶙峋千丈矗. 每夜高樓回首望, 星河錯落拱宸極. 兒郞偉, 拋樑上, 菁莪五紀昇平象. 淸琴在膝酒盈罇, 靜裏怡神聊偃仰. 兒郞偉, 拋樑下, 小庭如斗纔旋馬. 淸風明月無盡藏, 佳景尤宜春與夏. 伏願上樑之後, 神靈默護, 風雨永除, 壽添春萱, 竝山海而不騫不竭, 歡深棠棣, 吹塤箎而且孺且湛, 忠孝傳家, 顏呂之志行宜範, 詩書連屋, 楊馬之文章可師. 聊以自娛, 永言無斁. 上之四十九年, 癸巳七月初八日, 主人洪某撰幷書."

行廊在中門外, 一字橫建, 凡十六間. 東之二間爲舂杵之所, 北設一角門,
通于鑄字之洞. 自此三至十二間, 爲婢僕居息之處, 次一間, 卽內外所共
由之門, 次一間, 爲人客休息之廳.

3. 形勝第三

宅擇也, 言擇吉處而營之也. 詩曰, "于胥斯原", 又曰, "相其陰陽", 此謂
公劉定居之事, 而旣胥斯原, 又相陰陽, 則土地之宜, 山川之勝, 幷爲之
擇吉者也. 盖相土之法, 已自周初有之, 而非徒營邑而建都, 所居第宅亦
然, 其所以相土而擇吉者, 豈但止於陰陽向背而已乎? 必也先占基址, 次
之以形勝, 允合於吉處, 然後可以定居也. 夫京師之中, 山川盤結, 陰陽
和會, 鬱葱之佳氣, 視諸郭外之洞冂豁眼, 反有勝焉, 於其康莊而家焉者.
門千戶萬, 屋瓦鱗錯, 煙火櫛比, 城市之繁華, 縱或有之, 襟帶之形, 便固
難得兼, 則處閭閻之內者, 何可家家而占勝哉. 然東之駱峰, 南之木覓, 北
之白嶽, 龍飛鳳舞, 萃于神京, 山高而洞幽, 土剛而水淸, 形勝之美, 自古
最稱. 故前輩名碩, 必於其下而宅焉. 禮曰, "可以居高明", 盖謂是也. 吾
廬處在木覓之下麓, 地勢竦而尊, 風氣淸而淑, 周遭之形, 佳麗之容, 咸
萃於斯, 殆若天作而地藏之, 以遺乎人, 儘乎城南之勝區, 而亦足爲擇吉
處而宅也歟.

木覓之山, 自烽臺北麓直落, 幷脈轉爲巳丙一節, 若起若伏, 午丁剝換, 數
弓而丙到頭, 午入首丁坐. 一麓高平如案, 襯身明砂, 裒抱左右, 爲龍飛
上天之形, 前有雲霧案. 木覓爲天馬樓船入海之格而爲祖, 道峰爲仙官起
舞之狀而爲案, 壬丙之帳下貴人仁王山也. 卯方之壯元峰也. 宮墟爲丑方
之進前筆, 泥峴爲亥方之玉帶, 管星得位於兩邊, 牛角回抱於穴前, 靑龍

自鼈頭丁方至癸方, 白虎自烽臺巽方至丑方, 蝦鬚蟹眼, 按法合格. 盖山
勢如盤龍, 案如玉帶, 雄偉融結, 龍鼻結穴, 從容若處女. 東之佛巖, 西之
鞍峴, 北之三角水落諸峰, 蹲蹲舞舞, 特然環空, 宛若堂舍旣成, 廊廡慢
回, 大官據几, 隊仗布列. 周旋窈窕, 氣象甚異. 麓之下, 拓而開之, 建立
堂宇, 仍麓而垣, 築石而階, 以作花園. 山氣之鍾聚, 地靈之亭毓, 皆專有
之. 乃是無上之吉地明堂, 而水纏玄武, 癸酉得艮破之局也.

4. 眺望第四

山川眺望之勝, 不必皆在郊原之外, 僻遠之方. 王者之所都, 萬衆之所會,
固未嘗無山川之勝也. 爭名者於朝, 爭利者於市, 雖使衡廬湖湘, 列于跬
步俯仰之間, 必有所專, 而目未暇及也. 若其好事而樂趣者, 踰關津卜田
里, 規規於邱壑之游, 自以爲高. 康樂之開道, 小民所驚, 許氾之問舍, 豪
士所譏, 反不若不爲之爲高也. 且況城市之內, 煙花撲地, 湫隘成衖, 尟有
燕息登臨之所. 負戴騎步之道, 其旁而來往者, 絡繹而后先, 則高曠幽奇
之境, 何可得之於其間, 而雖有澄神汰慮之心, 亦何可得也? 然而高曠幽
奇之境, 迺在於其間, 不勞跬步, 而坐臥起居於斯, 澄神汰慮於斯, 則又
豈不奇乎哉. 吾廬所處也, 高而曠, 所眺也, 奇而遠, 不出城市, 超然有雲
山之趣, 俯仰几席, 坐撫遠邇, 四時之異態, 四望之奇景, 曁夫晦明朝夕之
每各殊狀, 左右逢原, 而盡得之, 此豈非登臨之勝, 不必在僻遠, 而亦在於
朝市, 心目之所及者耶.

四宜堂, 奧如也, 而有山林溪壑之趣, 曠如也, 而有都市郊原之望, 得百
里山, 遠近環之, 若脩眉, 若飛鳳, 若列屏障. 蒼松怪石, 如雕如插, 屹立
於牆外者木覓之鼈頭也. 蜿蜒而龍, 蹲踞而虎, 或走或立, 相對而顧視者,
白嶽與駱山也. 鷺停鵠峙, 若將飛而未翔者, 弼雲也. 簪筆挂笏, 似欲進
而却立者, 道峰也. 水落在蘆原之後, 如送佛谷之山. 母岳居鞍峴之上, 若

追負兒之峰. 奇形異狀, 間見層出, 而白雲仁壽諸峰, 縹緲於雲天之表, 聳處獨尊, 尤可敬而可愛. 若其攢靑抹綠之態, 朝雲暮煙之景, 雖工文善畵者, 殆難得以彷彿矣.

堂之前爲花園, 園之高, 高於堂數仞, 闊容方軌, 而長倍之. 背午向子, 而與堂相對, 故堂與園子午反之. 園之居, 仍於麓而甚高, 故四望通豁, 堂之眺同於園而稍下, 故亦有少遜. 盖俯瞰一城內外, 而左廟右社, 舊宮新闕, 觚稜接天, 辟雍苑囿, 倉廩府庫, 暨夫三公六卿百官衙寮, 其餘爲萬人屋百貨肆十街市, 歷歷在指掌間, 卽亡論帝京豐鎬, 其視史傳所稱臨淄雨汗鄒雲夢, 吾懼其辟三舍, 而闤闠之外有崇墉, 崇墉之外有郭郭, 郭郭之外, 川陸原野, 經緯縈紆, 草樹煙靄, 左右映帶, 無不效奇於欄楯之下者, 千萬其狀, 堂於城市之間, 集衆美而兼有之, 東坡所謂錢塘兼有天下之美, 而斯堂又盡得錢塘之美者, 近之.

春日載陽, 東風扇和, 百花爛堵, 香氣襲人, 禽聲鳥語, 上下相續. 於是浩歌徜徉, 悠然有吾與點之氣像. 綠陰初勻, 群鶯亂啼, 暨夫畏景流空, 大地烘爐. 於是蔭嘉木乘淸飈, 披襟散步, 汗漫若御寇之游. 至若蓐收司令, 淸商協律, 霜染而楓丹, 菊垂而香吐, 葉脫而山容瘦, 水落而巖姿露, 乾端坤倪, 澄明軒豁, 其氣之著於人也, 雖功名富貴之所以熱夫中者, 亦變而爲淸涼矣. 朔氣凝沍, 孤鴻叫空, 滕六效技, 天地一色. 於是高懷雅致, 輒惹剡中之興. 夫四時之景不同, 而吾之樂獨無變焉. 絲竹之歡有時, 而吾之樂獨無窮焉. 凡物化之可樂者, 吾獨而專之. 洋洋焉若蟬蛻汚濁, 遊於物外, 此非徒玆堂之所獨有者, 而匪斯堂, 無以盡有之矣.

5. 花石第六

判決事府君, 旣營宅舍, 多貯花石於園階之上, 而作晚年之淸賞, 今焉百餘年之間, 盛而衰, 衰而老, 十無一二存者. 平泉之一樹一石, 不堪與人, 而花木之不得長年, 亦是理也. 玆記古有而今無者, 以示後昆.

大松四在南園, 今餘二.

蒼檜二在南園, 今亡.

側柏一在西園.

老松門屛五. 二在澄懷閣西, 一在守約堂南, 一在內中門外西, 今亡.

一在內後庭西, 今亡.

圓盤老松, 五在東階.

小松一在西階, 二盆種, 今亡.

盤松一盆種, 今亡.

棕櫚二地種, 今亡. 肅廟壬戌, 上聞家有棕櫚, 使掖隷求之, 府君下庭伏曰, 外臣以草木進有罪不敢也. 臣亦不堪復留, 卽拔去之. 掖隷白其狀, 上稱善, 命拔後苑舊棕櫚, 送還民家. 太史書之寶鑑.

月桂四, 盆種, 今亡.

四桂二盆種, 小四桂二盆種, 白四桂一盆種, 今幷亡.

拒霜花一, 盆種, 今亡.

剪春羅一, 盆種, 今亡.

錦剪花一, 盆種, 今亡.

秋海棠一, 盆種, 今亡.

夕陽花一, 盆種, 今亡.

梅花二, 盆種, 庭梅一, 今幷亡.

碧梧桐一, 盆種, 今亡.

百日紅一, 地種, 今亡.

映山紅二, 盆種, 今亡.

倭躑躅八, 在南階, 今餘二.

牧丹九叢, 今亡.

山丹花一, 在西階, 今亡.

紫木蓮一, 在西階, 今亡.

白木蓮一, 在南階.

出墻花一, 在西階, 今亡.

金銀花一, 在西階, 今亡.

金藤花一, 在西階, 今亡.

佛頂花二, 一在南階, 今亡. 一在西階.

白杜鵑一, 在南階.

丁香四, 二在西階, 一亡, 二在南階, 今亡.

錦竹二叢, 一在西墻下, 一在南階, 今幷亡.

太湖石一, 今亡.

怪石五, 在南階, 削成峰巒, 高幾四五尺, 以鐵圍以帶之, 防其剝缺, 皆安
於石臺, 臺亦琢成四稜或六稜, 四隅鏤刻花草.

中怪石一, 石臺具. 小怪石一, 石柱玉臺具. 床頭小怪石二, 今幷亡.

石龜一, 在南庭, 雕刻奇巧, 鱗甲皆動, 背刻日影及二十四方位.

6. 書畵第六上

文獻公府君, 雅好臨池之工, 衷訪古今金石書, 粧池而成帖, 手題跋語, 藏
于家. 自歷代至東方墨蹟之名于世者, 咸萃焉, 凡若干帖是帖也. 俱爲集
古家珍品, 且經昔年之手澤, 則不可比同於尋常書籍, 而府君之收之之勤,
好之之篤, 亦可使後昆知也, 故竝錄之下. 附古畵數帖, 而文獻公書法, 一
洗東方之陋, 上承二王諸家, 燕居戱墨, 公私碑版, 各盡其工, 亦爲聯錄于
左. 蓋其世之珍玩者, 亦不啻子孫之寶重也.

〈周石鼓文〉舊本
周宣王時, 頌天子之田, 而作其文籀, 其數十, 今在燕京之文廟大成門內.
十鼓之文, 漫滅不可讀, 而字畵之僅可卞者, 爲二百一也.
〈石鼓文〉新本

清高宗乾隆庚戌, 新作十鼓, 鐫舊文于面, 又環刻御製小識于舊鼓之如臼者上面. 蓋舊鼓一傳, 以當初散失時, 爲人家取去作臼, 卽昌黎詩所云臼科者也.

〈後漢西嶽華山碑〉

後題云, 新豊郭香察書, 洪适隷釋云, 漢末循王莽之禁, 人無雙名, 郭香察書者, 察涖他人之書. 徐浩古迹記, 以爲蔡中郎書. 二說未知孰是.

〈晉蘭亭修禊序〉

右將軍王羲之撰幷書.

〈樂毅論〉

王羲之書.

〈瘞鶴銘〉

華陽眞逸撰, 上皇山樵書.

〈唐三藏聖敎序〉

唐太宗文皇帝製, 弘福寺沙門懷仁集王右軍書.

〈三藏聖敎序〉

褚遂良書. 二本, 一置于慈恩寺塔下, 一實于同州, 此塔下本也.

〈唐孔子廟堂碑〉

太子舍人虞世南, 撰幷書.

〈上西嶽書〉

衛國公李靖, 撰幷書.

〈雲麾將軍神道碑〉

海州刺史李邕書.

〈娑羅樹碑〉

李邕文幷書.

楓溪散人小識曰, "余於癸未赴燕時, 得娑羅樹碑一本, 卽李海州邕所書也. 其結構恢疎, 筆畫勁健, 豈顔柳諸公之筆, 本於此而少變者歟. 粧成一帖, 以助臨池之興. 丙戌陽月旣望, 楓溪散人漫書."

文獻公題李北海娑羅樹碑後曰, "趙子昂嘗言, 唐人之書, 自歐陽率更始, 作間架, 尙筋骨, 至顔柳, 而嚴緊勁悍, 一變永和風韻, 惟李北海不失晉人之軌, 當爲書家正宗. 余於淳化帖, 見李泰和書一幅, 如丹穴之零苞片羽, 猶可想其全體, 及見娑羅樹碑, 遒逸疎宕, 極有大令之風, 始信子昂之言爲不易之論矣. 杜工部哀北海詩云, '風流散金石, 追琢山岳銳.' 其文章筆翰, 見重於當時如此, 余甚愛玩, 欲一臨而未暇也. 壬寅奉使如燕, 翰林修撰戴衢亨, 因從者求見余詩, 乃以手書紀行詩二篇送示之, 戴君覽詩歎賞. 又評書曰, '大類李北海.' 夫北海之筆, 余固好之, 而未能學也. 今戴君一見數行漫草, 便識平日好尙, 非精於鑑識者, 能如是乎, 誠可異也. 戴君字蓮士, 江西人, 妙年魁鼎甲, 入館閣有盛名於中國云. 歲甲辰仲秋, 東韓洪某書."

〈大唐中興頌〉

殿中侍御史荊南節度判官元結撰, 上柱國魯郡開國公顔眞卿書, 鐫于永州浯溪崖石之上.

〈麻姑仙壇記〉

顔眞卿書. 有大小二本, 盖用羊叔子峴山故事, 此本卽小字也.

〈爭坐位帖〉

顔眞卿書.

〈孤竹奇蹟〉

韓文公愈書. 下附淸高宗御製御筆淸節祠詩一篇, 和親王淸節祠詩一篇. 文獻公夷齊讀書處後敍曰, "癸卯之春, 余自燕歸, 歷孤竹故城, 謁二子像於灤河, 暮抵永平府, 有一懷刺請見, 延入爲禮, 卽華人李美字純之者也. 袖其文數卷, 求余一言, 覽未竟, 知其爲博聞之士也. 自言治擧子業, 年老無成, 以著述自喜, 因與話孤竹古蹟. 純之曰, '此中有夷齊讀書之墟, 水石甚奇.' 余呀然笑曰, '夷齊之世邈矣, 今何以徵焉.' 純之曰, '距此百餘里, 有山曰書院山, 有寺曰雲居寺. 昌黎韓公斸崖石, 大書曰夷齊讀書處, 夫豈無稽而韓公書之乎?' 余曰, '然則有印本否.' 純之曰, '適無在者, 後當搨來寄示.' 余漫應而未之信也. 翌年春, 宗姪左相公, 使燕還路永平, 純之來見曰, '聞大人與洪副使同姓, 爲我傳此紙.' 因出夷齊讀書處五大字, 及嘉靖刻古蹟碑一本, 下附其遊山記. 隨使行來, 余觀其大字, 筆力雄邁, 字形奇古, 不似宋以後筆, 殆非凡衆人跡. 昌黎旣孤竹故境, 而碑言唐太

和年, 建寺正當韓公之世, 則其稱韓書, 不爲無據矣. 然夷齊讀書之說, 人
或疑焉. 余嘗思之, 羲黃之世, 文字已作, 神聖繼起, 開物成務, 有禮有樂,
則豈無書籍之可傳, 謨訓之相承乎? 故書曰唐虞稽古, 建官惟百, 堯舜之
典, 皆稱曰若稽古, 可見唐虞以前, 亦有古書可稽也. 昔趙閱道折王介甫曰,
'皐夔稷契, 何書可讀?' 當世稱其辯. 余獨惜其言之太快也. 至若夷齊之時,
卽商周質文之交也. 虞典夏謨, 固已粲然, 而六七聖相繼, 損益文物憲章,
尤宣朗矣. 故伊訓曰, '聖謨洋洋, 嘉言孔彰.' 傳說曰, '人求多聞, 學于古
訓.' 伊傳之世尙然, 二子雖賢聖, 何嘗不學而能成其德乎? 惜乎, 所讀之
書, 今不可見也. 然千載之後, 賴有韓公之筆, 而表章之, 於以見聖賢之學,
罔不資於讀書, 其跡寧不可寶乎? 噫, 純之以異邦之人, 逆旅相逢, 一言
相許, 至於撝取百餘里之地, 遠寄數千里之人, 其亦敦信好古君子也. 其言
又豈不可徵乎? 於是粧成一帖, 以傳世垂後. 卷末附二詩者, 不獨爲孤竹
之蹟也. 將以見淸聖之風, 無遠不慕, 所以爲百世之師云爾."

〈仙翁留蹟〉

呂眞人洞賓書. 文獻公題呂眞人榴皮帖曰, "東坡詩話云, '有道士自稱回山
人, 過沈東老飮酒, 用石榴皮, 寫絶句壁上曰, 西隣已富憂不足, 東老雖
貧樂有餘. 白酒釀來緣好客, 黃金散盡爲收書. 書訖, 出門渡橋, 遂不知
所之. 或曰, 此呂東賓也, 僕見東老之子, 道其事爲和其詩云.' 余於壬寅
使燕, 求是帖於書肆, 終不可得. 及歸偶獲一本, 故紙涴弊, 蠹蝕字缺, 幾
不可讀, 亟以淨紙改粧焉. 夫神仙之說, 本荒唐矣, 彼呂純陽眞仙去耶. 胡
爲而來人間, 留筆蹟也, 是未可信. 然坡翁旣言親聞其事, 則又不可謂誣
也. 今觀其字畫, 飄搖如斷雲空花, 若出神化, 決非烟火中物也. 是可謂希
世之珍, 何必問回山人與呂純陽也?"

〈醉翁亭記〉

宋東坡蘇軾書, 眞蹟一入大內, 一入江陵, 今世所傳, 乃摹本也.

〈表忠觀碑〉

蘇東坡撰幷書. 有二本, 其一劈窠大字, 其一行書, 字僅拇指大, 而此本
卽大字也.

〈天馬賦〉

〈唐宮詞一絶〉
襄陽米芾書. 天馬賦印本也, 宮詞繡簇也.
〈妙喜泉銘〉
無垢居士張九成撰幷書.
〈元天寧寺額六字〉
元趙孟頫書.
〈周興嗣千字文〉
趙孟頫書.
〈赤壁賦〉
趙孟頫書.
〈枝山眞蹟〉
明枝山祝希哲書.
〈文三橋草書〉
文彭書. 粧之成簇.
〈淳化閣十帖〉
淸世祖順治丙戌, 重摹上石.
〈新羅平濟塔碑〉
碑在扶餘縣, 唐凌州長沙賀邃良撰攢, 洛州河南權懷素書.
文獻公題平濟塔曰, "東史云, 唐高宗顯慶五年, 新羅武烈王上表言, 進貢
之路, 經百濟高句麗, 輒爲兩國所梗, 帝大怒, 遣將軍蘇定方, 領舟師, 渡
海征百濟, 與新羅將金庾信, 夾擊大破濟兵, 虜其王義慈, 革其國, 置熊州
都督府, 刻石爲塔於白馬江上以紀功. 撰者凌州長史賀邃良, 書者洛州河
南權懷素, 至今古塔巋然立道左. 未幾唐又遣李世勣, 平高句麗, 置安東
都護府, 已而兩國之地, 皆爲新羅所並, 三韓始合爲一. 今按權懷素, 考其
世代, 乃非善草書之上人也, 筆法蒼勁, 結構嚴整, 一變六朝之體, 始知間
架之法, 已在顔柳之前, 而精神風韻, 少遜於歐褚. 然想是當世善書名者,
可稱東方古蹟之首矣."
〈太宗王陵碑篆首大字〉
撰書人不傳.

文獻公題新羅太宗王陵碑後曰, "新羅太宗王陵, 在慶州西五里, 無象設, 前有碑, 龜趺高丈餘, 失其身, 上安龍頭, 夭矯蟠拏, 刻鏤精巧, 面有方篆陽文曰 太宗武烈大王之碑. 噫, 太宗平麗濟, 一三韓, 實有萬世之功. 雖於革代之後, 衣冕之藏, 邦人莫不敬護焉. 樹木猶不敢翦伐, 況麗牲之石乎. 今乃失其所在, 設有愚夫頑童, 生心竊取, 是不可半夜負而逃也, 又不可一日磨琢而滅之也. 有鄉父老焉, 有守土吏焉, 亦安得默而視之乎? 於理殊未可曉. 余聞關東靈鳳山, 有唐文皇碑, 壬癸之亂, 蠻人載之以東, 在道中折, 遂異其半而去, 其半尙留原州. 夫關東距萊海千里, 而尙欲載去, 況鷄林數百里之近乎. 余意太宗之碑, 殆是蠻人竊去也. 鷄林又有昌林寺碑, 嘗見趙子昻書, 盛稱新羅僧金生書昌林碑, 雖唐人名刻, 無以過之. 余到鷄林, 首訪昌林, 寺已墟矣, 獨有石塔巋然, 碑終不可得矣. 是碑也, 旣名於中國, 則安知不爲蠻人所竊乎? 余見原州半折碑, 始悟鷄林二碑之同渡蠻海也. 遂並識以傳疑, 以質博物君子."

〈文武王陵碑〉

國學少卿金□撰, 大舍韓訥儒書.

文獻公題文武王陵碑後曰, "余於襄歲, 尹鷄林, 卽新羅故都也. 時天旱, 行禱于山川, 東海上有雩壇, 曰利見臺. 余乃具祝幣往焉, 臺在大海之傍, 石皐突起成臺, 問邑人以利見之義, 對曰, '昔新羅文武王隣於倭, 數困於侵伐, 臨薨詔太子曰, 我死必葬於海中, 當化爲龍, 以距倭兵. 海中有大石, 崒嵂屹峙如小島, 太子羣臣, 不敢違, 葬於石間. 未幾風雷大起, 有黃龍見於石上, 臣民登臺, 而望拜焉, 名其臺曰利見, 遂以爲禱雨之所, 輒有靈應云.' 余大恠之, 以爲齊東荒唐之說, 考見三國史文武王紀, 有曰, '羣臣以遺命, 葬東海口大石上. 俗傳王化爲龍, 仍指其石爲大王石云.' 國史乃是信書, 不可謂誣, 而至於化龍一事, 稱以俗傳, 蓋諱之, 不欲質言也. 歷觀前牒, 鯀化爲熊, 牛哀變虎等說, 非止一二, 而皆在洪荒之世, 不載於正史, 惟新羅文武王, 卽是中國李唐文明之時, 而乃有此恠誕之事, 物理之難稽如此. 聖人不語恠, 歸之於多聞闕疑可也. 余始見三國史, 猶以爲金富軾是異代之人, 或失之傳疑矣. 往在鷄林時, 訪文武王陵, 無片石可驗. 後三十六年, 土人耕田, 忽得古碑於野中, 卽文武王碑, 而大舍臣韓訥儒所書也. 其文剝落無序, 而有曰, '赤烏呈災, 黃熊表異. 俄隨風燭, 貴道賤身, 葬以積薪, 碎骨鯨津'等句, 明是火化水葬之語, 不可謂國史之誣也. 噫, 其怊矣. 聊識碑刻之後, 以示博物君子."

〈田遊巖序〉

金生書.

〈太櫓院額字〉

院在慶州府, 金生書.

〈白蓮社額字〉

社在康津縣萬德山, 金生書.

〈白月棲雲寺碑〉

新羅國師朗空大師塔銘, 在榮川郡. 門人翰林學士守兵部侍郎知瑞書院事賜紫金魚袋 崔仁滾撰, 端目集金生書.

文獻公題白月寺碑後曰, "白月棲雲寺碑, 新羅崔仁滾撰, 釋端目集金生書者也. 舊在嶺南榮川郡, 中年失所在, 尙古子金光逐守隣縣, 搜得於田間, 運置官廨, 印行于世. 余在鷄林, 妹婿金君亨大知榮川, 余省安東先墓, 遂如榮川, 訪白月碑, 則棄在廢苑中, 土掩其半矣. 亟使昇致官舍前廊, 取酒磨刷, 字猶其卜, 乃搨十餘本, 廣傳于世, 托主人作木匣以覆之, 俾防風雨焉. 夫金生, 東方書家之祖也. 嘗入鷄林石窟中, 摘木葉寫字, 四十年不出, 書乃通神. 宋崇寧中, 高麗使臣洪灌, 持其書入中國, 翰林待詔楊球等, 見之大驚曰, '不意今日, 復見右軍眞蹟.' 金生之書, 蓋自闢門戶, 未嘗學鍾王, 而暗合古人如此. 當時書碑板必多, 而今無傳者, 惟白月碑尙在, 而是亦集字, 則非眞蹟. 然棄捐田野, 幾致漫滅, 寧不痛哉? 余嘗博訪金生書, 於鷄林見太櫓院小扁, 於康津見萬德山白蓮社六大字, 又得田遊巖序, 及興隣君印本, 皆藏于家. 噫其少矣, 余懼久而遂泯, 詳錄于卷末, 使世之人, 知寶蹟之所在, 而愛護勿失焉."

〈神行禪師碑〉

新羅神行禪師碑, 在南嶽斷俗寺. 皇唐衛尉卿國相兵部令兼修城府令伊干金獻貞撰, 東溪沙門 靈業書.

〈眞興王北巡碑〉

碑在咸興府, 撰書人不傳.

文獻公題眞興王北巡碑後曰, "余少時, 見野史云, '新羅王北巡過鐵嶺, 至沃沮定界立石.' 我穆陵時, 申將軍砬, 爲北兵使, 印來傳世. 余於是, 徧問申氏之後, 無有知者, 甚慨然, 每逢北伯新赴者, 勸之求來, 終不得焉. 歲庚戌兪君漢敦通判咸興, 來告行. 余試言之, 甫周歲, 君書來云, '朝廷新設長津府, 在咸興甲山之間, 中有黃草嶺, 距咸幾二百里, 有碑在嶺上, 頭仆山底, 上下皆折, 只存半腰, 見其文, 乃眞興王北巡碑也, 印送一本. 余按碑字, 古質蒼勁, 而文理斷缺不可讀, 中列從官有曰, 喙府阿干大舍等名, 皆是羅初之地名官號也, 寧不奇哉? 考其歲, 卽戊子秋八月, 是爲眞興王二十九年, 而中國則乃六朝陳臨海王二年, 於今爲一千二百二十六年, 東方古蹟無有先於此者, 今於開拓長津之時, 始出於世, 可驗國家文明之運, 無幽不顯, 而新羅盛時, 幅員之廣遠, 及靺鞨之境, 於斯見之, 可補古史之闕矣. 兪君好古之誠, 乃能闡發千歲前古蹟, 可謂博雅之良士也已. 茲記隱見始末, 以備職方氏之採焉."

〈金角干墓碑〉

碑在慶州府, 撰書人不傳.

文獻公題金角干墓碑後曰, "金角干諱庾信, 新羅統合三韓之元勳也, 墓在慶州西十里. 余嘗爲府尹, 操文以祭之. 見大塚如王者之葬, 而獨無一片石在前, 爲之徘徊悽愴曰, '角干之功, 蓋三韓, 塋封若是其大, 則必有紀功之碑, 而今不見惜哉.' 後二十餘年, 余直騎省, 郞官李君書九, 博雅好古之士也. 自言其家有東方金石帖散帙, 只餘數卷, 亟令取來, 閱新羅古蹟, 有金角干碑數幅, 剝泐微可卞, 而考其文無疑. 蓋於島夷之亂, 碑失所在, 而是本卽亂前舊搨也, 至今數百年, 流傳人間, 奇矣. 上去角干時, 則已過千數百年矣, 尤豈不可寶乎? 遂請於李君, 得其一帖, 附粧於鍪藏碑之下. 余觀鍪藏碑, 有右軍之風, 角干碑, 似歐率更之法, 皆爲書家珍品, 而東方古蹟, 莫先於此者, 在中國, 則其峋嶁石皷之亞乎? 余嘗論羅代人物, 推金公爲第一, 今見是碑, 重有曠世之感云."

〈鍪藏寺碑〉

碑在慶州府, 翰林金陸珍書.

文獻公題鍪藏寺碑後曰, "余尹鷄林, 訪古蹟, 聞故老言, '新羅鍪藏寺, 有金生書碑. 而今不知所在.' 余甚慨然, 按邑志, 遣吏訪之, 入山最深處, 有小蘭若, 僧言是鍪藏寺舊墟, 古傳新羅女主藏兵於此, 而碑則不見久矣. 吏歸告以實, 余曰, '旣得舊墟矣, 碑或埋沒於林薄乎.' 第再往尋之, 數日來言, '寺後有磨豆磴, 脉理異凡石, 故豎起視其腹, 乃古碑之折其半者也.' 余聞而奇之, 遣工搨數本來, 果是鍪藏碑, 而考其文, 卽新羅翰林金陸珍書也. 陸珍以詞翰, 顯於羅, 傳者見其姓, 誤稱金生也. 及余西歸, 拜相國兪文翼公, 公曰, '君在鷄林, 得見鍪藏碑否.' 余對以求得始末, 公蹶然喜曰, '老夫平生, 聚金石錄數百卷, 獨未得是碑. 再按嶺節, 求之非不勤矣, 闔境無知者, 君乃得之, 好古誠過我矣. 願分我一本.' 遂奉獻焉, 乃以一本附粧於麟角碑之下. 後聞藏書家, 曾有鍪藏碑全本, 具前後面, 今余所搨, 卽前面之半, 而後面則爲磨豆所滅, 重可惜也. 聊識卷末, 以見物之隱見若有數焉爾."

〈沙林寺碑〉

新羅雪山禪林院弘覺禪師碑, 在襄陽沙林寺. 兵部郎中金薳撰, 沙門雲徹集晉右將軍王羲之書, 車城縣令崔夐篆.

7. 書畵第六下

〈高麗興法寺碑〉

高麗眞空禪師, 在原州興法寺. 太祖御製撰, 詞臣崔光胤, 集唐文皇帝書. 東州李敏求, 興法寺碑歌序曰, "高麗眞空禪師碑, 舊在原州興法寺. 益齋李齊賢所讚, 玄圭赤舃揖讓廊廟者也. 文卽麗祖撰, 筆集唐太宗書, 其陰刻諸門徒及預是役者. 文體專襲唐末騈偶, 無帝王家氣象, 疑其時學士如崔承老輩視草所爲, 而稱道禪師宗旨行業與示寂靈異, 悉多模演傳燈等書, 祖師古蹟無一近實. 夫麗祖以開統之辟, 不思用民彝物則, 啓牖方來者, 而首先發揮禪旨, 又以虛僞示人, 揭之壽石, 將以率一代後世, 雖其遺訓所

載本不外是, 而五百年卑陋之俗, 固有以開之矣. 乃益齋, 則其國之臣, 襃揚過盛, 謂希世之寶, 無足深怪. 雖然, 碑成在咸通中, 距今七百有餘歲, 已是山門故器, 而貞觀帝雅喜遊藝, 體氣融渾, 戈法宛然, 與淳化帖等所傳, 相似無異, 假實諸中國金石之列, 歐陽氏趙明誠輩, 其舍諸? 蓋益齋之論出, 而邦人之丐請, 與州縣之模揭, 殆不勝紛沓. 徐四佳詩, '興法臺前墨打碑'者是已. 有一官吏病其工役往來, 移置州廨. 近世武人爲營將是州, 設置于旁, 鍛鐵其上, 石碎爲片段, 字又刓缺不全, 嶧山民火燒秦刻, 俱爲斯文遺恨. 乙亥秋, 余按東節, 購求是石, 或得諸柱礎墻址, 及擣帛之礩, 凡大小八段, 中央數片約一尺許, 終不可得. 乃令工人, 隨段搨印, 集成碑樣, 其文亦略可讀. 余懼其歲久, 而愈益散佚, 就客館隅, 創小屋閣之, 且記其數, 庶幾後之覽者, 知斯石之成毁存亡, 而有以葆傳之久遠也. 時崇禎九年丙子四月日. 歌曰, '君不見興法臺前一片石, 山骨贔屭玄龜脊. 蜿蟺姼業蹤十尺, 年鎪蒼茫滿七百. 眞空禪師者何人, 坐視起滅如朝夕. 脩行覺路僧臘高, 說法蓮生講壇席. 來爲示迹去無爲, 拂袖西天履一隻. 流風日遠琬琰存, 東土祇園道場闢. 遒文始發龍孫紀, 絶藝兼撫虯蠭蹟. 締思神驅造化逼, 臨池興會滄溟窄. 已從廊廟睹圭鳥, 鳳羽鸞葵蔚漂泊. 操鷄縛鴨濟民功, 滅德擒充啓天策. 又推餘事垂不朽, 日角英威照突突. 雷電光芒晝恍惚, 秋霄罔兩森慘慽. 浩처無涯陵谷變, 居然俯仰成今昔. 誰歟咨嗟慕奇古, 挽致不惜萬牛役. 墨本騰波走四裔, 數紙足以飽飢客. 是何將軍椎且頑, 火焚鐵鍛态狼藉. 嶧碑柬刻亦茫昧, 烈焰肯饒崑岡厄. 我今重是帝王筆, 收拾爲創高棟閣. 所得旣比周皷多, 缺訛況少遭劍斫. 秦王戈法雖號拙, 晉世儀刑尙有托. 歎彼麗祖統三韓, 欲憑象敎扶國脈. 獨留斯文具鑑戒, 亂轍危塗接載籍. 嗚呼昭陵書出鵠嶺老, 默算存亡淚橫落."
文獻公題興法寺碑後曰, "原州靈鳳山牛折碑, 卽高麗太祖御製, 詞臣崔光胤, 奉敎集唐文皇帝書者也. 萬曆壬辰之亂, 倭奴車載以東, 到竹嶺, 碑斷爲二, 乃挈其牛而去. 亂定 關東守臣, 曳還于原州, 遂稱牛折碑. 余搨來一本, 觀其筆畫, 豪壯奇嵓, 眞天人之跡也. 嘗聞文皇最愛右軍書, 今是帖深得三藏之法, 而脫出羈絆, 如天馬之遊空, 非操毫家所可仿像也. 雖以島夷之蠢, 亦知愛重, 至於偸載以去, 不憚千鈞之重, 萬里之遠, 所謂奴

隷亦知其爲瑞也, 幸其半尙留東方, 殆造物者相之歟. 余觀唐本淳化帖, 多
載文皇書, 而皆經屢翻, 離其眞遠矣. 惟是碑獨傳千年舊刻, 求之中國, 亦
難得矣. 雖謂之天下寶跡, 可也. 異日中國, 有求東方古蹟, 則盍以是應之
乎?"

〈淨土寺碑〉

高麗法鏡大師慈燈塔碑, 在中原府開天山淨土寺. 太相檢校尙書左僕射前
守兵部侍郎知翰林院事崔彥撝撰, 沙餐前守興門監卿賜緋銀魚袋具足達書.

〈普賢寺碑〉

高麗探密大師碑, 在延州妙香山普賢寺. 開府儀同司檢校大師守大尉門下
侍中集賢殿大學士判尙書吏曹部事兼太子太師監修國史上柱國金富軾
撰, 文林郎試尙書兵部侍郎兼東宮侍講學士賜紫金魚袋文公裕書.

〈文殊院碑〉

眞樂公重修淸平山文殊院碑, 在春川淸平寺. 學士知制誥金富轍記. 下附
祭眞樂公文, 沙門慧素述, 坦然書.

〈斷俗寺碑〉

高麗大鑑國師碑, 在斷俗寺. 守太保門下侍郎平章事判吏部事修國史兼太
子大師致仕李之茂撰, 普賢寺住持大悟重大師機俊書.

〈麟角寺碑〉

高麗普覺大師碑, 在義興縣. 沙門行立, 撰集王羲之書.

文獻公題麟角寺碑後曰, "余少時, 見麟角寺碑印本, 卽高麗時集右軍書者
也. 字似三藏序而稍瘦, 淸峭過之, 心甚寶重. 聞其碑在嶺南義興縣, 思一
搨來. 庚辰余尹東京, 距義興二百里, 乃貽書知縣求一本, 答云, '弊境今
無麟角寺, 從何印取乎.' 余歎曰, '寺廢而碑亡. 宜今人之不知也, 是豈可
終使泯沒耶?' 於是選於吏稍識字壯幹事者, 齎十日糧, 戒之曰, '徧搜一
境, 不得無還也.' 吏去旬日而返曰, '深山古刹, 跡無不及, 終未見麟角寺
者. 偶到一山, 有新羅廢寺, 與僧語古碑有無. 僧曰, 此中佛殿樓底, 有斷
石十數塊, 無乃是耶? 試鉤出視之, 果古碑也. 取水磨洗, 見其文, 微有
麟角二字矣.' 余大喜, 遂募善搨者, 授紙墨, 與吏偕印, 取三本來. 蓋僧
徒苦搨役, 擊碎而深藏之. 今餘十餘片, 字又刓剝, 可卞者, 僅十之一, 甚

可惜也. 然其點畫完者, 精彩趯趯欲動, 宛然見永和風, 神奇哉. 麗去唐未遠, 必得眞蹟而刻之, 又不經翻刻, 故視近世唐本諸帖, 眞贋懸矣. 尤豈不可寶乎? 乃粧池成帖, 以傳于世. 按輿地勝覽云, '寺在華山, 洞口有石壁嵐立, 俗傳麒麟卦角于壁, 故因名焉. 有閔漬撰僧普覺碑銘, 余觀其字畫之遒妙, 刻法之精工, 實非後世之所及, 豈因朝令而建碑, 如唐僧懷仁之集三藏序耶?"

〈姜大師塔銘〉

菩薩戒弟子平章事姜邯瓚書.

文獻公題姜太師塔銘後曰, "姜大師邯瓚, 高麗名臣也. 其文武全才, 定契丹之亂, 出入將相, 爲國元勳. 有宋使見之驚曰, '久不見文曲星, 不意降生外國.' 其言殊不經然, 至今傳之野史, 可見當時負望之重也. 今見其所書塔銘, 蓋爲平章時, 爲國祈福, 而建此塔也. 臣爲國相, 稱以供佛自處, 以菩薩戒弟子, 則國俗靡然陷溺, 不能自拔, 亦不足譏也. 獨其筆畫, 奇崛蒼勁, 可見非凡衆人跡, 亦足貴也. 邯瓚之贊, 麗史傳以贊字, 而此則加玉邊, 當以石本爲眞矣. 姜公有文集傳于世, 而別無可觀, 無乃世遠, 多放失而然歟. 於以見事業文章, 固難兼備也."

〈江陵臨瀛館額字〉

高麗恭愍王書.

〈大東筆宗〉

新羅金生, 高麗李杏村嵒, 本朝安平大君瑢, 成聽松守琛, 黃孤山耆老, 楊蓬萊士彦, 宋頤庵寅, 金自庵絿, 李退溪滉, 白玉峰光勳, 韓石峰濩, 金南窓玄成, 申樂全翊聖, 吳竹南竣, 尹白下淳, 李圓嶠匡師書, 眞本成帖.

東溟鄭斗卿大東筆宗詩序曰, "海東諸公筆跡, 示余請識, 考其世代, 第一金生, 其次李杏村嵒, 其次安平大君, 成聽松守琛, 黃孤山耆老, 金自庵絿, 宋頤菴寅, 楊蓬萊士彦, 白玉峰光勳, 韓石峰濩, 金南窓玄成, 凡十有一人. 金生書, 宋人見之大驚曰, '不圖今日, 復見王右軍筆跡.' 尙矣無可論者, 杏村安平石峰, 亦名聞中華, 世所知也. 自庵聽松孤山蓬萊頤菴玉峰南窓, 體雖不同, 同歸于妙者也. 我東善書者多矣, 地偏屢經兵火, 古人筆跡, 散失不傳. 余常恨之, 今某旁搜幽隱, 集成一帖, 其用意亦勤矣. 自安平至南窓九人, 本朝人得之猶易, 杏村麗朝人, 不其難哉? 至於金生新羅人, 去今千有餘載, 陵谷亦變, 未知此筆, 歷幾兵火, 尙至今無恙耶. 噫此亦奇矣, 苟非篤好, 安能得之千載下弁諸卷首耶? 眞可謂生晚好古者矣. 遂爲之識, 系以短律詩曰, '金生去千載, 筆跡見今朝. 龍虎相拏獲, 江山自動搖. 其餘皆氣力, 已久尙風飈. 隱几常披翫, 渾忘晝與宵.' 乙巳六月溟翁書."

尤庵宋時烈大東筆宗題後曰, "卷內第五帖, 有朱邵二先生詩. 昔晦翁於右軍帖, 猶且但稱其文, 則今洪君之不徒墨妙之取可知也. 苟得明此二詩, 則其於造化之妙, 行止之義, 殆庶幾焉. 獨其以二詩並係邵先生, 非自菴之誤, 則必粧排時所誤, 盍改而正之. 鄭東溟以手筆, 托其詩文於卷末, 合浦之濱, 眞添一明珠矣. 東溟嘗自誇筆勝於詩, 然生於不足, 豈六一文章, 獨誇政事之意耶? 洪君幸以吾言, 就而問之, 東溟必莞爾而笑也. 時崇禎己酉孟夏, 華陽老夫書."

同春堂宋浚吉書曰, "日者雙璧, 遠訪於寂寞之濱, 至今銘感在心. 惠書又墜, 欣慰尤至. 此間自聞, 沂相凶問, 公私長慟, 忽忽益無意於人世也. 奈何奈何洪帖經年撫玩, 欲文則溟翁脚下, 難着語, 欲書則諸名筆又可畏, 每唱然興感而已. 數日前, 宋基泰以左右之命, 持納於其嚴府, 玆令來使往推以去耳. 餘不一一. 謹復戊申元月十九浚吉." "客來燕喜, 太守李公基稷, 遺余書, 余答之以此取以附諸帖下, 今赴都中, 得以披閱之, 令人不覺愧汗霑衣也. 己酉五月十七日春翁書于紫監."

〈匪懈堂帖〉

本朝安平大君書, 眞本.

〈金剛山萬瀑洞石上大字〉

楊蓬萊書.

〈雙璧帖〉

石峰韓濩書, 眞本.

〈東海退潮碑〉

碑在三涉府海上, 眉叟許穆撰幷書.

文獻公陟州東海碑後敍曰, "東方之文, 眉叟最古, 往往類秦碑漢鼎, 筆則效周太史, 而自創新體, 枝枒詰屈, 如千歲枯藤. 叟嘗爲三陟守, 東臨滄海, 立石於日母之衢, 手書四言詩以誓水. 文險而字奇, 若出神林鬼窟, 世人傳寶之. 叟常言先秦西漢之後, 古文亡, 唐宋以下, 不足觀也. 故其文蒼奧簡直, 絶無折旋變化, 論者病之. 然余獨謂唐宋之文, 喜議論, 法太勝. 若東人, 則習模擬, 去古文益遠. 苟論敍事紀實, 則當推眉叟爲第一, 曩歲余入喉院, 樊巖蔡公爲知申, 一日邀余, 出示橫軸一帖曰, '此眉叟手書人墓表草稿也. 要與公一觀.' 余喜而展讀訖, 謂樊巖曰, '此文中有數行失格, 豈眉翁未定本耶.' 樊巖愕然哂曰, '眉翁一字一法, 況墓石之刻乎.' 公言未必然矣, 而已樊巖取其軸盡卷, 忽有小紙挿其尾, 熟視良久, 拍案而叫曰, '何其神耶, 公之鑑識也.' 因投示余, 蓋叟手書數行於一紙云, '自某至某, 當改之如此.' 一如余所指, 余迫然而笑曰, '文章杼軸, 至嚴且妙. 雖古作者, 不能無出入, 叟乃自覺自改, 此所以不可及也.' 樊巖曰, '使叟有知, 當掀髥一笑於九原矣.' 余亦自謂知眉翁者, 莫我若也. 今觀東海碑, 其辭浩森如洪濤, 其聲鏗鏘如怒浪. 若有海恠波靈, 恍惚於筆端. 嗚呼, 非叟誰歟, 能爲此者."

〈白下書玉軸〉

白下尹淳書.

西堂李德壽題玉軸後曰, "書爲六藝之一, 不可謂之小道, 而不習也. 習矣而不能臻其妙, 則亦其才有以限之耳. 近世絶無能精是藝者, 顧不以是歟. 惟白下始集晉唐以來諸名家之長, 卓然自成一家. 論者謂前無古人, 非過褒也. 然其行草, 多學米南宮, 往往怲偉驚人. 獨此軸閑淡, 如高人逸士, 絶無烟火氣, 豈以其謝官歸山後所書, 故筆畫亦類其所行而然歟? 重可貴也. 丁巳三月二十三日, 李仁老題."

文獻公題玉軸後曰, "東方之書, 祖於新羅之金生, 金生之筆, 奇崛奧妙, 不師古人, 而自闢門戶, 然其神骨獨詣, 暗合二王, 故大爲趙子昂所推服尙矣. 其後在羅, 則有金陸珍釋靈業, 學弘福碑, 崔孤雲師歐陽率更. 在麗則有李嵒文公裕釋坦然機俊, 皆得唐人之法焉. 逮我國初, 匪懈堂才高韻逸, 妙絶天下, 而年壽不永, 猶未能脫松雪轍跡, 韓石峰濩, 專學金生, 而上泝鍾王, 功力至到, 雄視前人, 論者謂匪懈書, 如仙鶴刷翮, 已有沖霄之

氣. 石峰書, 如老狐專精, 能偸造化之妙, 蓋善評也. 至若楊蓬萊黃孤山之
草, 白玉峰吳竹南之楷, 金自菴成聽松金南窓之行書, 各自成家, 足以名世,
而筆畫或近悲滯, 結構不免疎慢, 終不能深造晉唐人閫奧. 惟白下尹公,生
於千載之後, 穎脫超邁, 一洗偏方之陋, 盡取金生以下諸家, 而割其榮焉,
咀嚼乎唐宋元明, 而折衷於永和, 點畫則神氣骨肉俱足, 締構則法象意態
咸備, 妙悟神解, 集成一家, 圓活雅麗直接右軍之脉, 夭嬌如行雲游龍, 穠
燁如名花好女, 令人目眩而心醉, 可謂人間之絶藝, 天下之奇才也. 於是乎
書家之萬法畢露, 古人之陳迹盡廢, 世之操管者, 靡然宗之, 不復從事於
戈勒波趯之法, 而惟求工於目與腕之間, 其弊也文勝而質喪, 日趍於弱與
俗耳. 夫以羲之之聖於書, 韓昌黎尙有俗筆趁姿媚之譏, 況其下者乎. 余
觀白下之筆, 過於姿媚, 安得不流於俗也? 然則善學柳惠者, 宜思隨時而
損益之也. 今此軸, 乃其晩年作也. 各體俱存, 誠可寶重, 而但楷書少古意,
蓋坐於學顏蘇也. 行書本於弘福, 而出入於南宮, 奇而有則矣, 草書駿駿
乎淳化, 至矣."
豹菴姜世晃題玉軸後曰, "論者謂, '白下書, 前無古人, 後無來者.' 未必盡
然, 白下之遒勁精妙, 姿態橫生, 終不能軼石峯之雄秀渾撲而上之, 近來
一二作者, 皆發源於白下, 而又不能軼白下而上之, 謂前無古人則過矣, 而
謂後無來者則信然. 翰墨小技, 亦隨世昇降也如此. 余於是益不勝其慨歎
云. 丁未春, 姜世晃書."
松下曺允亨題玉軸後曰, "董文敏云, 一搦管, 秀媚之氣, 側出腕間, 坐此
不及古人, 吾於白下書亦云. 五月十三日, 曺允亨稃行觀."
〈天姥帖〉
圓嶠李匡師書.
〈仁穆王后御筆〉
以泥金書唐詩七絶于毛緞.
肅廟御製詩曰, "兩家篋笥寶藏堅, 只恨揮毫不識年. 東廟眞蹟傳宜壽, 分
付良工字字鐫." 又曰, "刊了吾心校檢留, 一毫差謬是深憂. 載臨御筆祥輝
集, 五色玲瓏繞玉樓." 壬辰春正月上元日, 拜手謹書.
〈華政二大字〉

貞明公主書.

蕭廟御製華政贊曰, "大書最難, 惟主能之. 弱年筆法, 雄建若玆. 摹刻則久, 予獨晚知, 一展一覽, 且驚且奇."

藥泉南九萬華政跋曰, "昔我仁穆王后之在西宮也, 貞明公主時未釐降, 實是左右, 悲憤畏約, 無所事事, 把筆作字, 若大若小, 凡以慰釋慈聖之心也. 及至癸亥秋, 幽國重明, 始歸高門, 以爲文翰非婦人事, 赫蹄通問, 皆用諺字, 邸報文書, 亦不看過. 是以主之有文, 世莫聞知, 沒世之後, 遺墨亦鮮. 今者主之季子茂朱君, 以主在西宮時所書華政兩大字, 示余曰, '此吾先妣之筆也. 以先妣平昔謙抑之意言之, 本不必示諸人, 以子孫今日思慕之心言之, 亦不可不傳後世. 玆欲摹刻搨之, 分之於諸子孫及通家諸人, 請子記其左方, 俾後人知此作於憂患之際, 非出於芬華之日, 又以明此刻實惜家藏之絶少, 將至於泯沒, 非欲夸耀播揚, 求多於翰墨之家也.' 余作而曰, '自昔帝女王姬, 虞夏無徵, 至若周大姬, 親爲武王女, 而所好樂, 在於巫覡歌舞. 自漢唐以下, 或富過而侈, 或寵踰而逸, 其以賢德稱者, 尤罕聞焉. 唯主明於內而晦於外, 有其能而辭其名, 心德之全, 此其一端, 豈可與後世才婦女愛弟子之逼者, 同日道哉? 桃李穠華, 鳳凰和鳴, 子姓蕃昌, 科甲蟬聯, 極尊貴之榮, 備壽考之福者, 其有以也且夫. 奉玩筆蹟, 實規模我宣祖大王之法, 雄健渾厚, 殊不類閨閤氣像. 嗚呼, 其於筆得之心畫者如此, 則其於性情, 得之觀感之化者, 又可知, 肅雕之美, 夫豈無所自而然哉?'"

〈范質戒子詩帖〉

貞明公主書.

〈臨淳化閣帖二帖〉附〈臨薦福寺碑〉

文獻公中年以前所臨.

〈採菱帖〉

癸未以後所書.

〈北塞戲墨十三帖〉

戊戌謫居慶興時書.

〈辛丑賡載帖〉

列朝寶鑑纂輯時, 御製及諸臣賡韻詩, 聯書成帖.

〈燕遼詩草帖〉

壬寅以副使如燕, 在途詩草也.

〈癸臘賡載帖〉

癸卯之臘, 親享太廟時, 御製及諸臣賡韻詩, 聯書成帖.

〈華夏觀風帖〉

癸卯使燕還書.

〈閑中戲墨〉

甲辰夏閑居時書.

〈筆苑眞訣〉

乙巳仲秋書.

〈大字簇〉二本

〈出師表〉〈淸秋戲墨〉

兩帖六旬以後書.

〈翰墨淸玩〉

己酉書.

〈浿江仙遊帖〉

壬子按箕城時書.

〈耳溪九曲大字〉

壬子書.

〈乙臘手墨〉

乙卯書.

〈萬世千文〉

乙卯書.

〈萬里初程〉

戊午書.

〈斗南神交帖〉

丙辰書.

〈臨張照石鼓歌〉附〈夙興夜寐箴〉

晚年以後書.

〈御製西山大師影堂銘〉

甲寅奉敎書. 此以下皆印本也.

〈華城長安門上樑文〉

甲寅奉敎撰幷書.

〈御製神德王后私第舊墓碑〉

己未奉敎書.

〈御製萬川明月主人翁自序〉

戊午奉敎書.

〈先世碑誌〉〈牛耳阡碣〉〈龜灣阡碣〉〈虎巖阡碣〉

四帖先山碑碣也.

〈樂浪勝觀帖〉

按箕城時, 名樓詩板也.

松下曹允亨書後曰, "關西亭臺之間, 固多前輩翰墨, 而其爲傑然殊觀者,
盖亦指不多屈矣. 今觀此帖, 若詩若筆, 殊姿共艶, 實爲雙絶, 如入波斯
市中, 璀璨奪目, 應接不暇, 不有天才人力之兼到, 何能爾乎? 甚盛甚盛.
大抵兼山筆法, 雖不自處以大家, 然於晉唐宋明諸家, 無不積用工夫, 不
屑屑於摹象體勢, 而獨得其言笑意態, 眞所謂目擊, 而道存者也. 夫以白
下之妙, 而有取妍近俗之嫌, 圓嶠之偉, 而有汲古過中之病, 今兼山多積
博發, 自多暗合孫吳處. 唯其鋒彩內蘊, 不媚俗眼, 故近來一二以筆名世
者, 亦不知良工之苦心, 輒以外面疎淡忽之, 良可歎也. 夫兼山之文, 人
人知之, 而至於筆, 則以我爲當世之子雲, 可乎? 松下居士, 允亨觀."

〈萬柳堤碑〉

辛亥書.

〈晚退洪公神道碑〉

戊子書.

〈東韓勝觀〉

按箕城時, 樓扁門額及柱聯, 印本也.

〈諸夷職貢圖〉

宋元豊二年八月四日, 龍眠居士李公麟畵. 奎章閣鑑書博士丹邱柯九思書標題.

李仲賓題職貢圖後曰, "世之雕額辮髮穴胸騈趾之人, 不可勝紀, 雖隷職方奉輿圖者, 尤不能一一摸其形侶, 乃龍眠悉取遠方異域陬僻之壤, 分爲十種. 此當宋室熙雍之異國來王, 詔圖其像, 故有如是之工. 觀者勿以尋常金壁視之可也. 息齋道人書."

〈河梁泣別圖〉

宋張平山路畵, 粧之成簇.

豹菴姜世晃題河梁泣別圖曰, "余曾見平山海神圖, 筆力雄秀, 有顧陸意, 盖學於戴文進吳小仙, 最得其神髓者, 今覽此 河梁泣別圖, 運毫蒼健豪宕, 人物獸畜, 勃勃生動於煤絹脫墨間, 其爲至寶, 奚但北人後來山水家, 訾張平山蔣三松輩, 爲邪魔外道然. 此只論其山水之太縱浪, 與南宗相背耳. 偏鋒語固不足信. 乙未冬日豹菴題."

〈石陽正畵竹〉

萬曆乙卯, 石陽正霆承光海主命所畵, 粧之成屛, 卽內賜也.

〈春遊芳草圖〉

設繡於白綾, 粧之成簇.

〈蘭亭脩禊圖〉

龍眠居士李公麟所畵, 印本也.

米南宮題蘭亭圖後曰, "右唐中書令河南公褚遂良所摸. 晉右將軍王羲之蘭亭宴集序, 幷諫議大夫柳公權所得群賢詩, 御史檢法李公麟製圖, 皆駙馬王晉卿家所藏, 可謂三絶. 崇寧三年, 六月十五日, 襄陽米芾書."

8. 器玩第七

吾家自沁園, 析産分居. 器玩之可寶者實多, 而於今百餘年之間, 所存者, 如斯而已. 且有近歲文獻公府君所藏文房諸品, 而雖無奇巧之器, 珍異之

玩, 其爲子孫之寶藏, 殆無異於王氈魏笏. 凡我後昆, 其敢不十襲藏弄, 守
而勿失乎.

〈玄鶴琴〉
粧以玟瑁, 前後面以金畫葡萄, 左右傍亦以金書霞隱銘, 後面書南麓居士
玄鶴琴七字, 霞隱銘曰, "綠綺琴, 伯牙心. 鍾子始知音, 一鼓復一吟. 泠
泠虛籟起遙岑, 江月娟娟江水深." 霞隱爲南麓洪某(判決事公表德)書, 歲
癸酉.
〈自鳴鐘〉
西洋所造.
〈犀角〉
色黃而上銳下豐, 明谷崔公錫鼎銘之, 東崗趙公相愚, 以金書于角上.
明谷犀角銘曰, "玄觡黃柢天種美, 可以勝邪鎮心氣. 其寶絶代歸洪氏, 誰
與銘者存所子."
〈石雄黃怪石〉
今亡.
〈靑剛石怪石〉
今亡.
〈樺榴硯匣〉
以樺榴造成三層, 下體與趺飾, 以椶櫚近歲分作兩匣, 一實于家, 一置于
季父房.
〈樺榴筆筒〉
以樺榴爲之, 形圓而大, 高五寸許, 闊三寸有奇.
〈君子杯〉
以磁燔之, 高三寸, 闊二寸許, 深如高, 而小中安博山, 雜試花鳥之象, 博
山之內, 設機穴于中, 而下通于底, 酒半則不漏, 滿則盡洩于下, 使飲者
不得滿杯也.
〈瑪瑠杯〉
雌黃色, 小如鍾, 兩耳象蜼形.

〈玉笛〉

以玉作笛, 長二尺四寸, 上有吹孔簧孔各一, 中有捻指之孔六, 下有小孔之縱横者, 四削竹節者三.

〈肅愼氏石砮石斧〉

砮剡上尖下, 色靑而頗長於今之鋀鏃. 斧亦靑色, 而堅如鋀, 礪其尖, 可剡木.

文獻公石砮記曰, "山海北經曰, '大荒之中有山, 曰不咸, 有肅愼氏之國. 注云, 不咸卽長白山, 去遼東三千餘里, 其人穴居衣皮, 皆工射, 箭以楛, 長尺五寸, 石靑爲鏑.' 史言周武王時, 肅愼氏貢楛矢石砮, 春秋時, 隼集陳侯之庭, 楛矢貫之, 問於孔子. 今鐵嶺以北長白以東, 皆肅愼故疆也. 余於丁酉, 北出塞, 道靑海之州, 有肅愼古城, 在州北三十里, 土築於野, 有壘壕之形, 犁其地, 或得石鏃云. 越三年春, 余南還留靑海, 一日求肅愼古物, 得石鏃一石斧一, 皆靑色, 堅如鐵, 礪其尖, 可剡木. 古記曰, '國東北出石砮, 取之必先禱于神. 夫肅愼氏, 不知起於何代, 而方其穴居而衣皮也, 不解鍛鐵爲兵, 乃楺木爲矢, 磨石爲鏑, 以逐鹿豕禦寇掠而已, 其樸且拙如此. 及其後世, 肅愼變爲勿吉, 勿吉爲靺鞨, 靺鞨爲女眞, 女眞益強且大, 爲金爲淸, 而再有中國, 向使石鏑石斧, 至于今不變, 特東北之一小夷耳, 尙敢生心於上國乎. 嗚呼, 巧拙之變, 而强弱之判, 遂爲天下大患, 安得使四海萬國, 盡石其斧與鏑乎?"

〈宋錢〉

錢四枚, 一曰皇宋通寶, 一曰景德元寶, 一曰元豐通寶, 一曰元祐通寶. 匡郭肉好如五銖錢, 而或篆或隷, 字畵皆可辨也.

文獻公宋錢記曰, "五國城, 宋二帝所拘也. 高麗朔方道, 舊爲女眞地, 今會寧府之甫羅鎭, 有古山城, 土人相傳爲五國城. 余於丁酉, 官北塞, 路過會寧, 問所謂五國城, 西望二十里, 有麓屹然薄豆滿之江, 俗名曰游端. 其下數十里, 有大墳如丘陵, 謂之皇帝塚. 傍有小塚百餘, 謂之侍臣塚, 田夫墢土, 往往得宋時錢云. 余托邑人求之, 得錢四枚, 一曰皇宋通寶, 一曰景德元寶, 一曰元豐通寶, 一曰元祐通寶, 匡郭肉好, 如古五銖錢, 而或篆或隷, 字畵皆可辨也. 余摩挲而嘆曰, '此趙宋舊錢也, 宋氏之亡, 於今五百有餘年, 中原之主, 已三易姓, 天下不復知有宋, 而舊錢零落, 獨留於海東一隅, 悲夫. 自岳飛殺而秦檜專, 北轍不可復南, 而區區假道於高麗, 以蘄通信於二帝, 何其愚也.' 余於是錢, 重有感矣, 夫宋氏之禍, 實基於元豐, 而元祐諸賢, 羣起而不能救焉, 使宋而無元豐, 則安有五國之變, 使嗣君而常遵元祐之政, 雖至今存可也. 彼二元者, 其宋氏興亡之機乎. 後之有天下國家者, 觀乎是錢, 而知所擇焉. 雖用爲萬世之龜鑑, 可也."

〈雁丸〉

大如蟹眼, 色玄而滑.

文獻公鴈丸記曰, "豆滿之渚, 弋者, 獲一鴈剝之, 有小丸在皮肉間, 玄而滑, 大如蟹眼, 擲之, 錚然鐵也. 問諸故老有識者曰, '此小人國物也. 鴈過其地, 見其人易而狎焉. 中彈不死, 帶丸而飛, 此土人往往得之. 見其丸, 可以知其人焉.' 其言誠荒唐, 夫豈無所承而駕說乎? 吾聞地志有大人小人國, 在東海中. 高麗時, 嘗有長臂衣數丈, 浮到海邊. 西漢時, 有僬僥國入貢, 長三尺, 豈其地方近於此耶? 噫世無辨楛矢之聖人, 吾將於何質焉? 姑藏之篋, 以俟博物君子."

〈玉書案〉

以成都白玉爲面, 樺木飾其隅, 老木根承之于下, 掘根之中, 虛而容物.

〈玉香爐〉

以玉造成, 兩耳三足, 刻中豊外, 頸腹四面, 作九爪龍, 間之以雷文饕餮, 上削博山, 盖之四隅, 刻有周龍鼎四字, 其腹以隷鐫韓文公石鼓聯句詩, 第一足刻'唐元和七年後九百八十一年壬子孟夏朝鮮曺允亨書'二十二字, 第二三足刻'耳溪夢見圓嶠論書爲言石鼓聯句刻之鼎腹可作文房奇玩今以成都白玉倣製周家龍鼎刻其詩以踐古人言耳溪孫祖榮謹書'五十二字.

〈宣德硯〉

頂鑿墨池, 脣刻雲月及臥牛之形, 四隅鐫人物山水, 款識書臣劉松年四字, 刻其腹二小乳懸於下, 中刻御府之印四字, 外匣用降眞香, 上貼鏤玉一片. 曉嵐紀与小識曰, "此硯款識印記, 皆黎邱之技. 然宣德舊石則亡, 疑不以是掩其眞也. 乾隆甲寅五月曉嵐記."

文獻公宣德硯歌曰, "宣德硯歙州, 烏玉剖一片. 有明盛時厥土貢, 虹光隱約上金殿. 內府巧匠鑿墨池, 纖月老牛半藏現. 曾隨彤管侍寶榻, 每拭冰繭登曲宴. 昆明石魚化刧灰, 未央金瓦成飛霰. 河間宗伯癖於古, 舊物得自學士院. 宣德御寶松年畫, 篆刻分明留石面. 十襲珍藏置文几, 重之不啻連城卞. 三韓使者赴王會, 午門一接回英眄. 文章契遇自古難, 同氣相求非我衒. 許我門路近正脈, 何以得此中州彥. 四海同文無內外, 叔季繁音庶一變. 弘農石友更持贈, 虞典周誥期鑽研. 携來萬里如拱璧, 丁寧心畫況手抃. 鞭錘可以破荒蒙, 繩削可以裁狂狷. 滑不拒墨兮澀不留筆, 一揮何難掃百絹. 腹裏應抱天一精, 勺水經旬猶餘瀎. 文思自此同泉湧, 老夫用之氣不倦. 公乎惠我何鄭重, 中夜思之空嬋媛. 嗚呼千載知音今並世, 山海迢迢獨不見."

文獻公宣德硯記曰, "宣宗皇帝大明之盛天子也. 始成祖皇帝, 夢高皇帝授大珪曰, '傳之子孫, 永世其昌而已', 而張太后生皇孫, 成祖見之大喜曰, '英氣溢面, 符朕夢矣.' 永樂中立爲皇太孫, 每於仁宗曰, '他日太平天子也.' 嘗從成祖, 遊禁苑, 仁宗隨後, 體肥 行遲, 往往小跌. 漢王高煦, 在後笑曰, '前車覆, 後車戒', 宣宗厲聲曰, '又有議其後者.' 高煦心憚之. 宣德元年, 高煦反, 帝親統六師, 出不意征之, 高煦勢窮出降, 赦不誅, 錮之墙. 三年帝巡邊聞兀良哈寇會州, 自將精兵三千人, 穿石門之險, 出喜峰口, 親射殪其前鋒三人. 虜望見黃龍旗, 下馬羅拜英武, 蓋天縱也. 爲治專尙文德, 嘗製招隱歌, 求天下遺逸, 才賢蔚興, 宣德之治, 號稱隆平. 凡賜藩國詔勅, 多出御製, 文章煥然. 尤以東國爲秉禮之邦, 恩遇特隆. 我康靖王時, 嘗賜條環刀綵帶, 又賜五經四書, 諭曰, '王恭事朝廷, 可謂卓然賢王, 特免世子朝覲.' 前後詔勅東來者, 幾十度, 國人至今誦之. 嗚呼, 天地變革, 今已百有餘年, 皇朝盛事, 邈然若上世. 歲甲寅, 某充貢使如燕, 禮部尙書紀昀, 頒賞于午門, 相望而不得越位語. 旣退遣人致慇懃, 求見余詩文, 蓋聲氣相感, 無間於海內外也. 遂書送行中作詩文數十篇, 紀公各製兩序, 過加推許, 謂得古文正脈. 及歸贈以古硯一面, 卽宣德皇帝所嘗御用者, 而圖章宛然, 四傍有劉松年畫, 刻鏤精巧, 款識明白, 可徵桑海震盪, 流落民間, 紀公得之, 作爲寶藏, 今乃一見許以知音, 不愛希世

之珍, 投贈異域之人, 苟非誠心篤好, 能如是乎? 況我東方受皇明再造之
恩, 萬世不可忘, 而今於四百年之後, 獲此內藏之珍品, 手澤猶存, 天香
尙濕. 怳然與李夢陽何景明諸學士, 周旋於五雲花甎之間, 寧不奇哉? 於
是敬藏于文房, 不敢褻用, 庸寓匪風泂泉之思云爾."

〈端硯〉

鈕祜祿制府新開端硯, 色蒼而紫, 品剛而滑, 頂鑿墨池, 面方而平整.

曉嵐紀勻銘曰, "新硯亦佳, 奚爲贗. 古眞宋元詩, 勝摹樂府. 丁巳七夕, 曉
嵐銘."

〈水中丞〉

燔以白磁, 高三寸許, 腹容一合, 元肚束口而無足, 周身細畵兩靑龍, 底
書大淸康熙六字, 卽康熙御窯所製者也.

曉嵐紀勻水中丞詩曰, "多腹水易容, 縮口塵不染, 久貯仍淸泉, 君子悟防
檢."

〈硏山〉

辰州丹砂床, 硏山石, 色蒼而斑, 削成五峰, 丹砂點附於峰間, 高三寸許,
長五六寸, 安於樺榴床上.

文獻公硏山銘曰, "補天餘質, 支機隟精. 氣凝丹砂, 影澈水晶. 不偏不倚,
如山如屛. 中山之豪, 食于管城. 陶泓陳玄, 暨楮先生. 聯翩文苑, 若弟如
兄. 縱橫變化, 萬象皆形. 幽抉鬼神, 明輝日星."

〈墨床〉

以白玉爲面, 樺榴爲臺, 長一寸許, 廣三寸, 細鏤螭彪於玉, 奇巧若生.

〈玉如意〉

以降眞香爲幹, 長矩二尺, 頭腰尾皆貼玉, 細雕螭彪, 端垂黃流蘇.

文獻公玉如意歌曰, "玉如意, 君子手中器. 丹桂以爲柄, 雕璧以爲珥. 常
隨雜佩不去身, 置諸左右惟指使. 曉嵐先生文章伯, 手握權衡臨講肆. 單
車遠躡星宿源, 隻眼遍窺石渠秘. 揮斥狂瀾障泛濫, 扶持正脉辟淫詖. 我
自東韓執玉帛, 公在南宮頒圭瑞. 不敢越位交言語, 猶幸因人質文字. 二
篇長箋垂華袞, 推引過情良可媿. 上泝典謨揮源委, 下逮門戶別眞僞. 譬
如輕車遵廣陌, 雍容折旋整六轡. 又似五鼎陳牲牢, 自調甘酸嚌大藏. 紛

紛吳楚多僭竊, 屹立高壇抗赤幟. 謂我麤材餘砂礦, 猶勤大匠施鑪鞴. 臨
分贈此別有意, 勉我九仞加一簣. 玉兮可比君子德, 君子存誠貴無二. 如
意兮如我意, 長隨我兮無不利."

〈投壺〉

以銅範成, 倭造也. 全身起花, 壺腹雕刻佛像, 今亡.

〈瑪瑙背〉

以烏木爲幹, 以白瑪瑙削成, 手指爪甲皆具. 第五指爪, 染鳳仙花, 幹之
端亦含瑪瑙, 製作奇妙, 宜於搔背.

曉嵐紀勾搔背詩曰, "指爪甹麻姑, 藉以搔背癢. 銛利彼所能, 操縱任吾掌."

〈茶注〉

宜興名工葛雲瞻所製也. 以土搏成, 色黃而象鳥形, 腹容水一合, 盖以覆
之. 製品絶妙, 卽茶經所謂熟盂也.

曉嵐紀茶注詩曰, "老披一品衣, 能無勞案牘. 香茗一時澆, 亦足滌煩溽."

〈葫蘆盌〉

葫蘆盌一葫蘆壺一, 康熙時印模者也. 盌色黃而圓, 畫以雲文. 壺色黃, 而
方四隅, 印自天申福四字. 覆之以蓋, 蓋懸小蔓. 俱安於樺床, 床安於臺,
臺亦以樺雕鏤, 製作奇巧.

文獻公葫蘆盌銘曰, "葫蘆之腹兮, 以受酒漿. 葫蘆之口兮, 以注茶湯. 爾
質本圓兮, 爾頸本長. 長胡然而短兮, 圓胡然而方. 豈伊天造兮, 人工之良.
不假雕鏤兮, 有文成章. 止而不遷兮, 君子有常. 吸彼沆瀣兮, 清我肺腸."

〈威斗〉

範銅鑄成, 形如熨斗, 而色甚蒼綠, 柄長七八寸.

文獻公威斗銘曰, "在天成象, 維北有斗. 在人成器, 其運以手. 威如之吉,
虛中乃受. 四海同量, 博施寡取. 孝子用酌, 以祈黃耇. 縫女司火, 燠彼寒
菢. 出自金刀, 寶如瓊玖. 故人贈心, 式堅且壽."

〈白羽扇〉

緝以鶴翎, 挿於木柄, 以鐵絡之, 柄頭雕刻頗奇, 乃華人所造也.

사의당지, 우리 집을 말한다

홍경모 지음, 이종묵 옮김

1판 1쇄 발행일 2009년 8월 3일

발행인 | 김학원
편집인 | 한필훈 선완규
경영인 | 이상용
기획 | 최세정 홍승호 황서현 유소영 유은경 박태근
디자인 | 송법성
마케팅 | 하석진 김창규
저자 · 독자 서비스 | 조다영(humanist@humanistbooks.com)
스캔 · 출력 | 이희수 com.
조판 | 홍영사
용지 | 화인페이퍼
인쇄 | 청아문화사
제본 | 정민제본

발행처 | (주)휴머니스트 출판그룹
출판등록 | 제313-2007-000007호(2007년 1월 5일)
주소 | (121-869) 서울시 마포구 연남동 564-40
전화 | 02-335-4422 팩스 | 02-334-3427
홈페이지 | www.humanistbooks.com

ⓒ 이종묵 2009

ISBN 978-89-5862-286-4 03900

만든 사람들

기획 | 선완규(swk2001@humanistbooks.com) 유은경
편집 | 박민애
표지 디자인 | 민진기디자인
본문 디자인 | 송법성

◆ 이 번역 도서는 2006년도 재단법인 서울대학교 발전기금의 재원으로 서울대학교 인문학연구원의 지원에 의하여 연구되었음(This work was supported by the Institute of Humanities Grant funded by the Seoul National University Foundation).